精品课程立体化教材系列

税 收 筹 划

童锦治　主　编
熊　巍　宋春平　副主编

科 学 出 版 社

北 京

内 容 简 介

本书共七章,分上下两篇。上篇是税收筹划概论。首先以深入梳理税收筹划基本含义为基点,引申法理分析和有效税收筹划理论;接着详细阐明了税收筹划的运作框架,给出了操作流程的管理方法;最后以总括的视角创新性地提出了税收筹划技术与方法。下篇是税收筹划的实务。第四、五、六章按照现行的各个税种分别介绍了筹划方法,以政策依据、筹划思路与案例分析为写作体例,通俗易懂,实用性强。第七章从企业经济活动角度,综合运用了上述税收筹划中论述的各种方法,介绍了企业设立、融资活动、生产经营活动、财务成果分配、重组活动等的税收筹划。全书力求通过大量具体案例的分析、评价来说明相关政策依据并探讨筹划思路,启迪读者。

本书适合作为综合性大学、高等财经院校的财政学、会计学、工商管理、法律等专业学生的教学用书,同时也可以作为企业管理人员或对税收筹划感兴趣人士的参考书籍。

图书在版编目(CIP)数据

税收筹划/童锦治主编 . —北京:科学出版社,2009
(精品课程立体化教材系列)
ISBN 978-7-03-025294-4

Ⅰ.税⋯　Ⅱ.童⋯　Ⅲ.税收筹划　Ⅳ.F810.423

中国版本图书馆 CIP 数据核字(2008)第 145717 号

责任编辑:王伟娟 / 责任校对:邹慧卿
责任印制:徐晓晨 / 封面设计:耕者设计工作室

科 学 出 版 社 出版
北京东黄城根北街 16 号
邮政编码:100717
http://www.sciencep.com

北京京华虎彩印刷有限公司 印刷
科学出版社发行　各地新华书店经销

*

2009 年 8 月第　一　版　　开本:B5(720×1000)
2017 年 5 月第十次印刷　　印张:17 1/4
字数:335 000
定价:42.00元

(如有印装质量问题,我社负责调换)

前 言

　　税收筹划活动最早可以追溯到 19 世纪中叶,当时在意大利出现了一些专门从事包括税收筹划在内的税务咨询活动的税务专家。但是,直到 1959 年欧洲税务联合会(CFE)成立,税收筹划才步入正轨。1959 年,由来自 5 个欧洲国家的专业团体发起成立了欧洲税务联合会,明确提出税务专家以税务咨询为中心开展税务服务,包括税收筹划服务。目前,税收筹划在西方社会早已深入人心,不论是企业还是个人,都把它作为节约税收成本、增加税后收益的重要手段。

　　我国税收筹划活动起步较晚。但近年来,随着我国税收法律体系的不断完善、税收执法行为的不断规范以及纳税人的合法节税意愿日益增强,税收筹划活动得到了迅速发展。现在,不仅专门从事税务代理与咨询的中介服务人员需要精通税收筹划的理论与方法,企业的管理者乃至个人也有了对其深入了解的要求。正是基于这样的需求,我们组织编写了这本书。

　　本书在编写上力求理论更为深入,内容更加完整,实践操作性更强。在理论方面,本书拓宽了税收筹划的概念,并加入对税收筹划法理的分析,引入税收筹划理论的最新内容——有效税收筹划理论,使读者可以对税收筹划的实质有更为深刻的认识;在内容方面,本书从税种、企业周期、企业财务活动等多方面对税收筹划的方法及其在企业经济活动中的具体运用进行了详细阐述,使读者能够对税收筹划的内容有全方位、多角度的了解;在操作性方面,本书以西方管理学理论为基础,提出了税收筹划运作的基本框架,为税收筹划的实践操作提供了指导;在具体税收筹划方法的介绍中,遵循政策依据、筹划思路、具体案例、分析评价的体例,通俗易懂,实用性强。

本书适合作为综合性大学、高等财经院校的财政学、会计学、工商管理、法律等专业学生的教学用书,同时也可以作为企业管理人员或对税收筹划感兴趣人士的参考书籍。

本书由厦门大学经济学院财政系博士生导师童锦治教授任主编,并负责本书的内容安排及框架、体例设计;熊巍及宋春平对全书进行修改及定稿。具体分工是:黄黎明撰写第一章;刘建红、熊巍撰写第二章;童锦治撰写第三章;熊巍、宋春平、童锦治、蔡珏、危素玉撰写第四章、第五章;熊巍、危素玉撰写第六章;熊巍、宋春平、陈志军撰写第七章。熊巍负责编写各章的提要、小结、概念与术语、思考题。

鉴于我国的税收筹划研究还处于起步阶段,其理论研究还有待深入,相关的案例也较为缺乏,加之编写者的水平限制,书中难免有疏漏之处,望读者能批评指正,并提出宝贵意见以便我们修正。本书所引用的法律法规截至 2008 年 12 月,读者学习时请以最新公布的为准。

编 者

2008 年 12 月于厦门大学

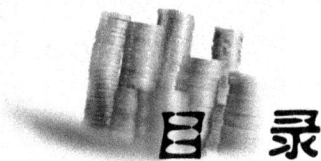

目 录

前言

上篇　税收筹划概论：基本理论、运作框架、技术与方法

第一章

税收筹划的基本理论 ……………………………………………… 3

第一节　税收筹划的基本含义 ………………………………………… 3

　　一、税收筹划的定义与基本内涵 ………………………………… 3

　　二、税收筹划与偷税、避税、节税的区别 ……………………… 4

第二节　税收筹划的法理分析 ………………………………………… 6

　　一、各国法律对税收筹划的态度 ………………………………… 6

　　二、税收筹划的法律界定 ………………………………………… 8

第三节　有效税收筹划理论 …………………………………………… 10

　　一、纳税最小化与税收筹划 ……………………………………… 10

　　二、契约论与有效税收筹划理论 ………………………………… 11

　　三、不确定性与税收筹划的非税收成本 ………………………… 13

　　四、隐性税收与税收套利 ………………………………………… 15

第二章

税收筹划的运作框架 ……………………………………………… 18

第一节　税收筹划运作管理 …………………………………………… 18

一、税收筹划运作管理概述 ……………………………………………… 18

二、税收筹划运作的组织管理 …………………………………………… 19

三、税收筹划运作的人员管理 …………………………………………… 20

四、税收筹划的业务流程设计 …………………………………………… 21

第二节　税收筹划的前期调查与研究 ……………………………………… 21

一、了解税收筹划的目标 ………………………………………………… 21

二、确定相关的组织和人员分工 ………………………………………… 23

三、进行相关的信息收集 ………………………………………………… 23

第三节　税收筹划方案的设计与选择 ……………………………………… 27

一、税收筹划方案的设计 ………………………………………………… 27

二、选择最优的税收筹划方案 …………………………………………… 28

第四节　税收筹划方案的实施和修正 ……………………………………… 28

一、专人负责,实施方案 ………………………………………………… 28

二、方案实施过程中的再调研 …………………………………………… 29

三、实施方案的改进 ……………………………………………………… 29

第五节　税收筹划方案的跟踪和绩效评估 ………………………………… 29

一、税收筹划方案的跟踪和总结 ………………………………………… 29

二、税收筹划方案的绩效评估 …………………………………………… 29

第六节　税收筹划运作的基本原则 ………………………………………… 31

一、守法原则 ……………………………………………………………… 31

二、整体利益原则 ………………………………………………………… 31

三、成本效益原则 ………………………………………………………… 31

四、立足长久原则 ………………………………………………………… 32

五、适时调整原则 ………………………………………………………… 32

第三章

税收筹划的技术与方法 …………………………………………………… 34

第一节　税基减税技术 ……………………………………………………… 35

一、税基减税技术与实现 ………………………………………………… 35

二、税基减税技术的具体操作 …………………………………………… 36

第二节　税率减税技术 ……………………………………………………… 41

一、税率减税技术与实现 ………………………………………………… 41

二、税率减税技术的具体操作 …………………………………………… 42

第三节　应纳税额减税技术 ………………………………………………… 45

一、应纳税额减税技术与实现 …………………………………………… 45

二、应纳税额减税技术的具体操作 ……………………………………… 47

第四节　推迟纳税义务发生时间减税技术 ·········· 47

一、推迟纳税义务发生时间减税技术与实现 ·········· 47

二、推迟纳税义务发生时间减税技术的具体操作 ·········· 49

下篇　税收筹划实务：政策依据、筹划思路与案例分析

第四章

流转税的税收筹划 ·········· 54

第一节　增值税的税收筹划 ·········· 54

一、增值税筹划的政策要点 ·········· 54

二、纳税人身份的税收筹划 ·········· 56

三、混合销售的税收筹划 ·········· 60

四、兼营行为的税收筹划 ·········· 62

五、几种特殊销售的税收筹划 ·········· 64

六、销售已用固定资产的税收筹划 ·········· 67

七、利用销项税额和进项税额延缓纳税 ·········· 69

八、利用优惠政策的税收筹划 ·········· 72

第二节　消费税的税收筹划 ·········· 74

一、消费税筹划的政策要点 ·········· 74

二、兼营销售的税收筹划 ·········· 75

三、包装物的税收筹划 ·········· 77

四、不同生产加工方式的税收筹划 ·········· 78

五、征税环节的税收筹划 ·········· 82

六、应税消费品换货、入股和抵债的税收筹划 ·········· 83

第三节　营业税的税收筹划 ·········· 84

一、营业税筹划的政策要点 ·········· 84

二、兼营行为的税收筹划 ·········· 84

三、分解营业额的税收筹划 ·········· 86

四、建筑业的税收筹划 ·········· 87

五、转让无形资产与销售不动产的税收筹划 ·········· 90

第五章

所得税的税收筹划 ·········· 96

第一节　企业所得税的税收筹划 ·········· 96

一、新企业所得税法及其实施条例要点解读 ·········· 96

二、企业所得税筹划的政策要点 ·········· 106

三、税率的税收筹划 ·········· 107

四、存货计价的税收筹划 ……………………………………………… 107

五、固定资产折旧的税收筹划 ………………………………………… 110

六、坏账损失的税收筹划 ……………………………………………… 114

七、亏损弥补的税收筹划 ……………………………………………… 116

八、资源综合利用及设备购置抵免的税收筹划 …………………………… 117

九、租赁与购买的税收筹划 …………………………………………… 118

十、费用分摊的税收筹划 ……………………………………………… 122

十一、广告费和业务宣传费、业务招待费的税收筹划 …………………… 124

十二、关联企业借款利息的税收筹划 ………………………………… 125

十三、递延纳税的税收筹划 …………………………………………… 127

第三节　个人所得税的税收筹划 ……………………………………… 128

一、个人所得税筹划的政策要点 ……………………………………… 128

二、不同收入形式的税收筹划 ………………………………………… 129

三、涉外人员的税收筹划 ……………………………………………… 144

四、利用税收优惠政策的税收筹划:以捐赠为例 ……………………… 150

第六章

其他税种的税收筹划

其他税种的税收筹划 …………………………………………………… 155

第一节　土地增值税的税收筹划 ……………………………………… 155

一、土地增值税筹划的政策要点 ……………………………………… 155

二、利用利息支出扣除进行筹划 ……………………………………… 156

三、不同增值率房产的筹划 …………………………………………… 157

四、房产销售中代收费用的筹划 ……………………………………… 158

五、利用税收优惠政策进行筹划 ……………………………………… 159

第二节　资源税的税收筹划 …………………………………………… 162

一、资源税筹划的政策要点 …………………………………………… 162

二、利用折算比进行筹划 ……………………………………………… 163

三、实行分别核算进行筹划 …………………………………………… 164

四、关于液体盐加工成固体盐的筹划 ………………………………… 165

五、利用税收优惠政策进行筹划 ……………………………………… 166

第三节　印花税的税收筹划 …………………………………………… 167

一、印花税筹划的政策要点 …………………………………………… 167

二、减少流转环节进行筹划 …………………………………………… 167

三、加工承揽合同的筹划 ……………………………………………… 168

四、利用递延纳税的筹划 ……………………………………………… 169

五、利用税收优惠政策进行筹划 ……………………………………… 170

第四节　房产税的税收筹划 …………………………………………… 171

一、房产税筹划的政策要点 ………………………………… 171

二、利用选址进行筹划 ……………………………………… 171

三、合理确定房产原值进行筹划 …………………………… 172

四、投资联营和融资租赁房产的筹划 ……………………… 173

五、用足税收优惠政策 ……………………………………… 174

第五节　车船税的税收筹划 ………………………………… 175

一、车船税筹划的政策要点 ………………………………… 175

二、利用临界点筹划 ………………………………………… 175

三、分别核算筹划 …………………………………………… 176

四、利用税收优惠筹划 ……………………………………… 177

第七章

企业经济活动中的税收筹划 ……………………………… 180

第一节　企业设立的税收筹划 ……………………………… 180

一、投资行业及地点的税收筹划 …………………………… 181

二、组织形式的税收筹划 …………………………………… 183

三、投资的税收筹划 ………………………………………… 191

第二节　企业融资活动的税收筹划 ………………………… 195

一、不同融资方式的资金成本与税负 ……………………… 196

二、资本结构的税收筹划 …………………………………… 200

三、企业集团融资的税收筹划 ……………………………… 207

第三节　企业生产经营活动的税收筹划 …………………… 210

一、采购活动的税收筹划 …………………………………… 210

二、市场营销活动的税收筹划 ……………………………… 214

三、租赁活动的税收筹划 …………………………………… 221

第四节　企业财务成果分配的税收筹划 …………………… 224

一、盈亏抵补的税收筹划 …………………………………… 225

二、税后利润分配的税收筹划 ……………………………… 225

三、汇兑损益的税收筹划 …………………………………… 227

四、套利的税收筹划 ………………………………………… 230

第五节　企业重组活动的税收筹划 ………………………… 231

一、以企业分立为手段的税收筹划 ………………………… 233

二、企业并购的税收筹划 …………………………………… 240

三、清算的税收筹划 ………………………………………… 262

主要参考文献 ……………………………………………… 266

上篇 税收筹划概论:基本理论、运作框架、技术与方法

第一章

税收筹划的基本理论

[本章提要]

　　税收筹划是纳税人在现行法律框架内,通过对其经营活动的安排,达到少纳税或推迟纳税目的的行为。按照是否符合政府立法意图划分,税收筹划有节税和避税两种。尽管各国对避税看法不一,但我们认为,在法律没有明确界定的情况下,根据税收法定主义原则,税收筹划(包括避税)应被认定为合法。

　　有效税收筹划不同于纳税最小化。按照现代契约理论的分析,以税后收益最大化为目标的有效税收筹划在很多时候要考虑到各种非税收因素的影响,并将税收筹划与企业的其他经营策略相协调,以找出现实世界的最优选择。

■ 第一节　税收筹划的基本含义

一、税收筹划的定义与基本内涵

　　对于税收筹划,国际上尚无统一、权威的定义。不过,以下几种解释颇具代表性:

　　荷兰国际财政文献局(IBFD)在其编著的《国际税收辞汇》中对税收筹划所下的定义是,"税收筹划是指纳税人通过经营活动或个人事务活动的安排,实现缴纳最低的税收"。①

印度税务专家 N.J. 雅萨斯威在《个人投资和税收筹划》一书中称,"税收筹划是纳税人通过财务活动的安排,以充分利用税收法规所提供的包括减免税在内的一切优惠,从而获得最大的税收利益"。

美国南加州大学的 W.B. 梅格斯博士在其与 R.F. 梅格斯合著的《会计学》中写道,"人们合理又合法地安排自己的经营活动,使之缴纳可能最低的税收,他们使用的方法可称之为税收筹划……少交税和递延交纳税收是税收筹划的目标所在"。另外他还说,"在纳税发生之前,有系统地对企业经营或投资行为做出事先安排,以达到尽量地少缴所得税,这个过程就是税收筹划"。②

由唐腾翔、唐向编著的《税收筹划》一书认为,"税收筹划是指在法律规定许可的范围内,通过对经营、投资理财活动的事先筹划和安排,尽可能地取得节税(tax saving)的税收利益"。③

上海财经大学的方卫平在《税收筹划》一书中把税收筹划定义为,"税收筹划(tax planning)也称为纳税筹划、纳税计划、税收策划、税务计划……是指制定可以尽量减少纳税人税收的纳税人的税务计划,即制定可以尽量减少纳税人税收的纳税人的投资、经营或其他活动的方式、方法和步骤"。④

朱洪仁在《国际税收筹划》一书中也对税收筹划进行了界定。他认为,"税收筹划是自然人和法人生产经营和财务活动的一个组成部分……其任务是通过税收负担的最小化来达到所得的最大化"。⑤

综合以上几种意见可以看出,尽管人们对税收筹划具体含义的认识不尽相同,但是都认可税收筹划具有的三个共同特性:第一,税收筹划的前提是遵守或者说至少不违反现行税收法律规范;第二,税收筹划的目的十分明确,就是"交纳最低的税收",或者"获得最大的税收利益";第三,税收筹划具有事前筹划性,它通过对公司经营活动或个人事务的事先规划和安排,达到减轻税负的目的。

当然,对税收筹划仅作以上理解还远远不够。实际上,要把握税收筹划的内涵,就必须弄清楚税收筹划和与其具有同样目的的偷税、避税、节税等几个相关概念的区别和联系。

二、税收筹划与偷税、避税、节税的区别

偷税或称税收欺诈(tax fraud),"指的是以非法手段(unlawful means)逃避税

① IBFD:International Tax Glossary,IBFD Publications,2001.
② W.B. Meigs,R.F. Meigs:Accounting,Athens:Papazisis Publications,1988.
③ 唐腾翔,唐向:《税收筹划》,中国财政经济出版社,1994年。
④ 方卫平:《税收筹划》,上海财经大学出版社,2001年。
⑤ 朱洪仁:《国际税收筹划》,上海财经大学出版社,2001年。

收负担,即纳税人缴纳的税少于他按规定应纳的税收。偷税可能采取匿报应税所得或应税交易项目,不提供纳税申报,伪造交易事项,或者采取欺诈手段假报正确的数额"。[①] 从上述定义可以看出,"偷税"有两个基本特征:一是非法性,即偷税是一种违法行为;二是欺诈性,也就是说,偷税的手段往往是不正当的,这与税收筹划完全不同。税收筹划是通过事前安排避免应税行为的发生,不具有欺诈性。

避税(tax avoidance)与税收筹划关系密切。联合国税收专家小组对避税的解释是:"避税相对而言是一个比较不明确的概念,很难利用人们所普遍接受的措辞对它做出定义。但是,一般地说,避税可以认为是纳税人采取利用某种法律上的漏洞或含糊之处的方式来安排自己的事务,以减少基本应承担的纳税数额。虽然避税行为可能被认为是不道德的,但避税使用的方式是合法的,而且不具有欺诈性质"。[②] 从这个解释中,我们可以看出避税具有和税收筹划相似的特征,即合法性——避税的方式是合法的,至少在形式上是合法的,"而且不具有欺诈性质";事前筹划性——避税是在应税义务发生以前事先安排自己的事务;目的性——减轻税收负担或延迟纳税。

对避税和税收筹划两者之间的关系,有些学者试图从是否符合立法精神来进行区分。他们认为税收筹划与政府立法意图一致,而避税则与政府立法意图相悖,二者之间是并列关系,不存在交叉。对此,作者有不同看法,原因有三:

首先,也是最重要的一点,税收筹划和避税具有共同的特征,虽然其表述形式有所差别,但经济实质相同,都是纳税人为减轻税负而进行的事前筹划行为,都没有违背现行税收法律法规。

其次,避税和税收筹划其实是一个问题的两个方面,正如一枚硬币有正反两面一样。避税指向的行为就是税收筹划行为,只不过税收筹划是从纳税人角度进行的界定,侧重点在于减轻税收负担,而避税则是从政府角度进行的定义,侧重点在于回避纳税义务。由于征纳双方立场不同,纳税人从个体利益最大化出发,在降低税收成本(包括税收负担和违法造成的税收处罚)而进行筹划的过程中会尽量利用现行税法,当然不排斥钻法律漏洞;而税务当局为保证国家财政收入,贯彻立法精神,必然反对纳税人避税筹划的行为。但这种反对基本上仅限于道义的谴责。只要没有通过法定程序完善税法,就不能禁止纳税人在利益驱动下开展此类活动。因此可说,对税收筹划和避税的严格区分,仅仅是体现了一方当事人即政府的意志。如果考虑另一方当事人,则这种区分不仅变得毫无意义,反而会限制税收筹划的开展。

再次,假使我们在理论上可以将二者区分开来,在实际中也难以操作。大量事

---

① IBFD:International Tax Glossary, Amsterdam, IBFD Publications,2001.
② 苏晓鲁:《偷漏税及其防范》,中国劳动出版社,1994年。

实告诉我们:由于避税和税收筹划之间的界限相当模糊,对于一项节约税收计划中是否有避税因素,不同的人往往有不同的看法。税务当局总是倾向于认定存在避税,而纳税人则极力反驳。结果常常是众说纷纭、莫衷一是。

综上所述,税收筹划应理解为纳税人在法律框架内开展的一切旨在节约税收的计划,而避税则应理解为政府对纳税人税收筹划的进一步划分。避税是税收筹划的一个子集,是税收筹划中不符合立法精神的行为,是政府下一步完善税法的重点。只不过由于避税具有相当大的风险,它所利用的税法漏洞可能在近期税法修订中得以修补,从而使其由合法行为变为违法行为。因此,避税不是税收筹划的首选。如果通过其他手段也可以达到目的的话,纳税人不应当选择避税。

节税,亦称税收节减,是指以遵循税收法规和政策的合法方式少交纳税收的合理行为。所谓的合理行为是指符合法律精神的行为。[①] 多数人认为,节税与避税的区别在于节税符合政府的法律意图和政策导向,是应当鼓励的一种税收行为,而避税则恰恰相反。节税的目的是为了减轻纳税人的税收负担,其实现途径是利用税法中的优惠政策和减免税政策。由于节税与税收筹划特征相同,因此有些人就把税收筹划狭义地理解为节税。目前国内学者多持这种看法。鉴于上文对税收筹划与避税关系的分析,我们认为节税也只是税收筹划的一个子集。如果企业的税收筹划行为刚好与政府制定税法的法律意图相吻合,那么就是节税;反之,如果企业的税收筹划行为违背了政府的法律意图,利用了税法的漏洞与不足,就是避税。

通过对以上与税收筹划相关的概念阐述,我们认识到,税收筹划的内涵,实际上就是纳税人在现行税收法律法规的框架内,通过对经营活动或个人事务的事前安排,实现减轻纳税义务目的的行为。如果从政府的角度来看纳税人的税收筹划,可以将其分为节税与避税。

■第二节　税收筹划的法理分析

近几年来,税收筹划在我国越来越引起人们的普遍关注。不过,目前国内对税收筹划的研究,多侧重于经济学角度的分析。实际上,税收筹划作为一种与税法密不可分的现象,从法律角度对其开展研究意义更加重大。因为它直接涉及纳税人在法律上应享有权利和应承担义务的界定。而对税收筹划行为是合法还是非法的认定,毫无疑问会影响其在中国未来的发展趋势。

一、各国法律对税收筹划的态度

纳税人的节税行为因与政府的立法精神相一致而受到各国政府的一致赞同,

---

① 方卫平:《税收筹划》,上海财经大学出版社,2001年。

因此,各国法律对税收筹划态度的差异就体现在如何看待纳税人的避税行为上。

世界各国法律对避税的态度大致可分为三种,即肯定评价、否定评价和未作评价。

英国、美国、德国、阿根廷、巴西、日本、墨西哥、挪威等国认可纳税人拥有进行税收筹划(包括避税)的权利。1935 年,英国上议院议员汤姆林爵士针对"税务局长诉温斯特大公案"指出:"任何一个人都有权安排自己的事业,依据法律这样做可以少缴税。为了保证从这些安排中得到利益……不能强迫他多交税。"汤姆林爵士的观点赢得了法律界的普遍认可。此后,许多国家在税收判例中经常援引这一原则。正如 1947 年美国著名法官汉德说的那样,"法院一直认为,人们安排自己的活动以达到低税负的目的,是无可指责的,每个人都可以这样做,不论他是富翁,还是穷光蛋。而且这样做是完全正当的,因为他无须超过法律的规定来承担国家税收;税收是强制课征的,而不是靠自愿捐献的。以道德的名义要求税收,不过是奢谈空论而已"。① 美国大法官萨尔兰德也曾郑重宣告,"纳税人以法律许可的手段减少应纳税额,甚至避免纳税,是他们的合法权利,这一点不容怀疑"。② 再如,阿根廷高等法院在一份判决书中也指出,通过运用利己的法律手段,在法律允许的范围内,纳税人会设法减少其税收负担;尽管税务机关可能会通过制订特定的规定和方法加以限制,以抵消此种对纳税人有利的影响,但是纳税人的这种行为不应受到处罚。③ 不过,尽管税收筹划的合法性在这些国家得到了法律的认可,却并不意味着其政府会对一切税收筹划行为听之任之。事实上,各国政府在承认税收筹划整体合法的前提下,往往针对一些频繁发生且危害严重的避税行为制定专门的反避税法规,如转让定价税制、避税港税制等。通过反避税法规的不断完善,这些国家实际上已经大大缩小了利用避税方式来进行筹划的空间,从而在一定程度上确保国家法律意图的实现。

少数国家认为避税行为是非法的,如澳大利亚。澳大利亚通常将避税和偷税等同。澳大利亚《所得税征收法》第 231 条规定,"通过恶意的行为,通过不履行或疏忽纳税义务,通过欺诈或诡计"来避免纳税,均属违法行为;1980 年颁布的《制止违反税法法案》又进一步规定,妨碍公司或受托人交纳所得税、销售税的行为,或唆使、协助、商议或介绍上述行为者,均属违法。④ 在这些国家中,任何使法律意图落空的做法包括避税都被视为触犯法律。他们认为,如果避税合法,那么税收的公平原则将被破坏。因为避税行为的发生,虽然使当事人减轻了税收负担,但却相应地

---

① W. B. Meigs,R. F. Meigs:Accounting, Athens:Papazisis Publications,1988.

② H. Barber:Tax Heavens,McGraw-Hill Inc,1993.

③ 国家税务总局税收科学研究所译:《偷税与避税》,中国财政经济出版社,1993 年。

④ 国家税务总局税收科学研究所译:《偷税与避税》,中国财政经济出版社,1993 年。

减少了国家的财政收入。在这种情况下,政府为了弥补损失,可能会提高税率或扩大征税范围。那么那些没有避税的纳税人的税收负担就会相应增加。这毫无疑问破坏了税收的公平,实际上是使没有避税的纳税人分担了参与避税的纳税人的税负。在利润率相同的情况下,没有避税的纳税人由于税负加重会处于相对不利的竞争地位。从动态角度看,如果政府没有及时采取措施堵住税法漏洞,避税方法和行为就会在社会上迅速蔓延,就会有更多的纳税人参与到避税活动中来,扰乱正常的税收秩序,形成恶性循环。但是,澳大利亚政府所作出的避税为非法的结论,尤其是将避税与偷税并列,也受到了许多学者的质疑。

有些国家的法律并没有明确说明避税是否合法,如加拿大。不过,加拿大税务当局在实务中往往把避税和节税区分开来,区别对待。我国新颁布的《税收征收管理法》第 63 条对偷税做出了明确的定义,然而对避税或税收筹划的概念在法律上未作任何表述。国家税务总局税收科学研究所编著的《2002 中国税收实务手册》认为,"对于逃税可以有两种理解:一种是广义的逃税,指纳税人采用各种合法或非法手段逃避纳税义务的行为。一种是狭义的逃税,指纳税人采用非法手段少交税或不履行纳税义务的行为……通常认为,采用合法手段减轻税负或不履行纳税义务的为'避税',采用非法手段少交税或不履行纳税义务的为'逃税'"。由于我国目前还没有一部税收基本法,而在宪法第 56 条仅规定"中华人民共和国公民有依照法律纳税的义务",因此税收筹划(包括避税)在法律上处于空白地带。在这种情况下,如何界定税收筹划是我们必须解决的一个问题。

二、税收筹划的法律界定

对税收筹划法律界定的不明确,一直以来影响着税收筹划在国内的发展。在法律未作说明的情况下,税收筹划尤其是避税究竟应被视为合法还是违法?对此,国内学者有不同的看法。有些学者认为,避税具有社会危害性,虽然没有直接违法,但却违背了税法的立法意图和立法精神,因此不能视为合法;另外一些学者则坚持避税合法,因为"法无明文不为罪"。对这个问题应如何看待,让我们从税收法定主义原则说起。

税收法定主义原则是税法的一项基本原则。它最早产生于英国。1689 年,英国的"权利法案"明确规定国王不经议会同意而任意征税是非法的,只有国会通过法律才能向人民征税。此后,这一原则被许多国家和地区的宪法或法律接受,成为保障人民权利的一个重要法律依据。一般认为,税收是国家凭借其政治权力,采取强制手段从企业和公民手中取得财政收入的活动。税收具有强制性、固定性和无偿性三个特征。也就是说,从个体来看,税收是财富的转移,是一种负担。因此,作为调整税收法律关系的税法在某种程度上具有侵权的性质,属于侵权规范。作为税法当事人的政府和纳税人地位不平等,权利义务也不完全对等。征税是国家的权力,纳税是公民的义务。在这种情况下,为了保证纳税人的财产权免遭非法侵害,避免税务机关任意执法,必须要求税收严格依法课征,这就是税收法定主义原则的实质。

税收法定主义原则的内容包括课税要素法定、课税要素明确和课税程序合法。通俗地讲,就是一切税种的开征、停征、征税范围,包括征税的程序,都必须由法律明确规定。"税收法定主义原则是民主原则和法治原则等现代宪法原则在税法上的表现,是税法的最高法律原则。"①许多国家将这一原则作为宪法原则予以确认。我国虽然未把税收法定主义原则引入宪法,但在《税收征管法》中明确规定:"税收的开征、停征以及减税、免税、退税、补税依照法律规定执行……任何机关、单位和个人不得违反法律、行政法规的规定,擅自作出税收开征、停征以及减税、免税、退税、补税的决定。"这实际上是对税收法定主义原则的承认与采用。另外,在近些年颁布实施的一系列实体法中,也都明确规定了各种课税要素,充分体现了对税收法定主义原则的尊重。

以税收法定主义原则为基本立足点,我们可以推出以下结论:

首先,为防止税法被滥用而导致人民财产权被侵害,对税法解释应作严格限制。原则上只能采用字面解释的方法,不得作任意扩张,更不得类推,以加重纳税人的纳税义务。也就是说,当出现"有利国库推定"和"有利纳税人推定"两种解释时,应采用"有利纳税人推定"。当税法有欠缺或存在法律漏洞时,不得采用补充解释的方法使纳税人发生新的纳税义务。税收立法的过失、欠缺与不足应由立法机关通过合法程序来解决,在法律未经修改之前,一切责任和由此造成的损失应由国家负责,不能转嫁到纳税人身上。

其次,国民只应根据税法的明确要求负担其法定的税收义务,没有法律的明确规定,国民不应承担纳税义务。由于税收法定主义原则的侧重点在于限制征税一方过度滥用税权,保护纳税人权利,因此它要求构成课税要素的规定应当尽量明确,避免出现歧义,凡规定含糊不清或没有规定的,都应从有利于纳税人的角度理解。也就是说,只要没有违背税法中明文规定的内容,纳税人无论是利用优惠规定也好,还是利用税法不完善之处也好,都是纳税人的权利,是合法的,应当受到保护。所谓"凡非法律禁止的都是允许的"反映在税法领域就是税收法定主义原则。据此,我们可以认为法律不禁止的一切行为均为合法行为,避税即属此列。

再次,虽然税收筹划行为,主要是避税行为会带来一定的社会危害,但国家不能超越法律规定以道德名义要求纳税人承担纳税义务。税收法定主义原则要求在税收征纳过程中应避免道德判断。因为道德标准不是法律标准,道德规范不能等同于法律;道德标准是人民长期以来形成的一种观念,而法律是立法机关的明文规

---

① 张守文:《论税收法定主义原则》,载《法学研究》,1996 年第 6 期。

定。虽然法律在制定过程中会受到道德标准的影响,但是法律一旦形成,就与道德规范相脱离,不受道德规范左右。正因为如此,虽然违法行为通常是不道德的行为,但是不能反过来认为不道德的行为就是违法行为。纳税是一种法律行为,与道德无关。虽然避税从政府角度来看可能被认为是不道德的行为,但却不能因此判断避税是不合法的。不仅如此,正如以色列法院断定的那样:"在法律范围内,避税或许是应该受到鼓励的。"①

可见,在法律没有明确界定的情况下,税收筹划(包括避税)应被认定为合法行为。

对税收筹划进行法律意义上的界定十分重要。这实际上是对纳税人权利的确认。税法是一种不平等的法律规范,作为一方当事人的国家享有决定性的权力,可以通过法律单方决定产生、变更、停止征纳的权利义务关系。基于税法的不平等性,强调国家必须依法征税是税收法定主义原则的核心内容。而在我国现阶段,强调税收筹划的合法性具有更为重要的意义。如果税务机关能够保障纳税人合法的筹划利益,同时加强对税收违法行为的打击力度,就会促使纳税人从偷逃税收转向税收筹划,其结果不但是纳税人税收成本(包括税收负担和违法造成的税收处罚)的降低,而且可以推动税收违法行为的减少和税法的不断完善。

■ 第三节　有效税收筹划理论

一、纳税最小化与税收筹划

纳税最小化(tax minimization),简而言之,就是根据税法规定计算出的应纳税收的最小化。当然,这种表述并不规范。因为税收的交纳是分期进行的,考虑到资金的时间价值,不同时期交纳的税收不能直接比较,而必须先按照某一比率(折现率)折算到同一时期才能加以比较。从这个角度来看,纳税最小化既有某个特定纳税周期(如某个纳税年度)纳税的最小化,也有一段时期(如几个纳税年度)纳税的最小化。每个纳税周期的纳税最小化并不等同于一段时期甚至整个纳税阶段纳税的最小化。这是问题的一个方面。另一方面是纳税主体的界定问题。如果纳税最小化指的是个人,那么纳税主体自然清晰明了,但是如果纳税最小化指的是企业,问题就复杂多了。企业有多种类型,而不同类型的企业又会涉及不同的当事人,因此企业的纳税最小化有多层含义,可能是单纯指企业作为纳税主体的税收最小化,也可能是指企业所有者,如股东、合伙人等的纳税最小化,还可能指企业及各

---

① 国家税务总局税收科学研究所译:《偷税与避税》,中国财政经济出版社,1993 年。

关联方(所有人、经理和雇员)总税收的最小化。通常我们考虑前两种情况。综上所述,纳税最小化的判定必须明确两点:一是纳税主体,二是纳税期间。

传统理论将税收筹划与纳税最小化等同,因此,早期的税收筹划被界定为"纳税人通过安排他(她)的经营活动使纳税最小化的能力"。[1] 从这一定义中,我们至少可以总结出以下两点:①税收筹划是纳税人减轻税负的一种能力;②税收筹划效果的好坏可以根据纳税的多少进行比较。有鉴于此,早期税收筹划的视野被局限在税收领域,少纳税成为成功税收筹划的唯一目标和衡量标准。这一理论有其好的一面,其中最主要的一条就是使税收筹划目标简单、明了。由于目标明确、单一,因此税收筹划无论是方案设计、方案选择还是效果评价,都较易于制定和执行。但是,这种"税收筹划就是使纳税最小化"的论断在实践中很快被验证为不可行。原因有二:①没有考虑税收筹划的非税收成本。尽管税收筹划所带来纳税的减少的确是企业的一种收益,但与此同时开展税收筹划也不可避免会发生一定的成本,最直接的如咨询费、调研费等。另外,如果税收筹划要改变企业原有的组织结构或资产结构,这可能涉及重构的成本。一个税收筹划方案的预期收益只有在弥补以上成本以后还有收益时才是可行的。否则,即使达到了纳税最小化,但如果税收筹划的成本远大于节约的税收成本,那这种方案显然也是不可取的。它违背了税收筹划的初衷,即增加纳税人的收益;②没有考虑税收筹划的限制性因素。对纳税人,尤其对企业而言,税收筹划只是众多策略中的一个。在企业日常经营中,往往还要面临许多其他决策。如果以纳税最小化为目标的税收筹划与其他决策发生冲突,就需要在二者之间进行权衡。此时,纳税最小化很可能不是唯一选择。

有鉴于"以纳税最小化为目标"的税收筹划的种种缺陷,税收筹划逐渐与纳税最小化相分离并形成了新的税收筹划理论,即有效税收筹划理论(effective tax planning theory)[2]。有效税收筹划与纳税最小化完全不同。有效税收筹划以"税后收益最大化"为目标,在实施"税后收益最大化"这一决策准则时考虑税收的作用。而通常情况下,有效税收筹划并不必然带来纳税最小化的结果。一个极端的例子就是,避免纳税最简单的做法就是避免能获取收益的投资,但这一做法显然无助于实现税后收益的最大化。

二、契约论与有效税收筹划理论

有效税收筹划理论的一个重要内容,就是运用现代契约理论(contracting theories)的基本观点和方法,研究在信息不对称的现实市场上,各种类型税收筹划产生和发展的过程。

---

[1] Scholes,Wolfson:Taxes and Business Strategy,Prentice Hall,2002.

[2] Scholes,Wolfson:Taxes and Business Strategy,Prentice Hall,2002.

　　契约理论将企业视为由投资人、所有人、经理和贷款人之间订立的一系列契约组成的集合体,契约各方均追求自身效用的最大化。如果将税收因素考虑在内的话,那么政府作为税法的代表毫无疑问应被引入订立契约的程序。不过,相对于其他契约方而言,政府采取对策会受到一定的限制。因为政府必须按照税法行动,在税法变动之前,政府无法改变其策略,而税法的变动则不完全是由政府控制的,税法变动不仅要经过立法机构批准,而且必须依照既定的法律程序进行。因而相对于经济事件的发生而言,税法变动通常被视为具有滞后性。政府与其他契约方的另一个显著差别在于政府追求的目标具有综合性。也就是说,税收收入的增加并不是政府的唯一政策目标。除此之外,社会的公平也是其追求的目标之一。由于公平目标的实现往往要借助累进的税率,这使得不同支付能力的纳税人面临不同的边际税率。而政府对市场经济活动中出现的外部性问题的纠正,也使得不同类投资的税收待遇大不相同,这进一步加大了纳税人边际税率的差别,同时也为纳税人从事税收筹划提供了广阔的空间。

　　税收体系的多重目标性不仅使纳税人处于不同的税收地位,同时也改变了投资的税前回报。假定初始状态,市场上有两种无风险资产具有相同的税前投资收益率,两种资产的税收待遇不同,一种资产由于享受了税收优惠因而其税后收益率要高于另一种没有享受税收优惠的资产。这种状态显然是不均衡的。因为投资者会增加对税后收益率较高的享受税收优惠的资产的投资。这种需求的增加将改变资产的价格,使其不断上升,从而税后收益率下降,直到两种资产税后收益率相同才实现了均衡。在均衡点,边际投资者对两种资产的选择是无差异的。不过,由于税率具有累进性,因此,比边际投资者处于更高或更低税率级次的投资者依然可以通过相互订立契约而受益。比边际投资者面临税率高的投资者倾向于享受税收优惠的资产,比边际投资者税率低的投资者倾向于没有税收优惠的资产。他们之间订立的合作契约将使总财富达到最大化,并使除了政府以外参与的当事人受益。因此,从某种程度上讲,这种契约实现了税收筹划的 Pareto 改进。

　　下面通过一个简单的例子加以说明。假定均衡市场上有三个投资者甲、乙和丙,面临的边际税率依次为 30%、40% 和 50%。有两种无风险资产 A 和 B,其中 A 为免税债券,利率为 6%,B 为应就收益全额纳税的公司债券,利率为 10%。由于市场实现均衡,因此两种资产利率保持不变。对于乙而言,投资于 A 和 B 的税后收益率相同,均为 6%[$10\% \times (1-40\%) = 6\%$],因此,乙为边际投资者(对购买两种同等风险,但纳税不同的资产无偏好的投资者);对丙而言,投资于 B 的税后收益率为 5%[$10\% \times (1-50\%) = 5\%$],低于 A(6%);对甲而言,投资于 B 的税后收益率为 7%[$10\% \times (1-30\%) = 7\%$],高于 A(6%)。因此在其他条件相同的情况下,丙会选择 A,甲会选择 B。现假设考虑到其他因素以后,丙要投资 B,而甲要投资 A。如果两人直接投资,且均为一个单位,那么丙的收益为 0.05[$10\% \times (1-$

50%）＝0.05］，甲获得的收益为0.06[1×6%＝0.06]，总收益为0.11[0.05＋0.06＝0.11]。此时，如果甲和丙订立契约，由甲投资B而丙投资A，然后两人进行交换，那么两者的总收益为0.13[1×6%＋10%×（1－30%）＝0.13]，比前者多出0.02。将这一部分增加的收益在甲、丙之间分配，会使甲、丙均比未订立契约时获得的收益增加。增加的值其实就是政府税收收入的减少。

三、不确定性与税收筹划的非税收成本

根据契约理论，面对不同边际税率的纳税人可以通过相互订立契约共同受益。在完全市场，当事人通过签订一系列契约而开展的税收筹划将实现纳税最小化。而在非完全市场，即存在不确定性和交易费用的情况下，各种因素权衡的结果却常常会使有效税收筹划与纳税最小化偏离。因为不确定性导致了一系列非税收成本的增加，而非税收成本的出现使税收筹划策略的选择更加复杂。

不确定性（uncertainty），又称不完全信息（imperfect information），即对未来将要发生事件的不确知，是现代契约理论的一个重要假设。不确定性的引入，大大增强了运用经济分析解释现实世界的能力。通常情况下，不确定性有两种类型：一种是对称型不确定性，指的是尽管未来投资的现金流量是不确定的，但是签约各方均可获得同样的信息；另一种是非对称型不确定性，指的是签约各方对投资未来的现金流量拥有不对称的信息。下面，我们逐一加以说明。

（一）对称型不确定性下的有效税收筹划

正如前文所言，在对称型不确定性存在的情况下，签约各方虽然同等地了解信息，但有关投资未来的现金流量却是不可知的。这种不可知意味着投资有风险。特别是当对称型不确定性与一个累进的税率表相连时，即使在初始状态对风险无偏好的投资人也会因两者的共同作用显示出规避风险的态度。也就是说，对称型不确定性的存在，使风险成为投资人开展有效税收筹划时不得不考虑的一个因素，累进税率表则进一步扩大了风险的影响。

假定投资人有10个单位的资金，他可以选择两项投资计划中的一项。其中，一项计划是无风险的（如储蓄、购买国债等），收益为2个单位；另一项计划是有风险的，如果投资成功，可以获得15个单位收益，如果投资失败，则会遭受10个单位的损失，成功和失败的概率均为50%。再假定该投资人是风险中性的。他会选择期望收益较高的方案。因为有风险的方案的期望收益为2.5个单位[15×50%＋（－10）×50%＝2.5]，高于无风险方案，所以投资人会选择有风险的投资方案。现考虑税收因素，假定投资人面临这样一个税率表：如果所得税为正，则税率为30%，如果所得为负或为0，则税率也为0（对于新开业的企业而言，如果投资失败则企业不复存在，情况的确如此；对于已开业的企业，我们可以假定税法规定不允

许亏损前转或后转）。毫无疑问,这是一个有两档税率的累进税率表。投资人将通过比较资产的税后收益作出选择。由于无风险方案的税后收益为 1.4 单位[2×(1−30%)],而有风险方案的税后收益为 0.25 单位[50%×15×(1−30%)＋50%×(−10)],此时,投资人会选择无风险方案。为什么会出现这种变化呢? 因为有风险方案所交纳的税收(2.25 单位＝15×30%×50%)要高于无风险方案的税收(0.6 单位＝2×30%)。由此可见,累进税率表的平均税率随着应税收入的增加不断升高,会导致投资人倾向于风险更小的投资。也就是说,即便原来属于风险中性的投资者也会呈现出规避风险的特征。在许多国家,当纳税人所得为负,即出现亏损时,一般都允许向以后递延,递减以后的应纳税额。这种规定实际上降低了税率表累进的程度,但税率表仍是累进的,因为资金具有时间价值,后一期节约的税收总是小于同等金额当期的税收。

(二) 非对称型不确定性下的有效税收筹划

非对称型不确定性也是现实生活中普遍存在的一种状态。由于契约双方拥有的信息不对称,导致一方无法观察交易另一方的行为或进行控制,从而增加了契约订立的成本。交易方为了获得其他方面更大的利益,有时甚至不得不放弃减少税收的计划。企业在开展税收筹划时必须注意由于非对称型不确定性而增加的成本。下面就以劳动力市场上雇主和雇员之间的契约为例,说明非对称型不确定性的存在对有效税收筹划策略的影响。

假定雇主面临的是一个不断下降的税率表,而雇员的税率则随着时间的推移不断上升。在这种情况下,从税收角度而言,对雇员薪金进行即期支付比将其推迟到以后期间支付更为有利。因为对雇主来说,薪金的即期支付可以使雇主在税率较高的即期获得税收扣除从而较多地减少应纳税额;而对雇员来说,在税率较低的时期获得收入也比在税率高的时候获得的收入纳税少。

现在,我们假定企业生产的产品是一种耐用消费品,如家用电器,雇主和雇员的利益存在矛盾。雇员有两种行动策略可以选择:①努力工作,使产品的使用寿命达到 L;②不努力工作,产品的使用寿命只有 S,L>S 且 P_L>P_S。即随着产品使用寿命增加,其销售价格也会提高,并且这种提高的比率大大超出了成本的增加。在这种情况下,雇主自然希望雇员能够努力工作,他们愿意为此支付额外的奖金。假定受到相关法律的限制,即使雇员没有努力工作并且雇主观察到雇员没有努力工作,那么雇主也不能采取额外罚款或其他方式处罚。另外,不考虑时间价值,即雇员对即期支付和推迟支付没有偏好,他们追求的是总收入的最大化。在忽略税收的情况下,为减少这种信息的不对称,雇主激励雇员努力工作的最有效方式是将对雇员的支付推迟到超过 S 期以后,因为这样就可以很清楚地观察到雇员的行动。但是,前文已经提到,从税收角度考虑即期支付更有利,因此这种激励安排显然与以税收最小化为目的的契约相冲突。当然,如果税率变化的趋势反过来,即雇主税率不断升高而雇员税率不断降低,那么税收最小化的方案就是推迟支付了。现在,假如我们再加上一个考虑因素,即虽然不存在时间价值,但雇员对即期还是推迟支付依然不是无偏好的。原因在于推迟支付会使雇员承担企业可能丧失支付能力的风险。如果雇员一味增大对这种风险的预期,他们就会放弃推迟支付而要求即期支付。但此时的税制显然是推迟支付更能节约纳税。这时,雇主为了激励的原因也许仍然要放弃税收最小化。

四、隐性税收与税收套利

Scholes 等提出了显性税收(explicit tax)与隐性税收(implicit tax)的概念。显性税收就是通常意义上由税务机关等按税法规定征收的税收。隐性税收则被定义为同等风险的两种资产税前投资回报率的差额。所不同的是,一种资产在税法上有优惠待遇,另一种资产则没有任何税法上的优惠。与显性税收完全不同,隐性税收的产生源于市场。在一个给定的市场环境当中,不存在税法的限制和交易成本,两种资产的初始税前投资回报率相同且均为无风险资产,所不同的是他们面临的税率。由于一种资产的税前回报率高于另一种资产,因此会吸引投资投向税收待遇较为优惠的资产,从而使其价格上升,投资回报率下降,直到两种资产的税后投资回报率相同,这种趋势才会停止,实现均衡。隐性税收是开展税收筹划时不可忽视的一个因素。纳税人通过税收筹划减轻的税收负担不仅包括显性税收,同时也包括隐性税收。总税收(显性税收＋隐性税收)的降低才是理想的。

尽管市场达到均衡点以后,边际投资者对两种资产的选择是无差异的,因为两种资产的总税率(显性税率＋隐性税率)相同。但市场上仍有相当一部分非边际投资者,他们面临的显性税率或高于或低于边际投资者面临的税率。对他们来说,两种资产的总税率是有差异的。其中,比边际投资者面临的显性税率高的投资者,投资于享有税收优惠的资产负担的总税收较少,而对于比边际投资者面临更低显性税率的投资者而言,投资于没有税收优惠的资产负担的总税收较低。当然,这仅仅是从税收的角度考虑问题。如果涉及其他因素,位于边际投资者上下的非边际投资者就可能通过相互间的契约而受益。下面通过与前文类似的一个例子加以说明。

假定均衡市场上有两种资产可供选择,一种是完全免税的国债,一种是全额纳税的公司债券。国债的投资回报率为 6%,公司债券的税前投资回报率为 10%。有三个投资者甲、乙、丙,显性税率依此为 30%、40%、50%。显然乙是边际投资者,因为对乙而言,国债和公司债券的总税率均为 40%,投资于国债或公司债券是无差异的。对边际显性税率为 30%的甲而言,公司债券的税后投资收益率为 7%,高于国债(6%),投资于公司债券能够得到更大的收益。之所以如此,原因在于公司债券的总税率为30%,而国债无显性税收,隐性税率为(10%−6%)/10%,国债的总税率为40%;对于边际显性税率为50%的丙而言,公司债券的税收投资收益率只有5%[10%×(1−50%)=5%],低于国债(6%),投资国债能获得更大的收益。此时公司债券的总税率达到50%,高于国债的40%。

非边际投资者的存在,从理论上导致了税收套利行为。税收套利,简而言之,就是在总净投资为0的前提下,通过一种资产的买进和另一种资产的卖出获得税收上的好处。通常有两种形式,一种是买进有税收优惠的投资,卖出另一种一般性投资;还有一种就是买进一般性投资,卖出另一种有税收优惠的投资。究竟采用哪种形式,要视具体情况而定。

举一个具体的例子说明税收套利行为是如何发生的。

20世纪90年代中期,美国的许多企业都通过持有公司所有的人寿保险(corporate owned life insurance)转移收入。具体而言,就是由公司为雇员购买许多份人寿保险,然后再使用贷款资金支付保费,或者直接向保险公司贷回应支付的保费。由于借款利息在每期发生时即可获得扣除(不论有没有支付),而每年投入保单的资金则不必立刻交税(按规定保单在获得现金时才需要纳税),因此,公司只要每年将相当于投资收益的资金用于保费,就可以获得延迟纳税的好处。这样一来,通过持有保单就可以获得税收收益。

在上述例子当中,购买保单就是一种享有税收优惠的投资。因为只有当保单兑现时,才需要纳税。在此之前,均不必纳税。纳税人通过将须在当期纳税的收益转换为延期纳税的保单,就达到了延迟纳税的目的。

[本章小结、概念术语及思考题]

【本章小结】

1. 对于税收筹划,国际上尚无统一、权威的定义。本书分析了税收筹划与偷税、避税和节税之间的区别,认为税收筹划与偷税有本质上的不同,与避税和节税则具有相同的特征,避税与节税可以说是税收筹划的两个子集。由此,税收筹划是纳税人在现行税收法律法规的框架内,通过对经营活动或个人事务的事前安排,实现减轻纳税义务目的的行为;如果从政府的角度来看,纳税人的税收筹划则可以分为节税与避税。

2. 从税收法定主义原则出发,在我国法律没有明确界定的情况下,税收筹划(包括避税)应被认定为合法行为。税收筹划合法性的认定,不仅可以降低纳税人的税收成本,而且有助于税收违法行为的减少和税法的不断完善。

3. 税收筹划不应等同于纳税最小化。新的税收筹划理论是有效税收筹划理论。有效税收筹划以"税后收益最大化"为目标,在实施"税后收益最大化"这一决策准则时考虑税收的作用。

4. 契约理论、不确定性及隐性税收都会在不同的税制下对税收筹划产生不同的影响。

【概念与术语】

税收筹划　税收法定主义原则　偷税　避税　节税　有效税收筹划理论

纳税最小化　显性税收　隐性税收　税收套利

【思考题】

1. 税收筹划是否应包含避税? 避税是否合法?

2. 税收筹划是否应以纳税最小化为目标? 为什么?

3. 契约理论如何对税收筹划产生影响?

第一章

税收筹划的运作框架

[本章提要]

本章以西方管理学理论为基础,将税收筹划运作分为前期调查与研究、方案诊断和选择、方案实施和修正以及方案跟踪和绩效评估四个基本的操作步骤,并提出了实施税收筹划应注意的几个问题。

■第一节 税收筹划运作管理

一、税收筹划运作管理概述

税收筹划是一个系统工程,它融会于企业组织机构的设置到经营理财的全过程,而不仅仅局限于对收益结果的处置。因此,税收筹划也应属于管理的范畴。它解决的是 5W1H 的问题,即 what(做什么)、why(为什么做)、when(何时做)、where(何地做)、who(何人做)、how(如何做),是一种指导性、科学性、预见性很强的管理活动。

实践中,税收筹划的运作可以遵循一定的基本框架,如前期对企业进行调查研究,然后在掌握相关信息的基础上,从企业的自身经营情况出发,来拟定各种筹划方案,最终选定最优方案并付诸实施,整个过程都具有步骤性和计划性。对于税收筹划人员来说,完全可以将一环紧扣一环的工作纳入一定的次序,进行工作表上的安排。工作表任务和进度的明确显然有助于提高税收筹划的效率,节约筹划的非税收成本,这对提升企业的经济效益是不无裨益的。

当然,本节所提出的税收筹划运作管理的基本框架,只是一个参考的范式。实践中,企业可以根据自身的经营情况、税收筹划工作的繁简等来进行相应的调整,如中小型企业就不一定要设立专门的税收筹划人员,因为设立专人进行筹划所节约的税收成本,可能还不及支付给筹划人员的工资薪金;又比如只是涉及企业一笔业务的筹划,像选择固定资产折旧方法的税收筹划,只需要财务人员在明确该固定资产税收处理和会计处理的基础上,提出适合企业的折旧办法即可。

二、税收筹划运作的组织管理

当我们确定了筹划的目标之后,就要有一个有效合作的组织来实现这一目标。因为组织效率的高低直接关系税收筹划的非税收成本。在其他条件相同的情况下,组织的有效合作程度与税收的非税收成本成反比。如果组织效率低下造成进行税收筹划的咨询费、调研费等非税收成本大于节约的税收利益,那么根据有效税收筹划理论,就可能使一个本来可行的税收筹划方案无法实现既定目标。那么,如何来安排有效的组织结构呢?

在实践中,企业的税收筹划既可以由企业内部一定的组织机构来完成,也可以委托税务中介机构进行。

就前者而言,企业可以根据自身的需要来设立专门的税收筹划部门,或是将税收筹划工作交由财务部门进行。在西方的企业组织结构中,往往将财务管理机构与会计机构分离设立,财务副总经理下设财务长和主计长。财务长的基本职责是管理,即获得和管理公司的资本,同时还负责公司财务决策和财务计划的制订;而主计长的主要职责是审查资本的运营效率。美国学者詹姆斯·C·范·霍思等在其《财务管理学原理》一书中专门论述了财务管理在企业组织中的功能,其中税收筹划的工作划由财务管理机构执行(图 2-1)。

当然,图 2-1 中的分类并非是绝对的。企业可以依照自身的需要来进行相应的安排:是成立专门的税收筹划部门,还是将税收筹划一职交给公司的财务管理部门或者会计机构来行使。

企业除了可以在内部设立一定的组织机构,也可以委托外部的中介机构(如税务师事务所)或个人(税务专家等)来进行税收筹划。

比较两种办法,从组织机构的效率上来说,并不能得出绝对的结论。一般情况下,经验丰富的注册税务师或聘请的税务专家会比企业内部的人员更为专业,同时在税收筹划的非税收成本问题上,聘请外部人员会使相关的预算处于一种硬约束的状态但聘请外部人员进行税收筹划也存在弊端,他们可能不如内部人员对企业的经营状况和未来发展趋向等信息掌握得准确,并且可能缺乏从公司立场考虑问题的约束(或激励)。

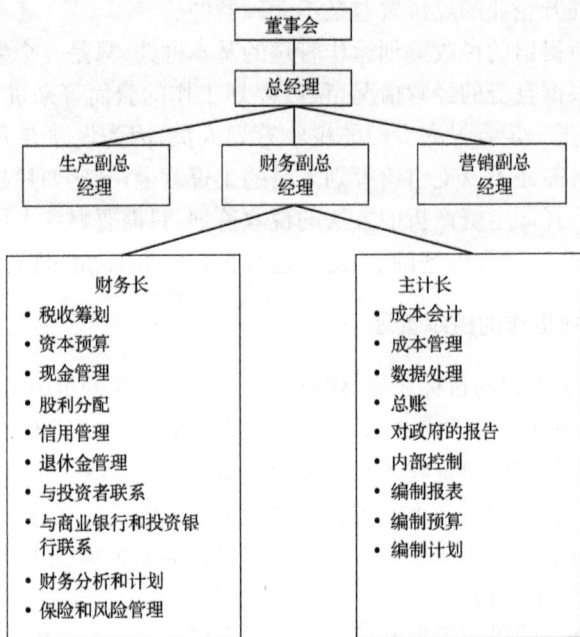

```
                    ┌─────────┐
                    │  董事会  │
                    └────┬────┘
                    ┌────┴────┐
                    │  总经理  │
                    └────┬────┘
          ┌──────────────┼──────────────┐
     ┌────┴────┐    ┌────┴────┐    ┌────┴────┐
     │生产副总 │    │财务副总 │    │营销副总 │
     │  经理   │    │  经理   │    │  经理   │
     └─────────┘    └────┬────┘    └─────────┘
              ┌──────────┴──────────┐
     ┌────────┴────────┐   ┌────────┴────────┐
     │     财务长       │   │     主计长       │
     │ • 税收筹划       │   │ • 成本会计       │
     │ • 资本预算       │   │ • 成本管理       │
     │ • 现金管理       │   │ • 数据处理       │
     │ • 股利分配       │   │ • 总账           │
     │ • 信用管理       │   │ • 对政府的报告   │
     │ • 退休金管理     │   │ • 内部控制       │
     │ • 与投资者联系   │   │ • 编制报表       │
     │ • 与商业银行和投 │   │ • 编制预算       │
     │   资银行联系     │   │ • 编制计划       │
     │ • 财务分析和计划 │   │                  │
     │ • 保险和风险管理 │   │                  │
     └─────────────────┘   └─────────────────┘
```

图 2-1 税收筹划运作的组织管理结构

三、税收筹划运作的人员管理

既然我们将税收筹划列入管理的范畴,在暂不考虑税收筹划方案本身可能产生的税收利益前提下,企业在组织相关人员进行调查和研究等工作中所产生的非税收成本,将直接取决于组织效率,而组织效率又与内部人员的有效合作密不可分。

首先,税收筹划对设计操作人员的知识结构有着很强的专业性要求和全面性要求。参与人员不仅必须熟悉税收法规及其他相关法律法规,还需要掌握当前的会计制度、外汇制度等政府政策,并能在此基础上从企业自身的经营情况(如企业的组织形式、投资形式、生产销售等)出发,量身定做适合的税收筹划方案。这显然对人员的素质要求较高。因此,税收筹划人员必须是能够理解税收筹划的深层次意义,能够站在企业发展的高度全盘考虑税收筹划问题并具有很强专业性的人。

其次,税收筹划人员必须具有相互协作的精神。这不仅包括筹划人员内部的互相协作,还包括筹划人员与企业其他部门工作人员之间的有效协作。如果税收筹划人员分工明确,各司其职,彼此间形成有效的信息交流系统,便会提高整个协作系统的工作效率,相应的税收筹划非税收成本就会降低。否则,可能因筹划人员协作精神的缺乏,使本来可行的筹划方案无法付诸实施。

四、税收筹划的业务流程设计

如果对税收筹划是交由企业内部组织还是委托外部中介机构来实施不加以区分,只考虑实质性业务,则税收筹划业务流程的简单过程如图 2-2 所示。

本章第二节至第五节将对该业务的具体内容进行说明。

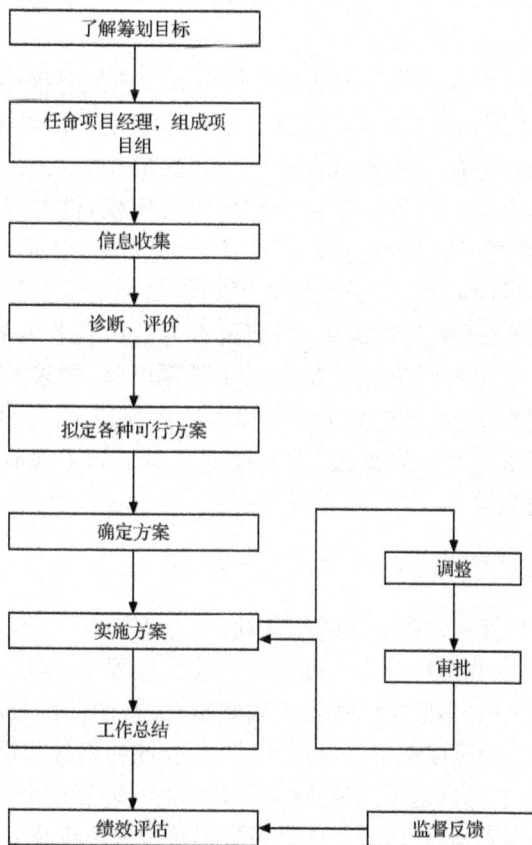

```
┌─────────────────┐
│    了解筹划目标    │
└────────┬────────┘
         │
┌────────┴────────┐
│ 任命项目经理,组成项 │
│       目组        │
└────────┬────────┘
         │
┌────────┴────────┐
│     信息收集      │
└────────┬────────┘
         │
┌────────┴────────┐
│     诊断、评价     │
└────────┬────────┘
         │
┌────────┴────────┐
│   拟定各种可行方案  │
└────────┬────────┘
         │
┌────────┴────────┐           ┌────────┐
│     确定方案      │           │  调整   │
└────────┬────────┘           └────────┘
         │
┌────────┴────────┐           ┌────────┐
│     实施方案      │◄──────────│  审批   │
└────────┬────────┘           └────────┘
         │
┌────────┴────────┐
│     工作总结      │
└────────┬────────┘
         │
┌────────┴────────┐           ┌────────┐
│     绩效评估      │◄──────────│ 监督反馈 │
└─────────────────┘           └────────┘
```

图 2-2 税收筹划的业务流程设计

■第二节 税收筹划的前期调查与研究

一、了解税收筹划的目标

虽然税收筹划的最终目标是获得企业税后利益的最大化,但从企业的层面出发,筹划的目标还是有深浅之分的。由于不同层次的税收筹划难易程度不同,企业为此需要投入的人力、物力也相差很大。如较浅层次的税收筹划就没有必要兴师动众,也没有必要搬出企业历年的财务报告,而只需要企业内部财务人员即可完成;而深层次的税收筹划则需要进行人员的组织、制定周密的计划、实施完善的管理才能顺利完成。因此,企业应首先明确其税收筹划的目标,以提高筹划效率。

从我国现行企业税收筹划的现状看,企业税收筹划的目标可分为两个层次:

1. 涉税零风险

涉税零风险是指企业在税收方面没有任何风险或风险极小以至可以忽略不计,它可以避免企业误入偷税区域,使企业不会出现诸如滞纳金、罚款等税收方面的处罚。虽然涉税零风险并未给企业带来直接的税收收益,但它可以使企业避免一些不必要的损失。因为如果企业被认定为偷税,就不仅要面临经济上的损失,还可能名誉受损,妨碍企业正常经济业务的开展。因此,涉税零风险实际上可以获得间接的税收收益,应成为税收筹划的目标之一。涉税零风险是企业最低层次的筹划目标,筹划过程简单,即使没有专业的税收筹划机构参与,企业内部财务管理人员也可自行完成。要实现涉税零风险,要求筹划人员不仅要熟悉税收的各项制度规定,还要充分了解纳税人的权利和义务。从另一个角度说,涉税零风险就是要求企业了解税法,避免被追究由于非主观故意而承担的税收责任,如滞纳金,罚款等。

2. 利用国家各种税收政策,获取最大的税后收益

由于税种的多样性和税收法规的复杂性,企业不同经济活动所适用的税收政策是有区别的,尤其在我国社会主义市场经济建设过程中,基于不同的政策目标,我国税法规定了大量的、多层次的税收优惠政策,如行业性税收优惠政策、照顾性税收优惠政策等。企业可以调整其经济活动,以合理利用这些税收政策减轻税收负担,或延迟纳税以取得推迟缴纳税款的货币时间价值,获取最大的税后收益。为达到这一层次的税收筹划目标,筹划人员需要熟悉国家税收政策,了解本企业经济活动适用的政策规定,尤其是优惠条款。此外,筹划人员还需时时关注税收政策变动的方向,因为一旦所适用的税收政策发生变动,企业据此作出的税收筹划就可能失效,企业不仅损失了进行筹划的人力、物力,甚至可能承担更重的税收负担。

对于这一层次的税收筹划目标,如果企业的经济活动较为简单,或企业的财力有限,可由企业财务人员自行筹划;如果企业的经济活动复杂,并且企业的财力充足,企业则可以咨询专业的税务筹划机构或直接聘请专业的筹划人员进行筹划设计。

二、确定相关的组织和人员分工

在确定了税收筹划的目标之后,就需要进行相关的组织和人员分工。这将为下一步调研的顺利开展奠定良好的工作基础。在一个协作系统里,筹划人员依据自己的专业特长进行明确的分工,可以提高整个组织的协作效率,有效地防止重复工作或任务的互相推诿,从而有利于税收筹划非税收成本的节约和控制。

对企业内部组织有关人员进行税收筹划的情况,一般需要确定经理人员(项目负责人),以使其能在整个筹划中充当系统运转的中心,并对组织成员的活动进行协调,指导组织的运转,实现组织的目标。税收筹划部门的经理应该具备以下条件:①扎实的专业基础;②熟悉整个企业各部门的经营活动;③具备较强的分析问题、解决问题的能力,善于根据政策的变化做出相应的应对措施;④具有全局意识。经理人员的主要职能有三个方面:①提供税收筹划信息交流的体系;②促使参与人员付出必要的努力;③规定组织的目标。对于其他参与税收筹划的人员来说,可根据个人的专业和性格来进行分工,确定相应的职责,如在进行前期调研时,有的负责收集法律法规文件,有的负责与企业其他部门沟通以了解企业对税收筹划的需求。

企业如果委托外部中介机构(如税务师事务所)进行税收筹划,则应当签订委托协议或合同。协议书中应就筹划的目的,筹划的工作进度、完成时间,支付的报酬,双方的职责,违约责任,解决争议的办法等做出详细的规定。

三、进行相关的信息收集

信息是对事物和事物之间、判断和判断之间相互联系、相互决定关系的描述,它是人们赖以认识客观事物和对事物之间因果关系作出判断的基础,也是人们进行筹划和决策的依据。税收筹划人员需要掌握企业的经营情况和所处的外部环境等信息,并在分析提炼已有数据的基础上,提出各种可行性方案,再针对企业情况确定最适宜、有效的筹划方案,并付诸实施。在整个筹划过程中,首要的环节就是收集信息。

（一）税收筹划需要收集的信息

从信息的不同来源,可以将需要收集的信息分为内部信息和外部信息。以企业为例,税收筹划需要收集的信息主要包括:

1. 内部信息

1) 企业组织形式
根据有关法律,我国的企业组织形式主要分为公司制企业、合伙制企业、个人独资企业以及被视为企业进行管理的个体工商户。

从税收的角度来看,这几种企业组织形式适用的税收规定是有差别的。以所得税为例,公司制企业需要缴纳企业所得税,投资者税后分红及取得的股利等收入还需要缴纳个人所得税;而合伙企业、个人独资企业和个体户则被排除在企业所得税的征收范围之外,只交纳个人所得税。因此,只有了解企业的组织形式,才能作出正确的筹划方案。了解企业组织形式所需要收集的信息包括:公司(企业)的章程,营业执照,全部控股和参股企业(关联企业)的详细资料等。

2) 财务信息

企业的财务信息包括企业资产与负债、经营收入、费用支出、现金流量、税收待遇等基础信息和企业资产收益率、资产负债率等企业赢利能力、发展趋势以及偿债能力等方面的高级信息。从税收角度说,企业的财务信息不仅是企业缴纳税款的根据,也是企业进行税收筹划的基础。制订有效的税收筹划方案,必须掌握企业全面真实的财务信息。下面以筹资的税收筹划为例进行说明。根据现行财务会计制度和税法规定,股利支付不作为费用列支,只能在企业税后利润中支付;利息支出则可作为费用列支,允许企业在计算应纳税所得额时予以扣除,从而减少应纳税所得额。因此,借入资金的利息支出有节税作用,它相当于国家通过减少所得税的方式为企业承担了一部分利息支出,降低了借入资本的使用成本。而自有资金的股利支出不能在税前列支,税负相对较重。可见,在税前投资收益率不低于负债成本率的前提下,负债比率越高,额度越大,节税的效果越明显,所有者权益也将得到更大增长。这就是负债融资的杠杆效应,通常也称为财务杠杆利益。但是,税收负担的减少并不一定等于所有者收益的增加。负债资本比例的过分增长,将提高资金总成本,导致企业所有者权益的减少。根据著名的税负利益——破产成本权衡理论,负债可以给企业带来税额庇护利益,但各种负债成本会随负债比率的增大而上升。当税额庇护利益与破产成本相等时,资本结构达到最佳点,企业价值最大。如果再增加负债资本,将会使破产成本大于税额庇护利益,导致企业价值的降低。因此,如果在税收筹划中没有掌握企业的财务信息,只关注税收因素,可能结果会适得其反。

3) 企业发展现状与未来规划

企业的税收筹划不能就筹划论筹划,而必须立足于企业当前与未来的发展目标上。了解企业当前和长远发展规划可以使税收筹划人员了解企业的投资意向、市场占领、销售扩张、经营期等多方面的信息,从而使税收筹划有效且有利。例如,在企业投资的税收筹划中,假设企业已经确定了投资地点,并做了可行性论证,那么税收筹划就应该在这一框架下选择最佳的投资项目和投资金额。如果企业筹划人员对此不了解而从自己的角度提出了新的投资地点并进行相应的筹划,则此时的筹划行为就会因违背了企业的发展意图而失效。

4) 企业对风险的态度

税收筹划是一项具有风险性的活动,其风险主要表现在:①由于筹划人员对税收法规及优惠政策的精神未完全领会,筹划行为不合法,从而使企业面临着被认定为偷税的风险;②由于税收法规在一段时间内可能会发生变化,而筹划人员不可能完全预见税收法规的全部调整内容,因而可能会使筹划方案在实施过程中面临因税收法规的变动而失效,甚至缴纳更多税收的风险;③企业如因税收筹划的原因改变投资行为,将会使企业面临投资扭曲风险。

但是,不同的税收筹划方案,其面临的风险是不相同的。一般来讲,风险与收益成正比,即收益较高的筹划方案面临的风险较大,收益较低的筹划方案面临的风险较小。这样,企业对风险的接受程度就会决定筹划方案的设计和取舍。

2. 外部信息

1) 政府的税收政策

现代国家常常通过税收这一经济杠杆体现其政策意图,利用税基与税率的差异及税收优惠来鼓励或限制经济行为。从立法者的意图来讲,政府的税收政策主要分为:①鼓励型税收政策。例如,增值税和消费税的出口退税政策,高新技术产业和能源、交通等基础设施建设中的所得税优惠政策等。②限制型税收政策。这种税收政策是国家基于产业导向、环保要求、供求关系、引导消费等目标所做出的税收限制,如粮食类白酒和香烟的严格的消费税政策等。③照顾型税收政策。这种税收政策体现了国家对老弱病残者的照顾、对低收入阶层的优惠、对突发事件或意外灾害的救助等,如对下岗再就业人员的增值税、营业税、所得税政策等。正确理解国家政策,制定符合政府意图的税收筹划可以得到税务机关的认可,筹划风险较小;相反,税收筹划的风险就大。

当然,税收政策是一个国家在一定时期针对税收分配关系设定的基本方针,而税收法律、法规是税收政策的载体。由于政府的税收政策经常处于变化之中,开展税收筹划还必须掌握政府政策的精神实质和发展变化动态。

2) 税收法律法规

税收筹划是以现行的税收法律法规为基础的。税收筹划人员对企业所适用的税种、税率,所处行业、所生产产品或个别经营情况的特殊税收政策,税收征纳程序(特别是纳税义务发生的时间),税务行政救济制度等必须了如指掌。如果税收筹划者连税收制度的规定都不熟悉,就如同指挥作战不熟悉地形,进行税收筹划是注定要失败的。

除了对税法的现状要有了解,企业对税法未来可能的变动也要有所预测。这在我国体制转轨尚未完成、税法调整较为频繁的现阶段,尤应受到重视。因为税法一旦调整,税收筹划的依据可能消失或改变,筹划的结果就可能完全与预期相反。

3）其他法律规定

企业的税收筹划是根据国家现行税收法律法规进行的一种理性选择，是合法的纳税运作行为。因此要求筹划人员不仅要通晓税收法律规定，还要掌握财务会计制度、汇率制度、票据、证券等多方面的法律规定，如果涉及跨国企业，还必须了解相关国家的法律规范，以防止所作出的税收筹划违反其他法律规定，确保税收筹划的合法性。

（二）税收筹划对信息质量的要求

1. 准确性

准确的信息是做出正确判断的基础，税收筹划取得成功的前提是筹划者获取的信息能如实反映客观情况。否则，虚假或失真的信息将会对筹划活动产生误导作用。信息是否准确，关键在于：一是信息源的可靠性，二是信息传输和加工环节的准确性。

2. 及时性

信息一般是具有时效性的。只有能满足经济决策的及时需要，信息才具有价值，不及时的信息甚至会增加税收筹划的失败风险，如国家的税收法规发生变化，可能使原来不违法的行为变成违法行为，不及时了解这些变化，就会使企业承担法律处罚的风险。

3. 完整性

如果筹划人员获得的信息不完整，那么他对相关事物的认识就不全面，依据这些信息所作的判断就可能是片面的，从而增加筹划失败的可能性。

4. 相关性

完整性并非就是要求掌握的信息多多益善。有时，一些无用的信息还会形成干扰，影响筹划人员作出正确的判断。因此，收集信息需要建立在相关性的基础上，即信息要与税收筹划活动相关，能满足税收筹划的需要，有助于筹划活动中的分析、预测和决策。

5. 适度性

收集信息需要耗费筹划人员的精力和企业一定的费用。因此，筹划人员应当注意信息的精度、价值和费用之间的关系。一般情况下，信息的精度越高，信息的价值越大，对税收筹划的作用就越大。但是随着信息的精度达到某个水平以后，信息的边际价值随着信息精度的继续增加,呈现出缓慢的渐进增长态势;而信息的获取费用在信息精度要求较低时增长较慢,随着对信息精度要求的提高,获取费用的增长会越来越快(图 2-3)。因此,筹划人员必须清楚在追求信息质量的同时,要把握信息精度的适度性,使信息的价值和获取信息的费用达到最佳的配比,不要为刻意追求信息的精度而耗费大量的人力和物力,从而大大增加税收筹划的非税收成本,使原本可行的税收筹划方案失去可操作性。

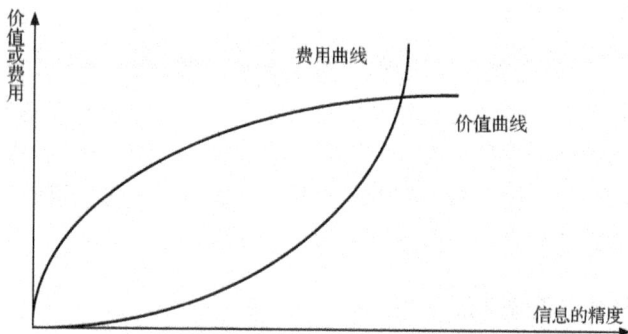

图 2-3 信息的精度、价值和费用之间的关系

第三节 税收筹划方案的设计与选择

一、税收筹划方案的设计

在确定了税收筹划的目标并充分拥有了所需信息后,企业就可以初步设计多种税收筹划方案。实践中之所以可能存在不同的税收筹划方案,主要原因有:

1. 税收制度的差异性和税收优惠政策的多样化

税收制度的差异性和税收优惠政策的多样化为税收筹划提供了广阔的空间:首先,不同国家的税收制度存在较大的差异,因而存在利用国别税收政策的差异在国际进行税收筹划的空间;其次,同一国家对不同类型企业制定的税收优惠政策是不同的,如我国的小型微利企业、高新技术企业享有的税收优惠政策皆可为税收筹划提供广阔的空间;再次,同一个国家内的各税种规定的差异亦导致了税收筹划机会的产生,可以通过筹划创造税种间的组合优势;最后,在同一个税种内也可进行税收筹划,如纳税人、征税对象、税目税率、计税依据、纳税环节等皆可以进行筹划。由于这些差异,使得一项行为或收入具有多种纳税选择,也导致了税收筹划方案的多样化。

2. 企业在合法前提下的自主经营权

企业在进行税收筹划时,其自主经营权主要表现为以下方面:①企业有权自主选择经营组织形式;②企业有权自主安排企业财务活动;③企业有权充分利用国家的税收优惠政策等。企业自主选择权势必催生多种税收筹划方案的产生。

3. 会计方法的多样性

会计准则、会计制度等会计法规,一方面起到了规范企业会计行为的作用,另一方面也为企业提供了多种可供选择的会计核算方法,为企业在这些框架和各项规则中"自由流动"创造了机会。

因此,税收筹划人员应该在了解企业需求的基础上,通过系统分析,拟出各种税收筹划备选方案。

二、选择最优的税收筹划方案

在税收筹划备选方案拟定之后,企业应当从企业的自身特点和需求出发,决定最终的筹划方案。因为,一种筹划方案在甲企业实施可能是最优的,但在乙企业可能就无法达到预期效果;一种筹划思路在一定条件下对企业是有利的,一旦条件发生变化,就可能改变筹划结果。我们以直线法下折旧年限选择的税收筹划为例进行说明。一般认为,企业在较短的折旧期间内通过加速折旧收回投资有利于税收筹划目标的实现。但是,当企业处于减免税期时,这一结论就可能不适用了。因为,企业在减免税期间,并不存在折旧抵税效应或抵税效应较低,那么对企业有利的处理方法并不是加大折旧额,而是应该减少折旧额,从而在减免期满之后,使折旧抵税作用最大。

企业在确定最优方案时,要把握几个主要原则,即守法原则、整体利益原则、成本效益原则、立足长久原则和适时调整原则(在本章第六节中将进一步阐述)。筹划人员应同企业负责人进行沟通,在其反馈的基础上对税收筹划方案建议书进行完善,并将最终制订的筹划实施计划呈送企业负责人。筹划方案得到企业负责人确认之后,筹划人员就可以着手将其付诸实施。

■第四节 税收筹划方案的实施和修正

一、专人负责,实施方案

在确定了筹划方案以后,就必须指定专人负责并和其他部门组建工作小组,将方案付诸实施。具体操作上,可以将筹划方案的工作计划细化,并拟定方案实施计划。

二、方案实施过程中的再调研

税收筹划方案的实施并不意味着整个筹划活动的结束。在方案实施以后,筹划人员不能掉以轻心,仍应进行相应的跟踪调研。这主要是防止企业经营情况和经营环境发生改变,而原先确定的税收筹划方案却未做相应的调整,从而给企业带来负面影响。如企业所处的行业不景气,企业生产的产品发生滞销,这时可能只能保本将企业产品出售,原先制订的销售定价筹划方案就要让位于企业的维持经营。

再调研的信息主要有:①政府政策的变化;②企业经营情况的改变;③行业分析资料,包括行业发展前景,未来变化趋势等。

税收筹划人员在筹划方案的实施过程中,必须时时关注信息的变化,以改进原先的筹划方案。

三、实施方案的改进

随着时间的推移,原先制订方案所依据的信息和条件可能发生变化,并使原来的筹划方案由"最优"变为"次优",甚至"最差"。这时,针对情况改变所作的方案改进是必要的。当然,方案改进必须在法律许可的范围内进行,如企业采用的外币折算汇率,资产折旧办法等,不可能一天一个样。因此,方案的修正实际上相当于进行新的筹划活动。在具体运作上,可以参照前文的步骤进行。

■第五节　税收筹划方案的跟踪和绩效评估

一、税收筹划方案的跟踪和总结

税收筹划方案付诸实施后,企业内部筹划人员应当对方案进行跟踪,分析税收筹划的实际执行效果。就中介机构而言,继续对方案进行跟踪一般需要企业提出要求。企业通过方案跟踪,通过总结得失,可以为今后的筹划工作积累宝贵的经验教训。

二、税收筹划方案的绩效评估

方案跟踪的主要任务是对税收筹划方案的实施进行绩效评估,以考察实际工作的执行效果。税收筹划的绩效评估,目前尚没有一个明确的指标体系,但是,我们可以借鉴西肖尔①的组织效能评价标准,提出一些参考性的思路。

1. 目的与手段

有些衡量标准代表的是经营活动的结果或目标(如高额税后利润),它们可根据自身的实现程度予以评价。从这个意义上来说,它们很接近于组织的正式目的(根据有效税收筹划理论,税收筹划应以税后利益最大化为目标)。而另外一些标准之所以具有价值,主要是因为它们是达到该组织主要目的的必不可少的手段或条件(如筹划人员的责任心)。我们知道,考察一个税收筹划方案,不仅要分析该方案本身节约的税收利益,还要考察该方案的各种非税收成本。达到税收筹划目标所依赖的条件和所采取的手段,实际上直接决定着税收筹划的非税收成本。因此,在进行税收筹划绩效评估时,应当将归属于目标和手段的衡量标准区别开来,分别选取一定的指标来进行评估。

2. 时间范围

一些标准考察的是过去的状况(如去年的利润),另一些标准则涉及现在(如资本净值),当然,还有一些标准是对未来的预期(如计划中的规模增长率)。无论这些标准涉及何种时间范围,在对过去或将来的情况以及对发展变化趋势作出推论时都可能要用到。税收筹划应当立足长久,这点我们已经做了充分的说明。筹划方案不能只考虑一个纳税年度的影响,而应当在对未来企业发展趋势进行合理预测的基础上,去考虑其对企业长远经济利益的影响。在评估税收筹划方案的绩效时,可以将选取的企业往年指标(如往年的税后利润)与采取税收筹划方案后的指标进行对比。当然,这种绩效评估显然不是一朝一夕能完成的,有时甚至要进行多年的跟踪。

3. 硬指标与软指标

有些衡量标准是根据实物和事件的特点、数量或发生的频率来计量的,可以称之为硬指标。例如,销售额、营业收入等。也有些标准则是根据对行为的定性观察或进行的民意测验结果来衡量的,可以称之为软指标。例如,企业是否满意、筹划人员工作积极性的高低、协作关系的好坏等。税收筹划绩效评估在关注硬指标时,也要非常重视软指标的考核。

---

① 西肖尔(Stanley E. Seashore)是美国当代经济学家和社会心理学家,密执安大学教授。他在 1965 年发表的论文《组织效能评价标准》,在企业管理领域有很大影响。论文将衡量企业组织效能(organizational effectiveness)的各种评价标准及其相互关系,组合成一个金字塔形的层次结构,从而使原先处于完全混乱状态的集合体有了逻辑性和秩序。

4. 价值判断

有的变量呈线性变化趋势(越多越好),而另一些变量则呈曲线变化趋势(期望某种最优解)。因此,判断这些变量指标孰优孰劣时,就应该与其各自变化的规律和特性相适应。在不能使所有目标同时达到最优的情况下,如何在各个评价指标或变量之间进行权衡、取舍,在相当大的程度上取决于上述曲线的走向和形状。对税收筹划尤其如此,税收筹划不应当简单地以节税最大化为目标,而应当服务于企业的整体利益。因此,在进行绩效评估时,要同制定税收筹划方案一样进行全面的价值判断,从企业全局利益和整体利益来考察。

■第六节 税收筹划运作的基本原则

一、守法原则

对纳税人来说,在税收筹划活动中遵守守法原则必须及时足额缴纳每一分该缴税款,充分合法利用每一个税收机会。征纳关系是税收的基本关系,税收法律是处理征纳关系的共同准绳。纳税义务人要依法缴税,税务机关也要依法征税,因此税收筹划只能在法律许可的范围内进行,否则,税收筹划行为就会变成税收违法行为。但是,在现实中,企业在遵守法律的情况下,常常有多种税收负担高低不一的纳税方案可以选择,企业可以通过决策选择来降低税收负担、增加利润,使税收筹划成为可能。另外,经营、投资和理财活动是多方面的,税收规定则是有针对性的,纳税人和征税对象不同,税收待遇也往往不同,企业也可以借此选择较低的税负决策,以达到税后利益的最大化。

二、整体利益原则

税收筹划是企业理财活动的一个重要内容,它与企业其他财务管理活动相互影响、相互制约。一项成功的税收筹划不能只局限于企业的税收是否减少,而应着眼于企业的整体利益,着眼于企业价值的最大化。因为,税收支出的减少并非等额地带来资本总收益的增加,当税收负担降低反而引起企业价值的减少时,盲目追求减少税负就变得毫无意义;另一方面,税收筹划要考虑的是企业整体税负的下降,不能只注意一个或几个税种,而应综合权衡,趋利避害。

三、成本效益原则

进行税收筹划要先进行"成本-效益"分析,判断企业所进行的税收筹划活动是否经济可行。在成本效益分析中,不仅要考虑现有的成本效益,还要考虑"边际"成本效益。例如,随着某一项筹划方案的实施,纳税人在取得新增税收利益的同时,也会为该筹划方案的实施付出额外的费用。只有当新发生的费用或损失小于取得的新增利益时,该项筹划方案才是合理的;否则,就应该放弃。

四、立足长久原则

税收筹划不能只考虑降低当年的税负,而不考虑这种降低对其他年份税收收益的抵消效果。如果一项筹划会给公司当前及未来的发展带来现实或潜在的损失,就有可能导致企业在一定经营期间税负的增加。因此,税收筹划不应局限于眼前,而应立足于长久。

五、适时调整原则

税收筹划总是在一定的法律环境下针对特定企业经营活动制定的,有着明显的时效性。随着时间的推移,筹划的背景环境,如社会经济状况、企业生产经营、适用法律等各方面情况必然发生变化,在原始背景基础上制定的筹划方案就可能失效。因此,筹划人员必须注意税收政策法规的变动及未来走向,不断补充和修订税收筹划方案,以确保企业长久地获得税收筹划带来的收益。

[本章小结、概念术语及思考题]
【本章小结】

1. 税收筹划是一个系统工程,其运作可以遵循一定的基本框架。税收筹划的操作步骤一般可分为前期调查与研究,方案诊断和选择,方案实施和修正以及方案的跟踪和绩效评估四个阶段。

2. 税收筹划前期调查与研究是指在了解税收筹划目标的基础上,确定相关的组织与人员分工,并进行信息收集。

3. 企业在对收集的信息进行分析,并对项目进行合法性、可行性论证后,就可以初步拟定各种可行性方案,从中确定最优方案。

4. 税收筹划人员在筹划方案的实施过程中,必须时时关注信息的变化,以改进原来的筹划方案。方案的改进必须在法律许可的范围内进行。方案的修正实际上相当于进行新的筹划活动。

5. 税收筹划方案付诸实施后,筹划人员应当对方案进行跟踪,其主要任务是对税收筹划方案的实施进行绩效评估,以考察实际工作的执行效果。

6. 在税收筹划运作的过程中必须遵守几条原则:即守法原则、整体利益原则、成本效益原则、立足长久原则以及适时调整原则等。

【概念与术语】

税收筹划运作管理 前期调查与研究 方案诊断和选择 方案实施和修正 方案跟踪 绩效评估

【思考题】

1. 进行税收筹划中收集的信息是否越多越好？

2. 如何利用税收制度的差异进行税收筹划？

3. 税收筹划就是节税最大化，税收负担最轻的方案就是最优方案。你同意这种观点吗？为什么？

4. 最优税收筹划方案一经选定并实施，效果必然是最优的。你认为这种说法对吗？请举例说明。

5. 如何进行税收筹划的绩效评估？请谈谈你的看法。

6. 简述税收筹划运作中应把握的主要原则。

第三章

税收筹划的技术与方法

[本章提要]

税收筹划技术是税收筹划过程中所使用的技巧与策略。从税收筹划的两个直接目的——减少纳税和延迟纳税出发，可以将税收筹划技术分为税基减税技术、税率减税技术、应纳税额减税技术、推迟纳税义务发生时间减税技术等。

税收筹划技术是税收筹划过程中所使用的技巧与策略。在迄今为止的各种税收筹划书籍中，中外税务专家分别从各种不同的角度对税收筹划技术作了各种不同的总结。美国的凯文·E. 墨菲与马克·希金斯认为：税收筹划技巧着眼于时机的选择和所得的转移这两个重点；加拿大公认会计师公会的约翰·列德志-达列尔和弗朗辛·桑塔-盎居在他们合著的 CGA 教科书《税收》一书中，把所得税税收筹划技术归为扣除、抵免最大化技术、延期纳税技术和所得分劈技术三种；国内财税学者方卫平在此基础上，把税收筹划技术演绎为免税技术、减税技术、税率差异技术、分劈技术、扣除技术、抵免技术、延期纳税技术以及退税技术八种。[①]

众所周知，税收筹划以税后利益最大化为最终目标。在某些情况下，税后利益最大化与纳税最小化相背离，这时的税收筹划通常要与企业的财务分析结合在一起，甚至与企业的经营战略联系在一起，其筹划技术与方法就不能仅仅局限于税收当中，本书对此不再赘述。税后利益最大化的目标在大多数情况下是通过减少纳

---

① 方卫平:《税收筹划》,上海财经大学出版社,2001 年。

税和延迟纳税得以实现的,因此可以说税收筹划的两大直接目标是减少纳税和延迟纳税。所谓减少纳税是指通过税收筹划使纳税人合理合法地减少应纳税额,从而增加税后利润;延迟纳税是指通过税收筹划合理合法地推迟纳税义务发生的时间,通过向后推迟缴纳应纳税额,使纳税人获取税款的货币时间价值。本章仅从税收筹划的这两大直接目标出发,对税收筹划技术进行总结。

首先,从减少纳税的目的看。从最一般意义的税款计算上看,应纳税额＝税基×税率。纳税人的应纳税款与税基、税率、应纳税额三个因素有关,且三者之间成正比关系:税基越大、税率越高、应纳税额越多,纳税人应纳税款就越多;相反,税基越小、税率越低、应纳税额则越少,纳税人的应纳税款也就越少。因此,为实现“减少纳税”的目的,税收筹划应首先着眼于税基、税率、应纳税额三方面,通过税基、税率、应纳税额的最小化,达到应纳税款最小化的目的。根据这一思路和策略,我们将总结如下税收筹划技术:税基减税技术、税率减税技术和应纳税额减税技术。

其次,从延迟纳税的目的看。延迟纳税主要是通过推迟纳税义务发生时间实现的。在流转税方面,纳税义务发生时间主要与税法上收入实现时间有关:收入实现越早,纳税义务发生时间也就越早。而在所得税方面,它主要与税法上收入实现时间与费用扣除时间有关:收入实现越早,费用扣除越迟,纳税义务发生时间也就越早;反之,收入实现越迟,费用扣除越早,纳税义务发生时间也就越迟。因此,税收筹划应着眼于税法上收入的实现时间和费用的扣除时间两方面,力图使收入实现时间推迟,费用扣除时间提前,从而达到延迟纳税的目的。

因此,从税收筹划的两个主要目的出发,我们总结了税收筹划的四个技术,即税基减税技术、税率减税技术、应纳税额减税技术、推迟纳税义务发生时间减税技术。下面我们将对这四个技术作具体的介绍。

第一节　税基减税技术

一、税基减税技术与实现

税基减税技术是指通过合理合法地运用各种税收政策,使税基由宽变窄,从而减少应纳税款的技术。

税基是课税的基础与范围,在应纳税额的计算中,它具体量化为计税依据。从我国现行的税制看,应纳税额的计税依据包括增值税、消费税的销售额、营业税的营业额、企业所得税、个人所得税的应纳税所得额等[①]。因此,应用税基减税技术,在流

---

① 本章不涉及财产税的筹划技术和方法。

转税方面主要就是要缩小销售额与营业额;而在所得税方面,则主要是通过缩少应税收入、扩大费用扣除来减缩应纳税所得额。为达到这些目的,可以通过利用免税政策、利用排除条款以及增加费用扣除等手段来实现。

1. 利用免税政策

在现行的税收政策中,出于激励与照顾两种目的,税收制度免除了一部分纳税人应税收入的纳税义务。运用税基减税技术的主要目的之一就是要利用这些政策,通过生产活动、投资活动等的合理安排,使应税收入变成免税收入,从而缩小应税范围,减少应税义务。

2. 利用排除条款

在现行税收政策规定中,不是所有的企业收入都会成为课税对象。税法中规定了一些排除条款,把某些符合条件的收入项目排除在征税范围之外(如增值税销售额中关于代垫运费的规定)。纳税人应精通这些条款,避免使非税收入成为应税收入。

3. 增加费用扣除

出于稳健或鼓励的目的,现行税法规定了许多条款,使纳税人在实际没有发生相关费用的情况下增加费用扣除。如企业安置残疾人员所支付的工资在据实扣除的基础上,再按照支付给残疾职工工资的100%加计扣除。残疾人员的范围适用《中华人民共和国残疾人保障法》的有关规定[①]。企业安置国家鼓励安置的其他就业人员所支付的工资的加计扣除办法,由国务院另行规定。为鼓励企业增加科技研发,企业为开发新技术、新产品、新工艺发生的研究开发费用,未形成无形资产计入当期损益的,在按照规定据实扣除的基础上,按照研究开发费用的50%加计扣除;形成无形资产的,按照无形资产成本的150%摊销。[②] 因此,纳税人应合理安排有关活动,创造符合税法关于增加费用列支的条件,以尽量减少应纳税所得额。

二、税基减税技术的具体操作

(一)销售额、营业额减税技术的具体操作

根据现行税法,销售额是指纳税人销售货物或应税劳务向购买方收取的全部价款和价外费用,营业额是指纳税人提供应税劳务时向购买方收取的全部价款和价外费用。销售额、营业额的减少主要依赖免税政策和利用排除条款。

---

① 财政部、国家税务总局,《关于促进残疾人就业税收优惠政策的通知》,财税[2007]92号。
② 《中华人民共和国企业所得税法实施条例》第95条。

1. 利用免税政策

以增值税为例,增值税的免税政策包括几个方面:农业生产者销售的自产农业产品;避孕药品和用具;古旧图书;直接用于科学研究、科学试验和进口的教学仪器、设备;外国政府、国际组织无偿援助的进口货物和设备;来料加工、来件装配和补偿贸易所需进口的设备;由残疾人组织直接提供给残疾人的专用品;个体经营者及其他个人销售自己使用过的物品。① 纳税人可以有意识地安排生产经营活动,免除其经营收入的纳税义务。

2. 利用排除条款

销售额与营业额的排除条款主要集中于价外费用的规定方面。根据税法,价外费用是指价外向购买方收取的手续费、补贴、基金、集资费、返还利润、奖励费、违约金(延期付款利息)、包装费、包装物租金、储备费、优质费、运输装卸费、代收款项、代垫款项及其他各种性质的价外收费。② 虽然税法规定了价外费用应并入销售额计算缴纳增值税,但同时又规定了一些排除条款,某些符合条件的价外费用不纳入销售额,如代垫运费。税法规定凡符合以下两个条件的代垫费用,可以排除在征税范围之外:即承运者的运费发票开具给购货方的,纳税人将该项发票转交给购货方的。③ 因此,纳税人在为购买方代垫运费时,应尽量符合这些条件。这样,就可以把代垫运费排除在价外费用之外,缩小销售额。这种思路同样适用于营业额的价外费用。

(二)企业所得税应纳税所得额减税技术的具体操作

根据现行税法,应纳税所得额是指某一纳税年度中纳税人的收入总额减去准予扣除项目金额等的余额。企业应纳税所得额税基的减少取决于收入的减少和费用的增加。因此,企业应纳税所得额税基的减少主要通过对收入的免税政策和增加费用扣除政策实现。

1. 利用收入免税政策

根据税法,企业取得的国债利息收入,企业事业单位符合条件的技术转让所得,在一个纳税年度内,不超过 500 万元的部分,免征企业所得税。④ 企业应通过

---

① 《中华人民共和国增值税暂行条例》第 16 条;《中华人民共和国增值税暂行条例实施细则》第 31 条。
② 《中华人民共和国增值税暂行条例实施细则》第 12 条。
③ 《中华人民共和国增值税暂行条例实施细则》第 12 条。
④ 《中华人民共和国企业所得税法实施条例》第 90 条。

合理的经济活动安排,争取取得更多类似的免税收入,最大程度地缩减税基,从而减少纳税义务。

2. 增加费用扣除

在企业所得税的现行规定中,主要有两个途径可以实现增加费用扣除的目的:一是坏账损失采用备抵法核算;二是企业安置残疾人支付的工资加计扣除以及企业为开发新技术、新产品、新工艺发生的研究开发费用。

(1) 坏账损失采用备抵法核算增加费用扣除。根据《企业所得税税前扣除办法》第45条规定,纳税人发生的坏账损失,原则上应按实际发生额据实扣除;经报税务机关批准,也可提取坏账准备金。前一种方法即所谓的直接冲销法,后一种方法即所谓备抵法。纳税人采用直接冲销法时,对日常核算中应收款项可能发生的坏账损失不予考虑,只有在实际发生坏账时,才作为损失计入当期损益,同时冲销应收款项。在这种方法下,只有坏账已实际发生时,才能将其确认为当期费用。备抵转销法则是采用一定的方法按期估计坏账损失,计入当期费用,同时建立坏账准备,待坏账实际发生时,冲销已提的坏账准备金和相应的应收款项。两种方法的根本区别是坏账损失计入期间费用的时间不同:直接转销法只有在坏账实际发生时,才将坏账损失计入期间费用;而备抵转销法在年末先将坏账准备金计提出来,增加当期费用,减少当年应纳税所得额,待坏账损失实际发生时,再冲减坏账准备金。由此可见,在当期没有实际发生坏账损失的情况下,采用备抵法可增加当期扣除费用,降低应纳税所得额。

[具体案例]

【案例3-1】某企业2008年12月31日应收账款借方余额为5000万元,经税务机关批准同意按5‰计提坏账准备金。2008年10月10日发生坏账损失10万元,经税务机关批准同意核销。两种核算方法下费用列支与纳税情况比较,如表3-1所示(企业所得税税率为25%)。

表3-1 两种核算方法下费用列支与纳税情况比较表 单位:万元

核算方法	费用列支额	减少纳税额
直接冲销法	10	2.5
备抵法	25(5 000×5‰)	6.25

读者可能会有疑问,考虑到如果当年实际发生的坏账损失是50万元时,直接冲销法能相应地列支费用50万元,而备抵法核算就不一定能增加费用扣除?对此,《企业所得税税前扣除办法》第45条另有专门规定为:实际发生的坏账损失,超过已提取的坏账准备的部分,可在发生当期直接扣除。由此可知,采用备抵法核算

至少能列支和直接转销法一样的费用,而且,只要企业年末还有应收账款余额,就能再次提取坏账准备金,在税前多列支相应的费用。

(2)企业安置残疾人员所支付的工资可在据实扣除的基础上,再按照支付给残疾职工工资的100%加计扣除。残疾人员的范围适用《中华人民共和国残疾人保障法》的有关规定[①]。

[具体案例]

【案例 3-2】甲生产企业 2008 年利润总额 300 万元,职工总数 100 人,月平均安置残疾人 30 人,残疾人平均月工资 2000 元。不考虑其他因素,企业的税负情况如何?

企业可加计扣除的残疾人工资成本支出=2000×12×30=72 万元

可退还增值税=30×35000=105 万元

实际应纳税所得额=300−72+105=333 万元

应交企业所得税=333×25%=83.25 万元

根据《中华人民共和国企业所得税法实施条例》第九十六条,企业除获得所得税每月每名残疾人工资加计扣除 100%,即相当于 500 元(2000×25%)的税收减免优惠外,还实际获得退还增值税 105×(1−25%)=78.75 万元的税收优惠。需要注意的是,月平均实际安置的残疾人占单位在职职工总数的比例高于 25%(含25%),并且实际安置的残疾人人数多于 10 人(含 10 人)的单位且生产销售货物或提供加工、修理修配劳务取得的收入占增值税业务和营业税业务收入之和达到50%的单位才符合上述享受上述税收优惠的条件。

(三)个人所得税应纳税所得额减税技术的具体操作

个人所得税应纳税所得额是纳税人某一纳税年度收入总额减去准予扣除项目金额的余额。与企业所得税相同的是,个人所得税应纳税所得额税基减少主要依赖于收入免税政策和增加费用扣除政策等。

1. 利用收入免税政策

根据个人所得税税法的规定 ,许多个人所得是免纳个人所得税的,如省级人民政府、国务院部委和中国人民解放军以上单位以及外国组织、国际组织颁发的科学、教育、技术、文化、卫生、体育、环境保护等方面的奖金;国债和国家发行的金融债券利息;按照国家统一规定发给的补贴、津贴;福利费、抚恤金、救济金;保险赔款;军人的转业费、复员费;按照国家统一规定发给干部、职工的安家费、退职费、退

---

① 财政部、国家税务总局,《关于促进残疾人就业税收优惠政策的通知》,财税[2007]92 号。

休工资、离休工资、离休生活补助费；等等。① 纳税人应通过合理的投资活动及其他安排，争取取得更多类似的免税收入，最大程度地缩减税基，从而减少纳税义务。

2. 增加费用扣除

我国个人所得税费用扣除采用定额扣除、固定比例扣除以及据实扣除三种扣除方式。前两种扣除方式适用于工薪所得、劳务报酬所得等项目。这两种扣除方式从表面上看并没有通过增加扣除实现税基减少的空间，而实际上纳税人仍然可以通过收入实现方式的安排来达到增加费用扣除的目的。例如，采用分劈收入的方式就是实现增加费用扣除的重要途径。分劈收入是指在合理合法的情况下，将所得在两个或两个以上纳税人之间进行分割，它主要运用于由两个或两个以上纳税人共同完成的劳务项目上。当两个或两个以上纳税人共同完成一个劳务项目并取得收入时，他们采用的分配与纳税的顺序不同，所承担的税款也不同。

[具体案例]

【案例 3-3】有甲乙两个纳税人共同完成了一项收入为 5000 元的劳务。不同分配与纳税顺序下费用扣除及纳税情况比较，如表 3-3 所示。

表 3-3　不同分配与纳税顺序下费用扣除及纳税情况比较表　　单位:元

分配与纳税顺序		收入金额	费用扣除	应纳税所得额	应纳税额	税后收入
先税后分（甲乙共同）		5 000	1 000	4 000	800	4 200
先分后税	甲	2 500	800	1 700	340	2 160
	乙	2 500	800	1 700	340	2 160

因此可见，分劈收入使得甲乙两人合计增加了 600 元的费用扣除额，从而减少 120 元的应纳税额。

除了定额扣除与固定比例扣除，个人所得税还采取了据实扣除的方式。这种扣除方式主要适用于财产转让所得与财产租赁所得等项目上。以财产租赁所得为例。税法规定:纳税人出租财产取得财产租赁收入，在计算征税时，除可依法减去规定费用和有关税费外，还准予扣除能够提供有效、准确凭证，证明由纳税人负担的该出租财产实际开支的修缮费用。允许扣除的修缮费用，以每次 800 元为限，一次扣除不完的，准予在下一次继续扣除，直至扣完为止。② 这一规定也为纳税人增加费用扣除提供了可能性。

【案例 3-4】2008 年 1 月王某有一私房出租，租期为 6 个月。每月的房租收入

① 《中华人民共和国个人所得税法》第 4 条;《中华人民共和国个人所得税法实施条例》第 12 条、第 13 条、第 14 条。

② 国家税务总局:《征收个人所得税若干问题的规定》，国税发[1994]89 号。

减去规定费用和有关税费后的应纳税所得额为 1054 元。王某计划对这一出租房屋进行维修，预计维修费至少要 4200 元。王某何时开始维修房屋呢？王某的几种维修方案的维修费用扣除情况，如表 3-4 所示。

表 3-4　七种维修方案下维修费用扣除情况表　　　单位:元

纳税期限	维修费用扣除						
	1 月维修	2 月维修	3 月维修	4 月维修	5 月维修	6 月维修	7 月维修
1 月	800	0	0	0	0	0	0
2 月	800	800	0	0	0	0	0
3 月	800	800	800	0	0	0	0
4 月	800	800	800	800	0	0	0
5 月	800	800	800	800	800	0	0
6 月	200	800	800	800	800	800	0
合计	4 200	4 000	3 200	2 400	1 600	800	0

由此可见，选择房屋出租期间进行房屋的修缮是增加费用扣除的最好方法，且维修时间越早，获得的维修费用扣除金额越大。纳税人应很好地利用这一政策，合理安排维修时机，以获取最大的费用扣除。

第二节　税率减税技术

一、税率减税技术与实现

税率减税技术是指通过多种税收政策合理合法地运用，使纳税人的适用税率由高变低，从而减少应纳税额的技术。

在我国现行的税制中，存在着多种不同的税率结构形式（如比例税率、累进税率、定额税率）和税率水平。不同的税率结构形式和税率水平代表不同的税收负担水平，也意味着纳税人不同的应纳税额。因此，纳税人应通过经济活动与财务活动的合理安排，尽量适用较低负担的税率结构形式和税率水平。为达到此目的，可以通过差别税率政策、控制应纳税所得额、转换收入性质等方式来实现。

1. 利用差别税率政策

出于不同的政策目的，现行税收政策对不同的税种规定了不同的税率结构形式和税率水平，如增值税、消费税、营业税在比例税率结构下不同的税率水平，企业所得税形式上的比例税率结构实质上近乎全额累进的税率结构，个人所得的超额累进税率和比例税率结构等。纳税人可以通过各种活动的合理安排，尽量投资低税率项目或生产低税率产品,这样就可以使相同的收入因适用了较低的税率而节税。

2. 控制应纳税所得额

现行税制体系中的某些税种,如企业所得税和个人所得税的税率,由于采用累进税率的方式,其适用税率的高低与应纳税所得额的大小紧密联系。在纳税期限内应纳税所得额越高,其适用税率也越高。因此,纳税人应通过对应纳税所得额的合理调节,将其适用税率控制在尽量低的水平上。

3. 转换收入性质

在现行的某些税种,如个人所得税的规定中,对不同的收入形式规定了不同的税率结构和税率水平,如工资薪金所得适用5%~45%的超额累进税率,劳务报酬所得适用20%的比例税率。据此规定,在相同的收入水平下,工资薪金所得与劳务报酬所得将因适用不同的税率而产生不同的纳税义务。但是,个人所得税税法同时又规定,工资薪金所得为非独立劳务所得,劳务报酬所得为独立劳务所得。这就为纳税人进行税收筹划提供了合理的空间。纳税人可以通过条件的改变,或通过创造符合税法要求的条件,使收入性质发生变化,从而适用较低税率。

二、税率减税技术的具体操作

(一)增值税、消费税、营业税税率减税技术的具体操作

根据现行税法,增值税、消费税主要采用产品差别比例税率形式,不同的产品适用不同的税率。其中增值税的税率包括17%的基本税率和13%的低税率两档税率,前者适用于大部分产品,后者只适用于属照顾范围的小部分产品,如粮食、食用植物油、自来水、暖气、冷气、热水、煤气、石油液化气、天然气、沼气、居民用煤炭制品,图书、报纸、杂志;饲料、化肥、农药、农机、农膜,农业产品,金属矿采选产品、非金属矿采选产品等。消费税不仅采用从最高45%到最低3%的产品差别比例税率,还采用了比例税率与定额税率相结合的复合税率结构。营业税则采用了行业差别比例税率,不同行业适用不同的税率。例如,建筑业、交通运输业、邮电通讯业、文化体育业适用3%的税率,金融保险业、服务业适用5%的税率,娱乐业适用20%的税率,销售不动产、转让无形资产适用5%的比例税率。这种差别税率实际上从税收政策上给了投资者一个引导,投资者在决定投资方向时,就可以选择低税率的产品或行业进行投资,从而达到节税的目的。

(二)企业所得税税率减税技术的具体操作

根据现行企业所得税优惠政策,国家重点扶持的高新技术企业适用15%的税

率,小型微利企业适用 20％的税率(小型微利企业的判定标准不仅包括年度应纳税所得额不超过 30 万的规定,还有从业人数、资产总额的其他规定),而其他企业则适用 25％的税率。企业所得税适用税率由高到低的实现主要可以依赖差别税率政策和控制应纳税所得额规模来实现。

1. 采用差别税率政策

纳税人可以选择对低税率行业进行投资来实现适用低税率的目的。

2. 控制应纳税所得额规模

根据税法的规定,符合条件的小型微利企业,减按 20％的税率征收企业所得税。借鉴国际通行做法,按照经济公平的原则,实施条例规定了小型微利企业的标准:①工业企业,年度应纳税所得额不超过 30 万元,从业人数不超过 100 人,资产总额不超过 3000 万元;②其他企业,年度应纳税所得额不超过 30 万元,从业人数不超过 80 人,资产总额不超过 1000 万元。与过去的优惠政策(内资企业年应纳税所得额 3 万元以下的减按 18％的税率征税,3 万～10 万元的减按 27％的税率征税)相比,优惠范围扩大,优惠力度有较大幅度提高。这实际上是一种有限制的全额累进税率。而全额累进税率的最大问题在于:在所得的临界点会出现税收增加大于所得增加的情况。因此,合理地控制应纳税所得额规模,使其处于相对适用低税率的级距上,对纳税人来说尤为重要。

比如,在企业符合小型微利企业的资产总额、从业人数等条件时,当应纳税所得额为 30 万元时,其应纳所得额税为 $30 \times 20\％ = 6$ 万元;但当企业的应纳税所得额为 31 万元时,其应纳税所得税为 $31 \times 25\％ = 7.75$ 万元。这时,应纳税所得额只增加了 1 万元,而应纳税额则增加了 1.75 万元,税额的增加是所得增加的 1.75 倍。可见,这里应纳税所得额的控制对减少纳税人的税收负担十分重要。纳税人应通过经营活动或财务活动的合理安排,如通过延迟收入、增加或提前费用扣除等方式,严格控制应纳税所得额规模,就可适用较低税率,节约纳税成本。

(三)个人所得税税率减税技术的具体操作

我国个人所得税主要采用分类所得税的方式,不同收入项目实行不同的税率形式和税率水平。主要有:工资薪金项目适用的 5％～45％的 9 级超额累进税率,个体工商户生产经营所得和承包经营、承租经营所得适用的 5％～35％的五级超额累进税率以及劳务报酬所得、稿酬所得、财产租赁所得、财产转让所得、利息股息红利所得、偶然所得等适用的 20％的比例税率。很明显,这些不同的税率结构和税率水平代表不同收入项目的税收负担,纳税人应通过合理合法的途径,尽量适用低税率,实现节税。具体可采用以下途径:

1. 平均工资奖金发放，控制月应纳税所得额

由于工薪所得项目采用九级超额累进税率，因此，纳税人在发放奖金时，应尽量避免集中发放，(如果奖金不能以年终奖的形式发放①)，否则可能会把应纳税所得额推向更高的适用税率等级。

[具体案例]

【案例 3-5】假设某一纳税人准备该年 11 月份离开其所属工作单位，其每月工资应纳税所得额 4000 元，适用 3％的边际税率，该纳税人年初至 10 月份可得奖金 20 000 元，那么要求单位如何发放这 20 000 元奖金呢？有两种选择方式：一是平均每月发放，则每月的应纳税所得额为 6000 元(4000＋2000)，适用 10％的边际税率，应纳个人所得税合计为[(6 000－3500)×10％－105]×10＝1450 元；二是 20 000 元奖金集中在 10 月份发放，则应纳个人所得税合计为[(4000－3500)×3％]×9＋(24 000×25％－1005)＝5130 元。后一种奖金的发放方式的应纳所得税额比前一种方式多了 3680 元，可见，采用平均奖金发放的形式有利于节税。这种减税技术具体运用于企业工资、薪金发放方式的策划上。同样的道理，企业选择年薪制，一般工资制度或 13 个月工资发放方式，其个人所得税的负担都是不同的，一般来说，应尽量选择平均发放的方式。

2. 转换收入性质

我国个人所得税采用分类所得税制，不同的收入项目适用不同的税率，而不同的收入项目又是通过法律进行定义的。因此纳税人应该在税法范围内，通过创造或修改必要条件来改变收入性质，使之适用低税率。个人所得税收入性质改变最典型的是在工资、薪金、稿酬所得和劳务报酬所得之间。通常情况下前者税负低于后者，而前者与后者的区别在于是否与雇佣单位签订劳动合同。若是，则为雇员，是工资薪金所得，否则则为非雇员，是劳务报酬所得。

【案例 3-6】某作家是自由撰稿人，经常向某报纸投稿，平均一个月稿酬收入9000 元(每篇稿酬 900 元，一个月发表 10 篇)。现在该报社计划聘请该作家作为本报社的正式记者，那么他的工资加奖金收入刚好也是每个月 9000 元。那么该作家是否该接受这份聘请呢？

根据《关于个人所得税若干业务问题的批复》(国税函[2002]146 号)：任职、受雇于报刊、杂志等单位的记者、编辑等专业人士，因在本单位的报刊、杂志上发表作品取得的所得，属于因任职、受雇而取得的所得，应与其当月工资收入合并，按工

---

① 年终奖发放的筹划参见个人所得税筹划相关章节。

资、薪金所得项目征收个人所得税。除上述专业人员外,其他人员在本单位的报刊、杂志上发表作品取得的所得,应按稿酬所得项目征收个人所得税。如果该作家接受聘请成为该报社的正式记者,那么他与报社之间就是一种雇佣与被雇佣的关系,其在该报社取得的所得应按工资、薪金所得纳税。由于个人所得税的费用扣除额为 3500 元,那么该作家成为该报社的正式记者后,每月应纳个人所得税额是:545 元[(9000－3500)×20％－555]。

如果该作家没有接受该报社的聘请,仍是自由撰稿人,那么其向该报社投稿取得的所得就应该作为稿酬所得缴纳个人所得税。对稿酬所得计征个人所得税,分为分次计算和合并计算两种方式。其中,分次计算是根据《个人所得税法实施条例》第 21 条第 2 款规定:稿酬收入,以每次出版、发表取得的收入为一次。根据《关于征收个人所得税若干问题的规定》(国税发[1994]089 号):①个人每次以图书、报刊方式出版、发表同一作品,不论出版单位是预付还是分笔支付稿酬,或者加印该作品后再付稿酬,均应合并其稿酬所得按一次计征个人所得税。在两处或两处以上出版、发表或再版同一作品而取得稿酬所得,则可分别各处取得的所得或再版所得按分次所得计征个人所得税;②个人的同一作品在报刊上连载,应合并其因连载而取得的所有稿酬所得为一次,按税法规定计征个人所得税。在其连载之后又出版书取得稿酬所得,或先出书后连载取得稿酬所得,应视同再版稿酬分次计征个人所得税。如果该作家平时向该报社自由投稿,则稿酬的个人所得税应分次计算,其当月应纳个人所得税额为 140 元[(900－800)×20％×(1－30％)×10]。如果该作家将自己的稿件作为一个整体连载,并且每月 10 篇作为一个单元,则应将 10 篇稿件的稿酬合并为一次,按税法规定计征个人所得税,则该作家当月应缴的个人所得税额为 1008 元[9000×(1－20％)×20％×(1－30％)]。

综上比较,该作家从税收筹划的角度出发,选择以自由撰稿人的身份比较合适。

第三节 应纳税额减税技术

一、应纳税额减税技术与实现

应纳税额减税技术是指利用各种税收优惠政策使应纳税额由大变小的技术。在我国现行的税收优惠政策,有各种各样直接针对减少纳税人应纳税额的政策,如税款先缴后返的优惠政策,减税免税优惠政策,税收抵免优惠政策等。纳税人应善于利用这些政策以减少他们的应纳税额。应纳税额减税技术主要通过以下途径实现:

（一）利用先缴后返税收优惠政策

在现行税收优惠政策中，为了既能体现对某些纳税人的税收优惠，又不影响税收征管，国家对某些税种的应纳税款采取了先交税后返还的政策。即纳税人按照税法规定先交纳其应纳税款，国家再按规定予以返还，包括全额返还与部分返还。目前这一政策在增值税中得到应用。在增值税中，为了保证增值税的链条不中断，同时又能照顾到某些特殊纳税人的利益，增值税多处规定了先交后返的税收优惠政策。如对增值税一般纳税人销售其自行生产的集成电路产品及自行开发生产的软件产品，按 17％的法定税率征收增值税后，对其增值税实际税负超过 3％的部分实行即征即退政策[①]；对企业以三剩物（采伐剩余物、造材剩余物、加工剩余物）和次小薪材为原料生产加工的综合利用产品，实行增值税即征即退办法[②]；等等。

（二）利用减税免税优惠政策

为了体现国家的产业政策或区域发展政策，体现对某些特殊纳税人的照顾，国家对某些应纳税款减轻或免除了其应纳税义务，即所谓的减税免税。减税免税是国家使用得最普遍的税收优惠政策。在企业所得税中，有对高新技术企业，符合条件的环境保护、节能节水企业，资源综合利用产业等的减免税政策等；在个人所得税中，有对国债利息收入、股票转让所得的暂免征税等；在增值税、消费税、营业税中，有对下岗工人再就业的减免税等。

减免税优惠政策通常具有明确的政策意图，因此享受减免税优惠通常是有条件的。符合条件的纳税人才能享受税收优惠，才能合理合法地减轻或免除其纳税义务，而不符合条件的纳税人则会无法享受税收优惠，从而无法减轻或免除其税收负担。利用减税免税优惠政策节税的关键在于创造或满足税法要求的减免税条件。

（三）利用税款抵免政策

税款抵免政策是指从应纳税额中抵免部分应缴税额的政策。除了避免双重征税，税款抵免政策也成为税收优惠的重要方式之一，尤其是在企业所得税中。我国税法规定：企业购置并实际使用《环境保护专用设备企业所得税优惠目录》、《节能节水专用设备企业所得税优惠目录》和《安全生产专用设备企业所得税优惠目录》

---

① 财政部、国家税务总局、海关总署：《关于鼓励软件产业和集成电路产业发展有关税收政策问题的通知》，财税字[2000]25号；财政部、国家税务总局：《关于进一步鼓励软件产业和集成电路产业发展税收政策的通知》，财税字[2002]70号。

② 财政部、国家税务总局：《关于以三剩物和次小薪材为原料生产加工的综合利用产品增值税优惠政策的通知》，财税字[2001]72号。

规定的环境保护、节能节水、安全生产等专用设备的,该专用设备的投资额的 10%可以从企业当年的应纳税额中抵免;当年不足抵免的,可以在以后 5 个纳税年度结转抵免。[①]

新企业所得税法中还有类似于税款抵免的政策,如创业投资企业采取股权投资方式投资于未上市的中小高新技术企业 2 年以上的,可以按照其投资额的 70%在股权持有满 2 年的当年抵扣该创业投资企业的应纳税所得额;当年不足抵扣的,可以在以后纳税年度结转抵扣。[②] 与税款抵免按照一定方法抵扣应纳税额不同的是,这类政策是按照一定方法抵扣部分应纳税所得额,相当于一个是在税后抵免一个是在税前抵免,同样达到了减轻企业税负的效果。

与减免税政策一样,税款抵免也是有条件的,纳税人利用税款抵免政策主要是创造满足税款抵免政策所要求的条件来享受这一政策,从而减少其实际缴纳税款。

二、应纳税额减税技术的具体操作

在应纳税额减税技术的具体操作中,企业不仅要符合享受减免税优惠政策的条件,还要关注优惠政策的适用时间,以取得优惠政策的最佳利用效果。

[具体案例]

【案例 3-7】地处广州市的某公共污水处理企业于 2008 年 10 月份采购了一环境保护设备用于降低处理过污水中的废弃物含量,该设备价值 500 万元,是国务院制定的《环境保护专用设备企业所得税优惠目录》中列举的设备。按照税法中关于环境保护专用设备投资额的 10%可以从企业当年的应纳税额中抵免政策,该企业可从当年应纳税额中抵扣 50 万元。换个角度考虑,也就是采购该环境保护设备实际只花费了该企业 450 万元。

第四节 推迟纳税义务发生时间减税技术

一、推迟纳税义务发生时间减税技术与实现

推迟纳税义务发生时间减税技术是指通过财务核算方式或销售结算方式、经济活动的事先安排等手段使纳税义务发生时间向后推迟,以达到延迟纳税的目的。它可以通过推迟税法上收入实现时间的减税技术和费用提前扣除减税技术来实现。推迟税法上收入实现时间可以直接推迟纳税义务发生时间,而提前扣除相关费用则可以使纳税人在前期缴纳相对较少的税款,同样达到了延迟纳税的目的。

---

① 《中华人民共和国企业所得税法实施条例》第 100 条。
② 《中华人民共和国企业所得税法实施条例》第 97 条。

推迟纳税义务发生时间的意义其一是能获取应纳税税款的货币时间价值,其二是能免除滞纳金的附加纳税义务。

（一）推迟税法上收入实现时间的减税技术

在现行税法中,关于收入实现时间,也就是纳税义务发生时间的规定主要体现在增值税、消费税、营业税等流转税和企业所得税的条文中。这里主要以增值税的规定为例。根据《增值税暂行条例实施细则》第33条的规定,纳税人采取直接收款方式销售货物,不论货物是否发出,均为收到销售额或取得索取销售额凭证并将提货单交给买方的当天;采取托收承付和委托银行收款方式销售货物,为发出货物并办妥托收手续的当天;采取赊销和分期收款方式销售货物,为合同约定的收款日期的当天;采取预收货款方式销售货物,为货物发出的当天;委托其他纳税人代销货物,为收到代销单位销售的代销清单的当天;销售应税劳务,为提供劳务同时收讫销售额或取得索取销售额的凭据的当天;纳税人发生除"将货物交付他人代销"及"销售代销货物"以外的视同销售货物行为,为货物移送的当天。

从上述关于纳税义务发生时间的规定可以看出,采用预收货款结算方式对纳税人最为有利,委托代销方式次之,赊销方式第三,而直接收款和托收承付方式列第四。

在预收货款结算方式下,纳税人取得销售款在先,发出货物在后,纳税义务发生也在后,这不仅保证了纳税人有充足的税款支付能力,还为纳税人赢得了货币的时间价值;在委托代销方式与赊销方式下,纳税人发出货物在先,但纳税义务发生时间与取得货款时间一致,纳税人有较充足的税款支付能力,不太容易因支付能力不足而增加滞纳金的附加纳税义务。在直接收款和托收承付方式下,只要提货单交给对方甚至只要货物发出即产生纳税义务,不考虑资金是否回笼,这样容易造成企业因资金周转不及时而造成税款支付能力不足,并产生滞纳金的附加纳税义务。因此,在纳税义务发生时间的控制上,纳税人应通过销售方式、货款结算方式的合理安排,尽量采用有利于纳税人的货款结算方式,尽量推迟纳税义务发生时间。

（二）费用提前扣除减税技术

费用提前扣除技术是指通过经济活动、财务核算方式的安排,使费用扣除时间提前,达到延迟纳税的目的。费用提前扣除主要可以通过支出非资本化、加速折旧等方式实现。所谓支出非资本化就是指利用现有的税收政策使本应属于资本性的支出费用化。费用性支出与资本性支出在财务上的最大区别在于,前者允许在支付的当年全部列支,从而可在一年的时间内收回投资;而后者则必须通过折旧或摊销方式在一年以上的时间内进行列支,在一年以上的时间内收回投资。因此,如果能把资本性支出费用化,则意味着本应在一年以上时间列支的费用在一年的时间

内得以列支,这样费用扣除的时间提前,其缴纳税款的时间也就相应地推迟了。利用费用提前扣除方式减税可通过以下途径实现:

1. 合理筹划经济活动方式

对于某些费用,企业通过合理的筹划,可以避免被资本化,这样其支出就可以在当年全部获得扣除,而不必使其支出扣除时间被延长至一年以上。以固定资产改建支出、大修理支出为例。《中华人民共和国企业所得税法》规定[①]:对于企业已足额提取折旧的固定资产和租入的固定资产,如果发生改变房屋或者建筑物结构、延长使用年限等改建支出,已足额提取折旧的固定资产按照固定资产预计尚可使用年限分期摊销;租入的固定资产按照合同约定的剩余租赁期限分期摊销。除已足额提取折旧的固定资产和租入的固定资产外,固定资产改建过程中发生的改建支出应相应地增加其计税基础;改建致使固定资产使用年限延长的,还应适当延长折旧年限。对于企业发生的满足下列条件的固定资产修理费用视为大修理支出,按照固定资产尚可使用年限分期摊销:①修理支出达到取得固定资产时的计税基础50%以上;②修理后固定资产的使用年限延长两年以上。

企业发生的一般的固定资产日常修理支出可以在发生当期直接扣除。纳税人可以控制改建、修理费用和形式,避免其符合税法规定的上述条件而被认定为长期待摊费用,从而在发生时即可获得全额扣除。

2. 利用固定资产加速折旧

所谓加速折旧是指固定资产每期计提的折旧费用,在使用初期提得多,后期则提得少,从而相对加快了折旧的速度。现行的税收政策允许加速折旧,如《中华人民共和国企业所得税法实施条例》第98条规定,由于技术进步,产品更新换代较快的固定资产以及常年处于强震动、高腐蚀状态的固定资产,可以缩短折旧年限或者采取加速折旧方法。加速折旧是提前费用扣除的最具代表性途径。通过加速折旧使纳税人在固定资产使用的前几年成本费用增大,因而其应纳税所得额就会减少,从而推迟纳税时间。这相当于取得一笔无息贷款,同时也会使其资金回收的速度加快。

二、推迟纳税义务发生时间减税技术的具体操作

(一)推迟税法上收入实现时间减税技术的具体操作

在推迟税法上收入实现时间减税技术的具体操作中,企业应根据每一笔业务

---

① 《中华人民共和国企业所得税法》第13条;《中华人民共和国企业所得税法实施条例》第58条、第68条、第69条、第70条。

回收资金的时间采取不同的销售方式。

[具体案例]

【案例3-8】某公司为增值税一般纳税人,当月发生销售业务五笔,共计1800万元(不含税价,下同),其中三笔业务,对方直接以转账支票取货,货款合计1000万元;另外两笔业务的资金暂时不能回笼,可能要拖较长时间。如果该公司对这五笔销售业务全部采取直接收款方式进行销售,则该公司当月发生的销项税额为1800×17%=306(万元)。

但该公司经过筹划,对上述五笔业务采取了以下销售方式:①能直接收回货款的三笔业务1000万元用直接销售方式,在当月全部作销售处理,并计提销项税金。②对另外两笔业务则在业务发生时按照预计收款时间与对方分别签订了赊销和分期收款合同,其中一笔业务的销售款300万元,两年以后一次性付清;另一笔业务的销售款约定一年以后先付250万元,一年半以后付150万元,余额100万元两年以后结清。

经过筹划后,该公司当月发生的销项税额为1000×17%=170(万元)。

另外两笔业务计提销项税额的时间和金额分别是:一年后,计提销项税额250×17%=42.5(万元);一年半后,计提销项税额150×17%=25.5(万元);两年后,计提销项税额(300+100)×17%=68(万元)。

这种策划使得在销售不受影响的情况下,企业的纳税义务时间大大推迟了,企业不仅减轻了税款支付的压力,而且取得了货币的时间价值。

(二) 费用提前扣除减税技术的具体操作

利用费用提前扣除来节减税收,不仅要满足费用可提前扣除的条件,还需要避开使该技术失效的其他情况,如减免税期间、亏损抵免、适用累进税率等。

[具体案例]

【案例3-9】某个人独资企业未享受任何的减免税优惠政策,2008年购入原值为100万元的固定资产一件,使用期限为10年。预计10年内企业未扣除折旧的年利润均维持在20万元。如果企业选择实行平均使用年限法计提折旧,则

年折旧额:100÷10=10(万元/年);

扣除折旧后的利润收入:20-10=10(万元);

年纳税额:10×35%-0.675=2.825(万元);

税负:(2.825÷10)×100%=28.25%。

则在前5年每年折旧额为20万元,应纳所得税额为0,应纳税额为0;后5年每年折旧额为0,应纳税所得额为20万元,应纳税额为:

20×35%-0.675=6.325(万元);

年税负：$(6.325 \div 20) \times 100\% = 31.625\%$。

把后 5 年的税负平摊到 10 年来计算，则

10 年内平均税额：$(6.325 \times 5) \div 10 = 3.1625$；

10 年内平均税负：$(3.1625 \div 10) \times 100\% = 31.625\%$。

因此，该企业选择加速折旧法提前扣除折旧费用并没有节约税收，反而使企业税负增加。所以，此时企业就应选择使用直线折旧法。

上述对于直线折旧法和加速折旧法的比较没有考虑资金的时间价值。更为科学的比较方法要将企业缴纳税额的时间因素考虑在内（注意，在本例中，不同的贴现率会得出不同的结论，有兴趣的读者可以试着用不同的贴现率来计算，如 10% 或 3%）。这里我们假定合理的年贴现率恒为 7%（10 年期年金现值系数为 7.0236，5 年期为 4.1002）。

直线折旧法下未来 10 年企业纳税额现值：

$2.825 \times 7.0236 = 19.84$（万元）；

加速折旧法下未来 10 年企业纳税额现值：

$6.325 \times (7.0236 - 4.1002) = 18.49$（万元）。

通过比较可知，此时企业应采用加速折旧法。

［本章小结、概念术语及思考题］

【本章小结】

1. 本章从税收筹划的两个主要目的——减少纳税和延迟纳税出发，将税收筹划技术分为税基减税技术、税率减税技术、应纳税额减税技术、推迟纳税义务发生时间减税技术。

2. 税基减税技术是指通过各种税收政策合理合法地运用，使税基由宽变窄，从而减少应纳税款的技术，它可以通过免税政策、利用排除条款以及增加费用扣除来实现。

3. 税率减税技术是指通过多种税收政策合理合法地运用，使纳税人的适用税率由高变低，从而减少应纳税额的技术。纳税人应通过经济活动与财务活动的合理安排，利用差别税率政策、控制应纳税所得额、转换收入性质等方式达到此目的。

4. 应纳税额减税技术是指利用税款先缴后返，减税免税，税收抵免等各种税收优惠政策，使应纳税额由大变小的技术。纳税人应善于利用这些政策减少他们的应纳税额。

5. 推迟纳税义务发生时间减税技术是指通过财务核算方式或货款结算方式、经济活动的事先安排使收入实现时间向后推迟，或者使费用扣除时间提前，达到延迟纳税的目的。纳税人应尽量通过销售方式、货款结算方式的合理安排，以及支出非资本化、加速折旧等方式推迟纳税义务发生时间。

【概念与术语】

　　税收筹划技术　　税基减税技术　　税率减税技术　　应纳税额减税技术
推迟纳税义务发生时间减税技术

【思考题】

　　1. 如何实现企业所得税的税基减税技术?

　　2. 在使用应纳税额减税技术时应注意什么问题?

　　3. 在直接收款、托收承付、委托代销、赊销和预收货款几种结算方式中,哪种
对纳税人最为有利,哪种最为不利?

　　4. 如何利用费用性支出与资本性支出的区别进行节税?

下篇 税收筹划实务:政策依据、筹划思路与案例分析

第四章

流转税的税收筹划[①]

[本章提要]

本章围绕增值税、消费税、营业税的基本内容,按照政策依据、筹划思路与案例分析的基本体例,从企业生产经营行为的细节入手,介绍了各税种的基本筹划方法,并对各种方法进行简要评述。

第一节　增值税的税收筹划

一、增值税筹划的政策要点

增值税是指对我国境内销售货物或提供加工、修理修配劳务以及进口货物的单位和个人,就其货物或应税劳务的销售额以及进口货物金额征收的一种流转税。在对增值税进行筹划前,必须对其特点和优惠政策有充分的了解。现行的增值税是一种价外税,统一实行规范化的购进扣税法,具有"普遍征收,道道征收"的特点,且对不同经营规模的纳税人,采用不同的计税管理办法。增值税的税收筹划主要围绕下列税收政策进行:

---

①　本章所进行的流转税收筹划分析,仅考虑所涉及的主要流转税种,包括增值税、消费税和营业税。除有特别说明外,其他会对筹划结果产生影响的相关税种,如城市维护建设税、教育费附加、印花税、企业所得税等均不予考虑。

(1) 一般纳税人和小规模纳税人的征税规定;

(2) 混合销售行为的征税规定;

(3) 兼营行为的征税规定;

(4) 几种特殊销售方式的征税规定;

(5) 纳税人销售已使用过的固定资产的征税规定;

(6) 有关销项税额确定和进项税额抵扣的税收规定;

(7) 有关增值税优惠政策的税收规定。

二、纳税人身份的税收筹划

[政策依据与筹划思路]

参照国际惯例,我国将增值税纳税人按经营规模及会计核算健全与否划分为一般纳税人和小规模纳税人。根据税法,从事货物生产或提供应税劳务的纳税人,以及以从事货物生产或提供应税劳务为主(全部年应税销售额中货物或应税劳务的销售额超过 50%),并兼营货物批发或零售的纳税人(全部年应税销售额中批发或零售货物的销售额不足 50%),年应税销售额在 100 万元以下的,为一般纳税人;从事货物批发或零售的纳税人,年应税销售额在 180 万元以下的,为小规模纳税人。小规模纳税人会计核算健全,经主管税务机关批准,可以不视为小规模纳税人(商业企业除外),按一般纳税人的计税程序计算纳税。这两类纳税人在税款计算方法、适用税率及管理办法上都有所不同:小规模纳税人销售货物不得使用增值税专用发票,一般纳税人无此限制;小规模纳税人统一适用 3% 的征收率[①],没有税款抵扣权,而一般纳税人按规定税率 17% 或 13% 计算税额,并享有税款抵扣权;更重要的是,由于小规模纳税人按销售金额 3% 的比例计算应纳税额,而一般纳税人相当于按增值额的 17% 或 13% 计算应纳税额,因此,不同增值率或享有不同抵扣率的企业,作为一般纳税人或作为小规模纳税人,其增值税的税收负担也不同。增值税的这种制度的差异以及所导致的结果差异,使得企业在一般纳税人或小规模纳税人身份的选择以及转换上有了现实的税收意义;另外,纳税人会计核算是否健全这一作为一般纳税人的主观标准的存在,也使得对一般纳税人或小规模纳税人身份的选择和相互转化成为可能。

该环节税收筹划的主要思路是,通过对企业增值率和抵扣率的分析,确定最适合的纳税人身份,以达到最低的税收负担。具体地:

---

① 2008 年 11 月 10 日颁布的新《中华人民共和国增值税暂行条例》第 12 条规定,小规模纳税人统一适用 3% 的征收率。由于小规模纳税人的判定标准尚未出台,此处暂以原规定为例。

1. 增值率节税点判别法及其运用

1) 不含税销售额增值率节税点的确定

假定纳税人不含税销售额增值率为 D, 不含税销售额为 S, 不含税购进额为 P, 一般纳税人适用的税率为 17%, 小规模纳税人的征收率为 3%, 则:

(1) 一般纳税人的不含税销售额增值率: $D=(S-P)/S\times100\%$,
   应纳的增值税: $S\times17\%\times D$。

(2) 小规模纳税人应纳的增值税: $S\times3\%$,
   要使两类纳税人税负相等, 则要满足: $S\times17\%\times D=S\times3\%$, 解得一般纳税人节税点: $E=D=17.65\%$。

用同样的方法, 可以计算出增值税不同税率其他不含税销售额增值率节税点情况(表 4-1)。

2) 含税销售额增值率节税点的确定

假定纳税人含税销售额增值率为 D_t, 含税销售额为 S_t, 含税购进额为 P_t, 一般纳税人适用税率 17%, 小规模纳税人适用税率 3%, 则:

(1) 一般纳税人的含税销售额增值率: $D_t=(S_t-P_t)/S_t\times100\%$,
   应纳的增值税: $S_t/(1+17\%)\times17\%\times D_t$。

(2) 小规模纳税人应纳的增值税: $S_t/(1+3\%)\times3\%$。

要使两者税负相等, 则要满足: $S_t/(1+17\%)\times17\%\times D_t=S_t/(1+3\%)\times3\%$, 解得 $E_t=D_t=20.05\%$, 分析过程同上。用同样的方法也可以计算出其他含税销售额增值率节税点情况(表 4-2)。

表 4-1 不含税销售额增值率节税点	
增值税税率/%	节税点/%
17	17.65
13	23.08

表 4-2 含税销售额增值率节税点	
增值税税率/%	节税点/%
17	20.05
13	25.32

3) 增值率节税点判别法的运用

一般情况下, 当企业实际的不含税(含税)销售额增值率等于节税点时, 两类纳税人税负相等; 当实际的不含税(含税)销售额增值率小于节税点时, 一般纳税人的税负较轻; 反之, 一般纳税人的税负就较重。因此, 如果仅从增值税角度考虑, 当一个企业的增值率小于节税点时, 应选择作为一般纳税人; 相反, 如果一个企业的增值率大于节税点时, 应选择作为小规模纳税人。

2. 抵扣率节税点判别法及其运用

1) 抵扣率节税点的确定

增值率判别法的分析是以所有购进项目的进项税额均可抵扣为前提的,但在实际税收筹划工作中,有不少的购进项目由于种种原因无法抵扣,而且这种增值率的测算也是较为复杂的,这时我们可以考虑采用抵扣率判别法。

由于 $D=(S-P)/S\times100\%=(1-P/S)\times100\%=1-$ 不含税可抵扣购进额占销售额的比重, $D_t=(S_t-P_t)/S_t\times100\%=(1-P_t/S_t)\times100\%=1-$ 含税可抵扣购进额占销售额的比重。因此,我们只要考虑指标 P/S 或 P_t/S_t ,就可以判断选择哪类纳税人可以节约经营成本。

现以增值税税率 17% ,征收率 3% 为例,分别计算抵扣率节税点 P/S 与 P_t/S_t 。

由增值率节税点的计算可知: $17\%\times(1-P/S)=3\%$, $17\%/(1+17\%)\times(1-P_t/S_t)=3\%/(1+3\%)$,则含税及不含税抵扣率节税点分别为 $P/S=82.35\%$, $P_t/S_t=79.95\%$ 。也就是说,当企业不含税可抵扣购进额占不含税销售额比重为 82.35% 时,两种纳税人税负完全相同;当企业不含税可抵扣购进额占不含税销售额比重大于 82.35% 时,一般纳税人的税负轻于小规模纳税人;反之则一般纳税人的税负就要重于小规模纳税人(含税情况的分析判别道理也是一样的)。用相同的方法,可以计算出增值税不同税率的抵扣率节税点情况(表4-3、表4-4)。

表4-3　不含税销售额抵扣率节税点	
增值税税率/%	节税点/%
17	82.35
13	76.92

表4-4　含税销售额抵扣率节税点	
增值税税率/%	节税点/%
17	79.95
13	74.68

2) 抵扣率节税点判别法

由于抵扣率节税点判别法与增值率节税点判别法的判别方向是相反的,所以,如果仅从增值税角度考虑,当一个企业的抵扣率小于节税点时,则应选择作为小规模纳税人;相反,如果一个企业的抵扣率大于节税点时,则应选择作为一般纳税人。

总之,企业在设立时,应根据所经营货物的总体增值率水平或抵扣率水平,通过税收筹划选择有利于自己的纳税人身份。

[具体案例]

【案例 4-1】某锅炉生产企业,年含税销售额在 100 万元左右,每年购进含增值税价款的材料大致在 90 万元左右,该企业会计核算制度健全,在向主管税务机关申请纳税人资格时,既可以申请成为一般纳税人,也可以申请为小规模纳税人,请问企业应申请哪种纳税人身份对自己更有利? 如果企业每年购进的含税材料大致在 50 万元左右,其他条件相同,又应该作何选择?

【案例解析】

第一种情况:

该企业含税销售额增值率＝(100－90)/100×100％＝10％，

由于10％＜20.05％(一般纳税人节税点)，该企业申请成为一般纳税人有利节税。

企业作为一般纳税人应纳增值税＝(100－90)/(1＋17％)×17％＝1.453(万元)，

企业作为小规模纳税人应纳增值税＝100/(1＋3％)×3％＝2.913(万元)，

所以企业申请成为一般纳税人可以节税1.46万元。

第二种情况：

该企业含税销售额增值率＝(100－50)/100×100％＝50％，

由于50％＞20.05％，该企业维持小规模纳税人身份有利节税。

企业作为一般纳税人应纳增值税＝(100－50)/(1＋17％)×17％＝7.265(万元)，

企业作为小规模纳税人应纳增值税＝100/(1＋3％)×3％＝2.913(万元)，

企业保持小规模纳税人身份可以节税4.352万元。

【案例4-2】某物资批发有限公司系一般纳税人，计划于2009年下设两个批发企业，预计2009年全年应税销售额分别为150万元和120万元(均为不含税销售额)，并且不含税购进额占不含税销售额的40％左右。请问，从维护企业自身利益出发，选择哪种纳税人资格对企业有利？

【筹划思路】

由于该物资批发有限公司是一般纳税人，因此，其下设的这两个批发企业既可以纳入该物资批发有限公司统一核算，成为一般纳税人，也可以各自作为独立的核算单位，成为小规模纳税人，适用3％的征收率。

由于这两个批发企业预计不含税购进额占不含税销售额的40％左右，即不含税增值率为60％，高于17.65％，企业作为小规模纳税人税负较轻。

所以，将这两个批发企业各自作为独立的核算单位，符合小规模纳税人的条件，分别按照3％的征收率缴纳增值税，其全年应缴纳的增值税为150×3％＋120×3％＝8.1(万元)。而作为一般纳税人需缴纳的增值税为(150＋120)×(1－40％)×17％＝27.54(万元)。显然，选择成为小规模纳税人，企业的节税利益是很可观的。

［分析评价］

在纳税人身份筹划过程中，需要注意的问题是：

(1) 企业如果申请成为一般纳税人可以节税，其可以通过增加销售额、完善会计核算或企业合并等方式使其符合一般纳税人的标准，但应考虑到申请成为一般纳税人时所要花费的成本，如会计成本、纳税成本等，要防止因成本的增加抵消了节税的获益而使企业的财务利益减少。

（2）企业如果成为小规模纳税人可以节税，就要维持较低的销售额或通过分设的方式使分设企业的销售额低于一般纳税人的标准，但这样一方面会限制企业规模的扩大，另一方面由于无法使用增值税专用发票，可能导致一般纳税人客户的减少，影响总体销售量。

（3）我国税法规定，符合一般纳税人条件，但不申请办理一般纳税人认定手续的纳税人，按照销售额依照增值税税率计算应纳税额，不得抵扣进项税额，也不得使用增值税专用发票[①]。因此，企业如果筹划成为小规模纳税人，必须从实质上符合税法的要求，不能仅从手续上处理，否则将得不偿失。

（4）纳税人一经认定为增值税一般纳税人，不得再转为小规模纳税人[②]；辅导期一般纳税人转为小规模纳税人的，其存货不作为进项税额转出处理，其留抵税额也不予退税。而小规模纳税人只要符合税法规定的一般纳税人条件，即年销售额达到规定标准、会计核算健全、能按规定报送有关税务资料，就可以申请认定为一般纳税人。

三、混合销售的税收筹划

[政策依据与筹划思路]

一项销售行为既涉及货物又涉及非应税劳务，为混合销售行为。《税法》规定：从事货物生产、批发或零售的企业、企业性单位和个体经营者及以货物生产、批发或零售为主并兼营非应税劳务的企业、企业性单位和个体经营者的混合销售行为，视为销售货物，应当征收增值税；其他单位和个人的混合销售行为视同提供非应税劳务，征收营业税，不征增值税。[③] 上述所称"以从事货物的生产、批发或零售为主，并兼营非应税劳务"是指纳税人年货物销售额与非应税劳务营业额的合计数中，年货物销售额超过 50%，非应税劳务营业额不到 50%。[④]

对提供混合销售的企业来说，究竟是缴纳增值税税负较低，还是缴纳营业税税负较低呢？企业也可以通过分析混合销售节税点来判断（这里仅分析销售额为含税的情况，不含税销售额分析情况类似）。

假定纳税人适用的增值税税率为 17%，营业税税率为 3%，混合销售中，含税销售额为 S_t，含税购进额为 P_t，含税销售额增值率为 D_t，则有 $D_t = (S_t - P_t)/S_t \times 100\%$。

如果企业缴纳增值税，应纳的增值税税额 $= S_t/(1+17\%) \times 17\% \times D_t$；

---

①　《中华人民共和国增值税暂行条例实施细则》第 30 条。
②　财政部、国家税务总局：《关于增值税若干政策的通知》，财税字[2005]165 号。
③　《中华人民共和国增值税暂行条例实施细则》第 5 条。
④　财政部、国家税务总局：《关于增值税、营业税若干政策规定的通知》，财税字[1994]26 号。

如果企业缴纳营业税,应纳的营业税税额=$S_t×3\%$;

当两种税负相等时,则必须满足:$S_t/(1+17\%)×17\%×D_t=S_t×3\%$。

解得混合销售增值税节税点:$E_t=D_t=20.65\%$,显然 $E_t=3\%÷[17\%÷(1+17\%)]$。所以当混合销售的含税销售额增值率小于 20.65% 时,缴纳增值税可以节税;当含税销售额增值率大于 20.65% 时,缴纳营业税能节税,当二者相等时,两种税负相等。同样,我们可以计算出以下三种情况下的混合销售节税点,如表 4-5 所示。

表 4-5　混合销售增值率节税点(含税)

增值税税率/%	营业税税率/%	节税点/%
17	3	20.65
17	5	34.41
13	3	26.08
13	5	43.46

在对企业混合销售增值率进行分析判定后,纳税人就可以通过控制应税货物和非应税劳务所占的比例,来达到选择承担低税负的目的。

【案例 4-3】某建材公司主营建筑材料批发零售,并兼营对外安装、装饰工程,2008 年 1 月份该公司以 200 万元的价格销售一批建材并代客户安装,该批建材的购入价格为 170 万元,请问该笔业务应如何进行税收筹划?若销售价格为 220 万元,又该如何筹划?(以上价格均为含税价,增值税税率为 17%,营业税税率为 3%)

【筹划思路】

(1)销售价格为 200 万元时,$D_t=(S_t-P_t)/S_t×100\%=(200-170)/200×100\%=15\%<20.65\%$,该混合销售缴纳增值税可以节税。其应缴纳的增值税 $=(200-170)/(1+17\%)×17\%=4.36$(万元),该混合销售如果缴纳营业税,则应缴纳的营业税$=200×3\%=6$(万元)。所以选择缴纳增值税可以节税 1.64 万元(6-4.36)。

(2)销售价格为 220 万元时,$D_t=(S_t-P_t)/S_t×100\%=(220-170)/220×100\%=22.73\%>20.65\%$,该混合销售缴纳营业税可以节税。其应缴纳的营业税$=220×3\%=6.6$(万元);

该混合销售如果缴纳增值税,则应缴纳的增值税$=(220-170)/(1+17\%)×17\%=7.27$(万元)。

所以选择缴纳营业税可以节税 0.67 万元。

[分析评价]

从案例中可以看出,如果该公司经常从事混合销售,且其混合销售的销售额增值率在大多情况下都是小于混合销售节税点,要想节税,就要注意使其年增值税应税销售额占其全部营业额50％以上;反之,就要注意使其年增值税应税销售额占其全部营业额50％以下,这一点纳税人本身是可以控制的。当然,在混合销售的筹划中,还必须注意以下问题:首先,企业进行这类混合销售税收筹划的案例比较少见。企业的货物销售额和非应税劳务收入额基本是由市场价格决定的,不是企业轻易所能够控制的。当二者大约都是50％时,并且调整货物销售额和非应税劳务收入额比例所发生的筹划成本不大时,混合销售才有筹划空间。其次,一项销售行为是否属于混合销售,是需要国税总局所属征收机关确定的。所以希望通过混合销售进行筹划节税,首先要得到税务机关的确定,混合销售缴纳哪一种税,也要得到税务机关的认可。再次,某些对混合销售行为的特殊规定,限制了税收筹划的可能性。如从事运输业务的单位和个人,发生销售货物并负责运输,所售货物的混合销售行为,征收增值税;电信单位(电信局及经电信局批准的其他从事电信业务的单位)自己销售无线寻呼机、移动电话,并向客户提供有关的电信服务的,属于混合销售,征收营业税[1]。

四、兼营行为的税收筹划

[政策依据与筹划思路]

增值税的兼营行为包括两种情况:

1. 兼营不同税率的应税货物或应税劳务

纳税人兼营不同税率的应税货物或者应税劳务,应当分别核算不同税率货物或者应税劳务的销售额。未分别核算销售额的,从高适用税率[2]。因此,纳税人如有此种兼营行为,应对适用不同税率的货物或劳务分别核算,以避免本应适用低税率的销售额按照较高税率计算缴纳税收,从而增加税负。

2. 兼营增值税应税货物或应税劳务以及非增值税应税劳务

纳税人的销售行为如果既涉及货物或应税劳务,又涉及非应税劳务,亦为兼营行为。税法规定:纳税人兼营非应税劳务的,应分别核算货物或应税劳务和非应税劳务的销售额。不分别核算或者不能准确核算的,其非应税劳务应与货物或应税

---

① 财政部、国家税务总局:《关于增值税、营业税若干政策规定的通知》,财税字[1994]26号。

② 《中华人民共和国增值税暂行条例》第3条。

劳务一并征收增值税。[①]

对该兼营行为进行税收筹划的关键是要分析非应税劳务部分给纳税人带来的税负，从而决定是分开核算分别缴纳增值税和营业税，还是合并核算一并缴纳增值税。

对于小规模纳税人来说，一般要比较增值税含税征收率[②]和适用的营业税税率的大小，如果前者大于后者（即非应税劳务缴纳增值税税额大于营业税税额），分开核算是有利的；反之，不分开核算是有利的。对于一般纳税人来说，由于一并征收增值税的非应税项目抵扣率往往很低，所以，增值税的含税征收率一般都是大于营业税税率的，分开核算有利。

[具体案例]

【案例4-4】厦门某文化传播有限公司属于增值税一般纳税人，2008年7月份销售各类新书取得含税收入150万元，销售各类图书、杂志取得含税收入3.51万元（图书、杂志适用的增值税税率为13%），同时又给读者提供咖啡，取得经营收入10万元，该公司应如何进行纳税筹划？（暂不考虑可抵扣的进项税额）

【筹划思路】

（1）企业如果对上述三项收入未分开核算，所有收入应统一从高适用税率缴纳增值税：

应纳增值税＝（150＋10＋3.51）÷（1＋17%）×17%＝23.76（万元）。

（2）企业如果对上述三项收入分开核算，应分别计算缴纳增值税和营业税：

销售新书应纳增值税＝150÷（1＋17%）×17%＝21.8（万元），

销售图书、杂志应纳增值税＝3.51÷（1＋13%）×13%＝0.4（万元），

咖啡收入应纳营业税＝10×5%＝0.5（万元），

共计应缴纳税款22.7万元。

通过分析可以看出，分开核算可以为公司节税1.06万元。另外，在本案例中，从增值税含税征收率与营业税税率的比较中[17%÷（1＋17%）＞5%]也能作出判断，分开核算对纳税人有利。

【案例4-5】某家具商店主要从事家具销售，另外又从事家具租赁业务，并被主管税务机关认定为增值税小规模纳税人。10月份该商店取得家具销售收入15万元（含税），取得家具租赁收入5万元，如果增值税征收率为3%，营业税税率为5%，请问纳税人应如何就其兼营行为进行筹划？

【筹划思路】

无论是否分开核算，家具销售收入都必须缴纳增值税，其税负是一样的。只有

———————————

①　《中华人民共和国增值税暂行条例实施细则》第6条。

②　增值税含税征收率是指增值税应纳税额与应纳增值税含税收入的比率。

租赁收入,分开核算与不分开核算的税负会有所不同,由于 $3\% \div (1+3\%) = 2.91\% < 5\%$,所以不分开核算,使家具租赁收入缴纳增值税,可以降低这部分收入承担的税负。

(1) 未分开核算,家具销售收入和租赁收入统一缴纳增值税:

应纳增值税 $= (150\ 000 + 50\ 000) \div (1+3\%) \times 3\% = 5825$(元)。

(2) 分开核算,家具销售收入和租赁收入分别计算缴纳增值税和营业税:

家具销售收入应纳增值税 $= 150\ 000 \div (1+3\%) \times 3\% = 4369$(元),

租赁收入应纳营业税 $= 50\ 000 \times 5\% = 2500$(元),

合计应纳税额 6869 元(4369+2500)。

所以,不分开核算可以节税 1044 元。不难看出,在这种情况下,非应税劳务流转额越大,采取合并核算的节税利益就更大。

[分析评价]

对纳税人兼营非应税劳务如何纳税应具体情况具体分析,不是分开核算就一定有利。对兼营行为筹划之前,要准确把握兼营行为,避免和混合销售行为相混淆。另外,由于非应税劳务与应税劳务或销售的货物一并征收增值税时,非应税劳务的销售额应视为含税销售额,所以在判断这部分收入的税负时,是用增值税的含税征收率而不是直接用增值税的税率与营业税税率进行比较判断的,这一点需要纳税人注意。

五、几种特殊销售的税收筹划

[政策依据与筹划思路]

在企业的销售活动中,为了达到促销或其他特定的目的,在一般的销售方式外,往往还采用其他特殊的销售方式,如折扣销售、销售折扣、以旧换新、还本销售、以货易货等。税法对以上几种销售方式的销售额及有关增值税的征税问题分别作了规定,由于不同的销售方式税收待遇不同,因此,纳税人应该根据自身经营产品的特点进行合理选择。

(1) 折扣销售。是指销货方在销售货物或应税劳务时,因购货方购货数量较大等原因,而给予购货方的价格优惠。由于折扣是在实现销售时同时发生的,税法规定,如果销售额和折扣额在同一张发票上体现,可以以销售额扣除折扣额的余额为计税金额,如果销售额和折扣额不在同一张发票上反映,无论财务上如何处理,均不得将折扣额从销售额中扣除。[①]

(2) 销售折扣。是指销货方在销售货物或应税劳务后,为了鼓励购货方及早偿还货款,而协议许诺给购货方的一种折扣优惠(如在 10 天内付款,货款折扣

---

① 国家税务总局:《增值税若干具体问题的规定》,国税发[1993]154 号。

2%;20 天内付款,折扣 1%;30 天内全价付款)。销售折扣发生在销货之后,是一种融资性质的理财费用,因此,税法规定折扣额不得从销售额中扣减。

(3)以旧换新。是指纳税人在销售自己的货物时,有偿收回旧货物的行为。税法规定,纳税人采取以旧换新方式销售货物(除金银首饰外)的,应按新货物的同期销售价格确定销售额,据以计算增值税,不得减除旧货物的作价金额。[①]

(4)还本销售。是指纳税人在销售货物后,到一定期限由销售方一次或分次退还购货方全部或部分价款。税法规定,纳税人采取还本销售方式销售货物的,不得从销售额中扣除还本支出。[②]

(5)以货易货。是指购销双方不以货币结算,而是以同等价款的货物相互结算,实现货物购销的一种方式。税法规定,纳税人采取非货币性交易方式销售货物,无论是否涉及补价,也无论涉及补价金额的大小,以货易货业务一律视同销售处理,按照同期同类商品的市场销售价格确定销售额,计征增值税。

[具体案例]

【案例 4-6】某服饰有限公司(增值税一般纳税人)为了占领市场,以不含税单价每套 1000 元出售自产高级西服,该公司本月共发生下列经济业务:

(1)5 日,向本市各商家销售西服 6000 套,该公司均给予了 2% 的折扣销售,但对于折扣额另开了红字发票入账,货款全部以银行存款收讫。

(2)6 日,向外地商家销售西服 1000 套,为尽快收回货款,该公司提供现金折扣条件为 2/10,1/20,N/30,本月 15 日全部收回货款,厂家按规定给予优惠。

(3)10 日,采取还本销售方式销售给消费者 200 套西服,3 年后厂家将全部货款退给消费者,共开出普通发票 200 张,合计金额 234 000 元。

(4)20 日,以 30 套西服向一家单位等价换取布料,不含税售价为 1000 元/套,双方均按规定开具增值税发票。

请计算该公司本月的销项税额。

【案例解析】

(1)折扣销售,将折扣额另开具发票的,折扣额不得从销售额中扣除,

销项税额:$6000 \times 0.1 \times 17\% = 102$(万元)。

(2)销售折扣不得从销售额中扣减,

销项税额:$1000 \times 0.1 \times 17\% = 17$(万元)。

(3)还本销售,不得扣除还本支出,

销项税额:$234\,000 \div (1+17\%) \times 17\% \div 10\,000 = 3.4$(万元)。

---

① 国家税务总局:《增值税问题解答》,国税函发[1995]288 号;财政部、国家税务总局:《关于金银首饰等货物征收增值税问题的通知》,财税字[1996]74 号。

② 国家税务总局:《增值税问题解答》,国税函发[1995]288 号。

(4)以货易货,按换出商品的同期销售价计算销售额的,

销项税额:$30 \times 0.1 \times 17\% = 0.51$(万元),

合计销项税额:$102 + 17 + 3.4 + 0.51 = 122.91$(万元)。

[分析评价]

增值税对特殊的销售方式采取不同的税务处理方法,主要是防止纳税人偷漏税款,纳税人应熟练地掌握这些销售方式及税务处理方法,尤其是折扣销售、销售折扣的区别,以免不明不白地多纳税款。在本案例中,纳税人采取折扣销售,但由于将折扣额另开具了红字发票,所以折扣额不能从销售额中减除,从而造成多缴税款。

【案例 4-7】2007 年,某啤酒生产企业为增强其代理商的销售积极性,规定:年销售啤酒在 100 万瓶以下的,每瓶享受 0.2 元的折扣;年销售啤酒在 100 万～500 万瓶的,每瓶享受 0.22 元的折扣;年销售啤酒在 500 万瓶以上的,每瓶享受 0.25 元的折扣。在年中,由于啤酒生产企业不知道也不可能知道每家代理商年底究竟能销售多少瓶啤酒,也就不能确定每家代理商应享受的折扣率。当年企业共销售啤酒 2000 万瓶,企业按每瓶啤酒 2.00 元的销售价格开具增值税专用发票,到第二年的年初,企业按照上述的折扣规定一次性结算给代理商折扣总金额 450 万元,并开具红字发票。请为企业作出税收筹划。(企业 2007 年可抵扣的进项税额为 400 万元)

【筹划思路】

在该销售折扣业务中,企业应该事先能够预估折扣率,并把折扣额与销售额一起反映在同一张销售发票上,使销售额能够按照扣除折扣额后的余额确定。下面是企业在两种不同折扣计算方式下应缴纳的增值税:

(1)企业未预先确定折扣率,折扣额在销售后确定,不与销售额反映在同一张销售发票上,则

企业应缴纳的增值税 $= 2000 \times 2 \times 17\% - 400 = 280$(万元)。

(2)企业预先确定折扣率,折扣额在销售实现时确定并销售额反映在同一张销售发票上:

假设该啤酒厂按最高折扣(0.25 元/瓶)来确定销售收入,即在每一份销售发票上都预扣一个折扣,则

企业应缴纳的增值税 $= 2000 \times (2 - 0.25) \times 17\% - 400 = 195$(万元)。

假设企业在 2008 年年初对上年度应付给代理商的折扣额进行计算后发现,多给予的折扣额有 50 万元($2000 \times 0.25 - 450$),企业据此向其代理商开具 50 万元的专用发票,并就开出的 50 万元专用发票补缴税款 8.5 万元。相对于筹划前,企业已抵减了 450 万元的折扣额,少缴了增值税 76.5 万元($280 - 195 - 8.5$)的税款。

实际上企业可以在预估折扣率的基础上以最高折扣率,即以较低价格来确定

销售收入。以一年期合同为例:假设合同结算时,企业发现多给予了代理商折扣额 X,也就是迟延一年确认金额为 X 的销售收入。这可以方便企业进行市场交易,拓展市场,与代理商建立良好的合作伙伴关系,企业还因此递延一年缴纳 X 销售收入所带来的增值税及相关税费。所以,应将折扣率在合理预估折扣率的基础上尽量提高,即以较低的价格来确定收入。当然,企业可能因此存在折扣款项回收难度,鉴于此可以考虑给信誉较好的合作伙伴以较高折扣率。企业也可以在合同里约定相关折扣条件,并在此基础上采取分期付款方式结算。总之,企业要综合衡量各种结算方式的财务收益和合作伙伴的可信度。

[分析评价]

目前企业广泛采用的销售折扣方式多为"价格折扣"。许多企业在采用价格折扣销售方式销售时,往往采取预估折扣率的方法确定销售收入,即在每一份销售发票上都预扣一个折扣率和折扣额,这样企业就可以理所当然地将折扣额扣除后的收入记入"产品销售收入"账户了。预估折扣率可以是最低折扣率,也可以按照每一家经销代理商的上年销售量来确定。到年底或第二年年初,每一家经销代理商的销售数量和销售折扣率确定后,企业只要稍作一些调整即可。调整部分的折扣额虽不能再冲减销售收入,但绝大部分的销售折扣已经在平时的销售中直接冲减了销售收入。这样,企业就可以将发生的折扣额合理合法地冲减销售额,减少销项税额,获得应有的税收收益。

六、销售已用固定资产的税收筹划

[政策依据与筹划思路]

我国税法对纳税人销售已使用过的固定资产有如下规定[①]:

(1) 纳税人销售自己使用过的属于货物的固定资产(与不属于货物的固定资产相区别,主要是不动产),除摩托车、游艇和应征消费税的汽车外,同时具备以下几个条件的,暂免征收增值税:①属于企业固定资产目录所列货物;②企业按固定资产管理,并确已使用过的货物;③销售价格不超过其货物的原值。[②]

(2) 自 2002 年 1 月 1 日起,纳税人销售应税旧货(包括旧货经营单位销售旧货和纳税人销售自己使用过的应税固定资产),无论其是增值税一般纳税人或小规模纳税人,也无论其是否为批准认定的旧货调剂试点单位,除(1)中所列明的情况外,一律按 4% 的征收率减半征收增值税,不得抵扣进项税额。

---

① 国家税务总局:《关于印发〈增值税问题解答(之一)〉的通知》,国税函[1995]288 号;财政部、国家税务总局:《关于旧货和旧机动车增值税政策的通知》,财税字[2002]29 号。

② 国家税务总局:"销售使用过的固定资产(机器设备),售价低于原值时,是否需缴纳增值税? 如要缴纳应如何计算?",http://www.chinatax.gov.cn/n480462/n481054/n584991/7969322.html;国家税务总局:"释疑",http://www.chinatax.gov.cn/n480462/n481054/n584991/7555541.html。

(3) 此外,纳税人销售自己使用过的属于应征消费税的机动车、摩托车、游艇,售价超过原值的,按照4%的征收率减半征收增值税;售价未超过原值的,免征增值税。旧机动车经营单位销售旧机动车、摩托车、游艇,按照4%的征收率减半征收增值税。

因此,纳税人在转让已使用过的固定资产时,由于税收因素的存在,高的销售价格不一定能给企业带来高的现金流入。

[具体案例]

【案例4-8】某工业企业准备销售一辆已使用过的应征消费税的小汽车,原值100万,已提折旧10万元,并发生小汽车的过户费等费用共2万元。假设企业可自行确定的价格有以下几个方案:方案一:以低于原值的价格99万元作价出售;方案二:按原值出售;方案三:以101万元(含税)出售该项固定资产;方案四:以105万元(含税)出售。请据此选择有利于企业的方案。(城市维护建设税税率7%,教育费附加征收率3%)

【筹划思路】

方案一:由于售价低于原值,按规定不需缴纳增值税,净收益为99−90−2＝7(万元);

方案二:由于售价等于原值,按规定不需缴纳增值税,则出售该项规固定资产的净收益为100−90−2＝8(万元);

方案三:由于售价高于原值,按规定应缴纳增值税为$101÷(1+4\%)×4\%÷2＝1.94$(万元),应缴纳的城建税和教育费附加为$1.94×(7\%+3\%)＝0.194$(万元),净收益为$101−1.94−90−2−0.194＝6.866$(万元),此时售价高于原值1万元,但净收益比按原值出售少了1.134万元;

方案四:由于售价高于原值,按规定应缴纳增值税为$105÷(1+4\%)×4\%÷2＝2.02$(万元),应缴纳的城建税和教育费附加为$2.02×(7\%+3\%)＝0.202$(万元),净收益为$105−2.02−90−2−0.202＝10.778$(万元)。

显然,如果企业确定的售价105万元,并能出售出去的话,相比其他方案净收益是最大的;否则可选择方案二,净收益次之。

[分析评价]

通过上述4种方案的比较,我们可以看出,在确定销售旧固定资产的价格时,如果以等于或低于原值价格出售,以等于原值的价格出售,净收益最大;如果以高于原值的价格出售,高于原值的部分至少要大于按税法规定缴纳的增值税等税费,这种转让价格对企业才是有利的,否则,不如以原价出售。

我们可以从以下方程式中计算出已使用固定资产转让价格提高禁区:假设销售某应税旧货物的价格比该旧货物账面原值A增加了$x\%$,则有:销售该旧货物时应缴纳的增值税$＝A(1+x\%)÷(1+4\%)×4\%÷2$。假设城建税税率为7%,销售该旧货物时应缴纳的城建税及教育费附加＝$[A(1+x\%)\div(1+4\%)\times4\%\div2]\times$ $(7\%+3\%)$。销售该旧货物的实际收益＝$A(1+x\%)-A(1+x\%)\div(1+4\%)\times$ $4\%\div2\times(1+10\%)$。当实际收益等于账面原值时,得到方程式 $A(1+x\%)-$ $A(1+x\%)\div(1+4\%)\times4\%\div2\times1.1=A$,解得 $x=2.16$。

因此,当以高于原值的价格出售旧货物时,价格必须大于账面原值的 2.16%,净收益才会比以原值价格出售时大;如果旧货物的销售价格无法高于原值的 2.16%,这时以原值出售有更好的效果:一是净收益至少相同或更高;二是销售价格较低,易于出售。因此,企业在实际经营过程中除应根据市场条件确定固定资产的价格外,还应考虑税收的调节作用,合理确定固定资产的价格,使企业在节税的同时,达到更大获利的目的,实现收入与收益的合理统一。

七、利用销项税额和进项税额延缓纳税

[政策依据与筹划思路]

增值税一般纳税人,应纳税额等于当期销项税额减当期进项税额。我国现行增值税法对企业实现的当期销项税额和允许抵扣的当期进项税额在时间上有严格规定。企业购销结算方式不同,增值税销项税额的确认时间和进项税额抵扣时间也不同。增值税实行发票管理,销项税额的确认和进项税额的抵扣是环环相扣的。因此,对纳税人来说,如何充分理解税法的规定,在合法的条件下推迟销项税额的确认,使进项税额得以提前抵扣是非常必要的,因为这样可以节省企业的资金占用,赢取货币的时间价值。

《增值税暂行条例实施细则》第 33 条明确规定了增值税的纳税义务发生时间。具体如下:

(1) 纳税人采取直接收款方式销售货物,不论货物是否发出,均为收到销售额或取得索取销售额凭证,并将提货单交给买方的当天。

(2) 采取托收承付和委托银行收款方式销售货物,为发出货物并办妥托收手续的当天。

(3) 采取赊销和分期收款方式销售货物,为合同约定的收款日期的当天。

(4) 采取预收货款方式销售货物,为货物发出的当天。

(5) 委托其他纳税人代销货物,为收到代销单位销售的代销清单的当天。

(6) 销售应税劳务,为提供劳务同时收讫销售额或取得索取销售额的凭据的当天。

(7) 纳税人发生除"将货物交付他人代销"及"销售代销货物"以外的视同销售货物行为,为货物移送的当天。

(8) 进口货物,为报关进口的当天。

2008 年 11 月 10 号颁布的《增值税暂行条例》第 19 条规定:销售货物或者应

税劳务,为收讫销售款项或者取得索取销售款项凭据的当天;先开具发票的,为开具发票的当天。专用发票开具时限规定如下:

(1) 采用预收货款、托收承付、委托银行收款结算方式的,为货物发出的当天。

(2) 采用交款提货结算方式的,为收到货款的当天。

(3) 采用赊销、分期付款结算方式的,为合同约定的收款日期的当天。

(4) 将货物交付他人代销,为收到受托人送交的代销清单的当天。

(5) 设有两个以上机构并实行统一核算的纳税人,将货物从一个机构移送其他机构用于销售,按规定应当征收增值税的,为货物移送的当天。

(6) 将货物作为投资提供给其他单位或个体经营者,为货物移送的当天。

(7) 将货物分配给股东,为货物移送的当天。

(8) 自 2005 年 12 月 1 日起,期货交易增值税专用发票的开具另行规定。

可以看出,税法关于增值税专用发票开具时限的规定与关于纳税义务发生时间的规定基本吻合,甚至较增值税纳税义务发生时间更早,这也体现了增值税利用发票管理的特点。

另外,就增值税一般纳税人取得防伪税控系统开具的增值税专用发票进项税额抵扣问题规定如下[①]:增值税一般纳税人申请抵扣的防伪税控系统开具的增值税专用发票,必须自该专用发票开具之日起 90 日内到税务机关认证,否则不予抵扣进项税额;增值税一般纳税人认证通过的防伪税控系统开具的增值税专用发票,应在认证通过的当月按照增值税有关规定核算当期进项税额并申报抵扣,否则不予抵扣进项税额。企业应当注意专用发票认证抵扣的时间限制,及早抵扣进项税额。

实践中,企业可以通过如下操作,在合法的情况下推迟销项税额发生时间延缓增值税缴纳。具体地:①避免采用托收承付和委托收款等方式销售货物,因为这将被税法在实际收入发生前认定为当期销项税额的实现,企业将因此垫付税款。②企业在销售货物或提供应税劳务时,以实际收到的支付额,而不是合同项目总金额作为收入额开具增值税专用发票,以避免垫付税款。③若预期不能及时收到货款,合同应尽可能采取赊销和分期收款等结算方式,以推迟纳税义务发生时间,在实际取得收入时开具专用发票。

也可以通过提前进项税额抵扣时间延缓增值税缴纳。具体地:①作为购买方取得专用发票以抵扣进项税额是以销售方开具专用发票产生销项税额为前提的,购买方应通过反向选择如上交易方式、结算方式等尽早取得发票,并按税法规定时间限制认证抵扣,以防产生不必要的损失。②对所有购进应税商品或劳务的进项

---

① 国家税务总局:《关于增值税一般纳税人取得防伪税控系统开具的增值税专用发票进项税额抵扣问题的通知》,国税发[2003]17 号。

税额先行认证抵扣,必要时再作进项税额转出以获得货币的时间价值。③企业接受投资、捐赠或分配的货物,可以通过协商等方式,提前拿到发票和证明材料,从而提前抵扣其进项税额。

[具体案例]

【案例4-9】深圳市一家建材销售企业(增值税一般纳税人),2007年7月份销售建材,合同上列明的含税销售收入为1170万元,企业依合同开具了增值税专用发票。当月实际取得含税销售收入585万元,购买方承诺余额将在年底付讫。月初欲外购A货物234万元(含税),B货物117万元(含税),但因企业资金周转困难,本月只能支付117万元购进部分A货物,并取得相应的增值税发票。请计算该企业本月应缴的增值税。

【案例解析】

该企业本月应缴的增值税=销项税额－当期准予抵扣的进项税额=$1170 \div (1+17\%) \times 17\% - 117 \div (1+17\%) \times 17\% = 153$(万元)。此外,企业本月还应缴纳相应的城建税、教育费附加15.3万元。

如果该企业一方面在销售合同中指明"根据实际支付金额,由销售方开具发票",并在结算时按实际收到金额开具增值税专用发票;另一方面又在本月通过赊购方式购进企业货物,取得全部货物的增值税发票,则本月就可以少确认销项税额85万元,多抵扣进项税额34万,则应缴的增值税为:$585 \div (1+17\%) \times 17\% - 234 \div (1+17\%) \times 17\% - 117 \div (1+17\%) \times 17\% = 34$(万元),相应的城建税、教育费附加为3.4万元,本期就可以延缓缴纳130.9(119+11.9)万元的税款。

【案例4-10】某商业企业购进一批货物,不含税价为18万元,与销货方达成协议,每两个月初还6万元。由于采用分期付款方式,企业只有等到4个月后,价款全部还清才能抵扣增值进项税额18万元×17%=3.06万元。如果该企业跟销货企业签3个合同,后2个是延期付款合同,则在每次付款时,企业都能够抵扣货款的进项税额6×17%=1.02万元。如果同期银行利息为6%,则可获得资金的时间价值为10 200元×4/12×6%＋10 200元×2/12×6%=306元。

【案例4-11】[①]一家大型生产企业,下属有医院、食堂、宾馆、学校、幼儿园、物业管理等常设非独立核算的单位和部门,另外还有一些在建工程项目和日常维修项目。这些单位部门日常需要耗费相当大的外购材料金额,必须不间断地购进材料以保持平衡。假设企业平衡时购买的库存材料平均金额为1170万元,如果单独成立材料科目记账,将取得的进项税额直接计入材料成本,那么就不存在进项税的问题,从而简化了财务核算。

企业购入增值税应税商品或劳务后,并不确定将来是否会用于或者多少部分

---

① 蔡昌:《企业纳税筹划方案设计技巧》,中国经济出版社,2008年,第71页。

用于增值税应税及非税项目,而非应税项目商品或劳务的进项税额是不能抵扣的。如果所有购进材料都不单独记账,而是准备作为用于增值税应税项目,在取得进项税时就可以申报从销项税额中抵扣,领用时作进项税额转出,企业就可以在生产经营期间少缴税款。假设企业库存始终保持1170万元的材料余额。如此,企业就可以多申报抵扣进项税额170万元,而且这部分税款在企业正常经营中都"不用缴纳"。这样就少缴纳增值税170万元,城建税11.90万元,教育费附加5.10万元。按向金融机构贷款年利率6%计算,可以节约财务费用11.22万元,即可以获得利润8.42万元。

一般情况下,材料在购进和领用之间都存在一个时间差,企业往往最容易忽视这段时间差的重要性。利用好这个时间差,通过适当的安排可以减轻企业负担。

[分析评价]

在上述案例中,纳税人只要稍作筹划,就可以达到递延纳税的目的。当然,企业要想做到递延纳税,也需要与买卖方就有关结算方式达成一致。总之,递延纳税虽然不能降低纳税人的总体负担,但可以增加企业的营运资金,相当于免费使用国家资金,使企业获得资金时间价值。所以无论针对何种税种,只要能做到合法递延纳税,对企业就是有利的,这对经营规模大、税负较重的企业尤其重要。由于增值税实行凭国家印发的增值税专用发票注明的税款进行抵扣的制度,延缓纳税的总的原则是尽量推迟开具专用发票和尽量提前取得专用发票。但需要注意的是,企业不能一味为了递延纳税而盲目销售货物或购进货物。货物的销售与购进必须与企业的生产、销售计划相协调,同时还应考虑所购货物市场价格的预期走向等,避免出现库房紧缺、存货占压大量资金、管理费增加和现金流不稳定等情况。

如果由于某些原因,纳税人取得的增值税专用发票未在90天内申请认证抵扣,那么这部分进项税额就不能从销项税额中扣除,在增加增值税负担的同时加大了进货成本,降低了利润。企业可以采取如下补救措施。将超过90天未认证的专用发票的发票联和抵扣联一起退还开票企业,由开票企业以退回的发票为依据开具一张红字发票,并将收到的原发票联和抵扣联粘贴在红字专用发票联后面,然后立即开具一张内容相同的正数发票。按上述方案不会增加开票人的收入和销项税额,但是购买方收到新的专用发票又重新拥有了申请认证抵扣的权利。税法对于红字发票的开具有专门规定,企业需遵照执行并与销售方协商一致。[①]

八、利用优惠政策的税收筹划

[政策依据与筹划思路]

增值税虽然是一个中性税种,但税法还是规定了一系列的优惠政策,如起征点

---

① 高金平:《税收筹划操作实务》,中国财政经济出版社,2006年,第47页。

优惠、免税优惠以及税率优惠等。这些优惠政策为纳税人进行筹划提供了很大的空间,如果纳税人能充分地利用税收优惠条款,就可以享受到节税效益。利用增值税优惠政策进行税收筹划可以有两种不同的做法:一是直接运用增值税中的有关优惠政策;二是通过其他方式,如机构增设等方式间接运用优惠政策。

[具体案例]

【案例4-12】某电脑公司(一般纳税人)自行开发生产软件、硬件和成品机,软件产品单独核算,本期取得的不含税销售额为200万元,当期外购货物取得的增值税专用发票上准予抵扣的增值税进项税额为10万元,请计算该公司应纳的增值税以及应退的增值税。

【案例解析】

为鼓励软件产业发展,税法规定:在2010年前对增值税一般纳税人销售其自行开发生产的软件产品,按17%的法定税率征收增值税后,对其增值税实际税负超过3%的部分实行即征即退政策。[①] 由此可知,

企业应纳的增值税=200×17%-10=24(万元),

实际税负=24/200×100%=12%,

应退的增值税=24-200×3%=18(万元)。

[分析评价]

直接运用税收优惠政策,其本身就是税收筹划的过程,也是每一个税种筹划应有的基本思路之一。纳税人应当经常关注财政部、国家税务总局对税收优惠政策的调整并加以利用,以减轻自己的税收负担。但是,利用税收优惠条款进行税收筹划应注意两个问题:一是纳税人不能以欺骗手段骗取税收优惠;二是纳税人除充分了解优惠条款外,还必须按法定程序进行申请,避免因程序不当而失去应有的权益。

【案例4-13】某市一金属制品企业每年不含税销售收入为1200万元;每年自行收购废旧金属4000吨,每吨1500元;从废旧物资回收单位收购废旧金属1000吨,每吨1800元;每年可以抵扣的水电费、修理费等进项税额为5万元;可以抵扣的从废旧物资回收单位收购的废旧物资的进项税额为18万元。由于自行收购的废旧金属不得抵扣进项税,所以企业觉得负担较重。管理者考虑过全部从废旧物资回收单位收购废旧物资,这样进项税额抵扣额就会大大增加,税负可以降低。但从废旧物资回收单位收购的原材料价格比自行收购的价格高,企业的利润又会减

---

① 国务院:《关于鼓励软件产业和集成电路产业发展的若干政策》,国发[2000]18号;财政部、国家税务总局、海关总署:《关于鼓励软件产业和集成电路产业发展有关税收政策问题的通知》,财税字[2000]25号;财政部、国家税务总局:《关于进一步鼓励软件产业和集成电路产业发展税收政策的通知》,财税字[2002]70号。

少。请问该企业如何进行筹划,才能使企业在降低税负的同时,又能增加利润?

【筹划思路】

税法规定:废旧物资回收经营单位销售其收购的废旧物资免征增值税,工业企业收购废旧物资不能抵扣进项税额,但生产企业一般纳税人购入废旧物资回收经营单位销售的废旧物资,可按照废旧物资经营单位开具的由税务机关监制的普通发票上注明的金额,按10%的比例计算抵扣进项税额。[①] 对以废旧物资为原料的生产企业就可以充分利用这一规定,在可能的情况下,单独设立废旧物资回收公司,达到节税的目的。

在本案例中,如果企业没有设立专门的废旧物资回收公司,则该企业应缴纳的增值税=1200×17%-5-18=181(万元)。

如果该企业利用相关政策,设立一个废金属回收公司单独核算,不仅回收公司可以享受免征增值税的待遇,该企业也可以根据回收公司的发票抵扣进项税额。假设回收公司以1500元每吨的价格回收5000吨废旧金属,再以1800的价格销售给金属制品企业,其他情况不变,则该企业应缴增值税=1200×17%-5000×0.18×10%-5=109(万元)。

所以,进行筹划之后,该企业每年可以少缴纳增值税72万元,同时也省去了相应的城建税、教育费附加7.2万元。

[分析评价]

这种筹划方法是灵活利用税收优惠政策的体现,它普遍适用于以废旧物资以及初级农产品为主要原料的一般纳税人,如以废旧纸张为原料的造纸厂等。但应当注意,此时废旧物资回收单位和加工单位存在关联关系,回收公司必须参照独立企业之间正常售价销售给加工企业,而不能一味地为增加加工企业的进项税额而擅自抬高售价,否则税务机关有权调整原材料的购进价格。另外独立设立回收公司所增加的费用必须小于或远远小于所带来的收益。

■第二节　消费税的税收筹划

一、消费税筹划的政策要点

消费税是在对货物普遍征收增值税的基础上,为了调节产品结构、引导消费方向、保证国家财政收入而选择少数消费品征收的一种流转税。目前,我国消费税的课税对象主要包括烟、酒、化妆品、成品油、小汽车等国家规定的14个税目。消费

---

① 财政部、国家税务总局:《关于废旧物资回收经营业务有关增值税政策的通知》,财税字[2001]78号。

税的税收筹划应主要围绕下列税收政策要点进行：

(1) 兼营销售的征税规定；

(2) 包装物的征税规定；

(3) 不同生产加工方式的征税规定；

(4) 征收环节的税收规定；

(5) 应税消费品换股、入股及抵债的征税规定。

二、兼营销售的税收筹划

[政策依据与筹划思路]

消费税的兼营行为是指纳税人同时经营两种或两种以上不同税率的应税消费品的行为。消费税由于具有特殊的调节作用，其税率不仅档次多，而且具有较大的差异性，这使得消费税纳税人的兼营行为为较为普遍。为加强税收管理，避免纳税人利用混淆不同税率收入形式避税而造成国家税收收入的损失，我国税法明确规定：纳税人兼营不同税率的应税消费品，应当分别核算不同税率应税消费品的销售额、销售数量；未分别核算销售额、销售数量，或者将不同税率的应税消费品组成成套消费品销售的，从高适用税率。[①] 所以当纳税人有兼营行为时，应尽量避免从高适用税率所带来的额外税负，即要尽量"就低不就高"。

[具体案例]

【案例 4-14】 某酒厂生产粮食白酒与药酒，同时，为拓展销路，该酒厂还将粮食白酒与药酒包装成精美礼盒出售（白酒、药酒各一瓶）。2008 年 4 月份，该酒厂的对外销售情况，如表 4-6 所示。

表 4-6 2008 年 4 月酒厂对外销售情况

销售种类	销售数量/(瓶或盒)	销售单价/(元/瓶或元/盒)	适用税率/%
粮食白酒	15 000	30	20
药酒	10 000	60	10
礼盒	1 000	85	20

请问，应该如何进行该厂的消费税税收筹划？

【筹划思路】

根据税法规定，卷烟、粮食白酒和薯类白酒实行从量定额和从价定率相结合计算应纳税额的复合计税办法。在本例中，粮食白酒从量定额的应纳税额无论是否单独核算均不变，因此，节税机会只存在于从价定率的应纳税额中。本案例也只从税率角度来考虑税收筹划。

---

① 《中华人民共和国消费税暂行条例》第3条。

（1）如果这三类酒未单独核算,则应纳税额的计算应采用税率从高的原则,从价计征的消费税税额为

$$(30×15\ 000+60×10\ 000+85×1000)×20\%=227\ 000(元)。$$

（2）如果这三类酒单独核算,则应纳税额的计算分别采用各自税率,从价计征的消费税税额分别为:

粮食白酒:　　　$30×15\ 000×20\%=90\ 000(元)$;

药酒:　　　　　$60×10\ 000×10\%=60\ 000(元)$;

礼品套装酒:　　$85×1000×20\%=17\ 000(元)$;

合计应纳税额:$90\ 000+60\ 000+17\ 000=167\ 000(元)$;

单独核算比未单独核算可节税:

$$227\ 000-167\ 000=60\ 000(元)。$$

【案例 4-15】 某化妆品生产企业发现成套的化妆品销路更广,于是将生产的化妆品、护肤护发品、化妆工具等产品组成包装成套的化妆套件进行销售。每套化妆品套件的产品组成及成本如下:

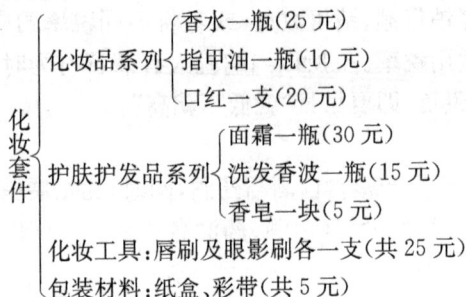

化妆套件
- 化妆品系列
  - 香水一瓶(25 元)
  - 指甲油一瓶(10 元)
  - 口红一支(20 元)
- 护肤护发品系列
  - 面霜一瓶(30 元)
  - 洗发香波一瓶(15 元)
  - 香皂一块(5 元)
- 化妆工具:唇刷及眼影刷各一支(共 25 元)
- 包装材料:纸盒、彩带(共 5 元)

化妆品消费税税率为 30%,护肤护发品、化妆工具及包装材料不征消费税。请问,如何进行这一成套化妆品的税收筹划?

【筹划思路】

（1）如果该企业将产品包装成成套消费品再销售给商店,根据从高适用税率原则,不仅应税的化妆品要缴税,非税的护肤护发品、化妆工具和包装材料也要按照 30% 的税率计算缴纳消费税。因此,该企业每套化妆品套件应纳消费税税额为

$$(25+10+20+30+15+5+25+5)×30\%=40.5(元)。$$

（2）如果该企业将上述产品先分别销售给商店,再由商店包装成成套化妆品对外销售,则该企业销售的化妆品要缴税,而销售的护肤护发品、化妆工具及包装材料就不用缴税了,因此该企业销售相当于一套化妆品套件应纳消费税税额为

$$(25+10+20)×30\%=16.5(元);$$

每套化妆品套件可节税为

$$40.5-16.5=24(元)。$$

[分析评价]

企业兼营不同税率应税消费品或非应税消费品时,能单独核算的要尽量单独核算,否则将使企业因非税产品纳税或适用高税率而承担较多的税款。另外,企业应尽量避免将不同税率或不同纳税义务的商品组成成套商品销售;如果一定要组成成套商品出售的,可以采用"先销售后包装"的方式来避免非税产品纳税和低税率从高适用税率。

三、包装物的税收筹划

[政策依据与筹划思路]

包装物是指产品生产企业用于包装其生产产品的各种包装容器,如箱、桶、瓶、罐等。在产品销售中,一般有以下几种做法:①包装物随同产品出售但不单独计价;②包装物随同产品出售并单独计价;③包装物不作价随同产品销售,单纯收取押金;④包装物单独作价随同产品出售,并另外收取押金;⑤既收取押金,又收取租金。

根据《中华人民共和国消费税暂行条例实施细则》,实行从价定率办法计算应纳税额的应税消费品连同包装物销售,无论包装物是否单独计价以及在会计上如何核算,均应并入应税消费品的销售额中按其所包装应税消费品的适用税率征收消费税。包装物租金应视为价外费用,并入应税消费品销售额征税。包装物押金则应视不同情况加以区分:包装物无论作价与否,随同产品销售并收取押金的,如果在规定期限内(一般为一年)收回包装物并退还押金,此项押金可暂不并入应税消费品销售额中征税,如果逾期未收回包装物并不再退还或已收取一年以上的押金的,应并入应税消费品销售额按所包装货物的适用税率计征消费税。[①]

因此,关于包装物的筹划思路就在于如何将包装物的价值排除在税基(产品售价)之外,并使这一部分包装物既能全部或部分回收,同时又不具备纳税条件。

[具体案例]

【案例 4-16】某汽车轮胎厂某月销售汽车轮胎 1000 个,每个轮胎售价为 2500 元(不含增值税价格),每个轮胎耗用一个包装物,每个包装物的价格为 50 元。轮胎的消费税税率为 3%。请问,如何进行该汽车轮胎厂的消费税税收筹划?

[筹划思路]

(1) 如果企业将包装物作价连同轮胎一起销售,包装物应并入轮胎售价一并征税。应纳消费税税额为

$[2500+50/(1+17\%)]\times1000\times3\%=76\ 282.05$(元)。

(2) 如果企业不将包装物并入轮胎售价中作价销售,而是采取收取押金的形式,每个包装物押金为 50 元,则包装物押金不并入轮胎销售额中征收消费税。此

---

① 《中华人民共和国消费税暂行条例实施细则》第 13 条。

时,企业应纳消费税税额为

$2500 \times 1000 \times 3\% = 75\ 000$(元)。

而对于包装物的回收,我们考虑以下两种情况:

情况一:如果包装物在规定期限内(一般为一年)收回,企业退还押金,则此项押金不必缴纳消费税,企业可节税为

$76\ 282.05 - 75\ 000 = 1282.05$(元)。

情况二:如果包装物在规定期限内(一般为一年)未能收回,企业无论是否退还押金,此项押金都要纳入销售额征税。虽然企业应就该押金补缴的消费税为$50/(1+17\%) \times 1000 \times 3\% = 1282.05$(元),但企业可以将该笔税款推迟一年缴纳,企业仍可以获得该笔补缴税款的时间价值。

[分析评价]

由此可见,如果承担包装任务的主体是厂家,要在包装物上节省消费税,关键在于包装物不能作价随同产品销售,而应该采取收取"押金"的形式,这样就可将包装物的价值排除在税基之外。

如果包装物在规定时间内收回,押金在规定时间内退回,企业将享受到以下好处:①税收方面:此项押金不具备纳税条件,可以不并入销售额计征消费税,达到节税目的;②成本方面:包装物的及时回收可加快其周转使用,能够节约耗用在包装物生产、使用上的人力、物力及财力;③价格方面:产品售价中可以排除包装物的价值,使产品较具价格优势。

如果是逾期未收回包装物,对于企业不再退还的押金,因其缴纳时限延缓了,企业相当于取得了一笔免费贷款,获得了货币的时间价值,为企业的生产经营提供了便利。

另外还有一种方法,就是让商家成为承担包装任务的主体,即上文所提及的"先销售后包装"的方式,将包装的任务转嫁给商家。这种方式更多的适用于成套消费品的出售,在此不予赘述。

必须注意的是,对酒类产品生产企业销售酒类产品(黄酒、啤酒除外)而收取的包装物押金,无论押金是否返还与会计上如何核算,均需并入酒类产品销售额中,依酒类产品的适用税率征收消费税。[①] 所以,以上方法不适用于酒类产品的包装物筹划。酒类产品包装物的筹划关键在于尽量节省包装物成本,以减少税基。

四、不同生产加工方式的税收筹划

[政策依据与筹划思路]

纳税人在生产应税消费品的过程中,可以有以下几种生产方式:①自产自用,

---

① 财政部、国家税务总局:《关于酒类产品包装物押金征税问题的通知》,财税字[1995]53号。

即纳税人生产应税消费品后,不直接对外销售,而是用于自己连续生产;②委托加工,指由委托方提供原料和主要材料,受托方只收取加工费和代垫部分辅助材料加工费;③外购应税消费品生产应税消费品,指企业用外购的应税消费品为原材料生产应税消费品。

我国税法规定:纳税人自产自用的应税消费品,用于连续生产应税消费品的,不纳税;委托加工的应税消费品,由受托方在向委托方交货时代收代缴税款,委托企业收回后,如直接对外销售则不再缴纳消费税,如用于连续生产应税消费品,其已纳税款准予按照规定从连续生产的应税消费品应纳消费税税额中抵扣;对于用外购应税消费品为原料继续生产应税消费品的,允许按当期生产领用数量计算准予扣除外购的应税消费品已纳的消费税税款①。

无论何种生产方式均要纳税,只是纳税环节稍有不同,这就使我们有机会利用这种不同来构造不同的税基,从而使不同生产方式的应纳税额出现差异,我们的筹划思路也侧重于此。

[具体案例]

【案例4-17】某卷烟厂某月购入一批烟叶,价值150万元,先由A车间自行加工成烟丝,加工费合计100万元,再由B车间加工成甲类卷烟,加工费合计100万元,共生产出750标准箱甲类卷烟,每箱25标准条(假设烟叶5万元/吨,单箱消耗40公斤),售价400元/条,且全部实现销售。计算该卷烟厂应纳的消费税。(城市维护建设税与教育费附加暂不计,案例4-18、案例4-19相同)

【案例解析】

此卷烟厂属于自行加工生产,烟丝是自产自用的应税消费品,不必纳税,只就卷烟缴纳消费税,应纳消费税税额为

应纳消费税＝销售数量×定额税率＋销售额×比例税率
　　　　　＝750×150＋750×25×400×45%
　　　　　＝3 487 500(元)。

税后利润为

(750×25×400－1 500 000－1 000 000－1 000 000－3 487 500)×(1－25%)
＝512 500×(1－25%)
＝384 375(元)。

【案例4-18】某卷烟厂某月购入一批价值150万元的烟叶,并委托其他卷烟厂加工成烟丝,协议规定加工费为100万元,收回烟丝后继续加工为甲类卷烟,加工

---

① 《中华人民共和国消费税暂行条例》第4条;国家税务总局:《消费税若干具体问题的规定》,国税发[1993]156号;国家税务总局:《关于用外购和委托加工收回的应税消费品连续生产应税消费品征收消费税问题的通知》,国税发[1995]94号。

成本费用共计 100 万元,共生产出 750 标准箱甲类卷烟,每箱 25 标准条,售价 400 元/条,且全部实现销售。计算该卷烟厂应纳的消费税。

【案例解析】

受托方代收代缴消费税税额为

$$(1\ 500\ 000+1\ 000\ 000)/(1-30\%)\times30\%=1\ 071\ 429(元)。$$

销售完卷烟后,应纳消费税税额为

$$750\times150+750\times25\times400\times45\%-1\ 071\ 429$$

$$=3\ 487\ 500-1\ 071\ 429=2\ 416\ 071(元)。$$

税后利润为

$$(750\times25\times400-1\ 500\ 000-1\ 000\ 000-1\ 000\ 000$$

$$-2\ 416\ 071-1\ 071\ 429)\times(1-25\%)$$

$$=512\ 500\times(1-25\%)$$

$$=384\ 375(元)。$$

如果该卷烟厂直接委托其他卷烟厂将委托加工的烟丝加工成甲类卷烟,加工费用共计 200 万元,共生产出 750 标准箱甲类卷烟,每箱 25 标准条,收回卷烟成品后直接对外销售,售价 400 元/条,且全部实现销售。则:

受托方代收代缴消费税税额为

$$750\times150+(1\ 500\ 000+2\ 000\ 000+750\times150)/(1-45\%)\times45\%$$

$$=112\ 500+2\ 955\ 681.82$$

$$=3\ 068\ 181.82(元)。$$

对外销售不必再缴纳消费税,税后利润为

$$(750\times25\times400-1\ 500\ 000-2\ 000\ 000-3\ 068\ 181.82)\times(1-25\%)$$

$$=931\ 818.18\times(1-25\%)$$

$$=698\ 863.64(元)。$$

【案例 4-19】 某卷烟厂某月购入一批价值为 3 571 429(1 500 000+1 000 000+1 071 429)元的已税烟丝,加工成甲类卷烟,加工费用共计 1 000 000 元,共生产出 750 标准箱甲类卷烟,每箱 25 标准条,收回卷烟成品后直接对外销售,售价 400 元/条,且全部实现销售。计算该卷烟厂应纳的消费税。

【案例解析】

应纳消费税税额为

$$750\times150+750\times25\times400\times45\%-3\ 571\ 429\times30\%$$

$$=112\ 500+3\ 375\ 000-1\ 071\ 429=2\ 416\ 071(元)。$$

税后利润为

$$(750\times25\times400-3\ 571\ 429-1\ 000\ 000-2\ 416\ 071)\times(1-25\%)$$

$$=384\ 375(元)。$$

[分析评价]

上述三种生产方式之所以会产生不同的税后利润,是因为三种不同生产加工方式应纳消费税的税基不同。自产自用的应税消费品,其计税的税基是产品销售价格。委托加工应税消费品,分为部分委托加工和全部委托加工两种情况:部分委托加工,即委托方收回应税消费品后需继续加工后才可出售,在这种情况下,虽然委托方在销售时按产品销售价格计算缴纳的消费税可以扣除受托方代扣代缴的消费税,但委托方负担的消费税为二者之和,实际上与自产自用相同;全部委托加工,即委托方收回应税消费品后直接出售,由于这种情况下委托方在销售应税消费品时不需要再缴纳消费税,因此,其负担的消费税仅为受托方代扣代缴的消费税,而受托方代收代缴消费税的计税依据为组成计税价格或同类产品销售价格,只要收回的应税消费品的计税价格低于收回后的直接销售价格,委托加工应税消费品的税基就比自产自用应税消费品的税基小,税负也较轻,从而税后利润较高。外购应税消费品连续生产也以产品销售价格为税基,且允许扣除已购原材料的应纳税额,税后利润与自产自用生产方式相比,孰轻孰重要看外购应税消费品的价格,其临界值就是(原材料购入价格+加工成本)/(1-应税消费品的消费税税率),如果外购应税消费品价格高于临界值,则其税后利润低于自产自用的应税消费品,反之亦然。因此,企业必须根据具体情况采用最适合的生产方式,从而达到税基最小,缴纳税款最少,利润最大。

除此之外,必须注意以下事项:

(1) 由于允许扣除已纳税款的应税消费品只限于从工业企业购进的应税消费品[①],不包括从商业企业购进的应税消费品,因此当纳税人决定外购应税消费品进行连续生产时,应选择工业企业而不是商业企业。

(2) 我国税法规定,酒类产品生产企业,其用外购或委托加工已税原料生产应税消费品销售时,不得抵扣已纳消费税[②];纳税人用外购或委托加工的已税珠宝玉石生产的改在零售环节征收消费税的金银首饰(镶嵌首饰),在计税时一律不得扣除外购或委托加工珠宝玉石已纳的税款。[③] 因此,已纳消费税转为原材料成本,并导致企业利润相应减少。所以,以上生产企业要尽量使用自产自用的应税消费品,自行加工生产,以避免重复征税而减少利润。

(3) 委托加工的应税消费品,按照受托方的同类消费品的销售价格计算纳税。没有同类消费品销售价格的,按照组成计税价格计算纳税。[④]

[①] 国家税务总局:《消费税若干具体问题的规定》,国税发[1993]156号。

[②] 财政部、国家税务总局:《关于调整酒类产品消费税政策的通知》,财税字[2001]84号。

[③] 财政部、国家税务总局:《关于调整金银首饰消费税纳税环节有关问题的通知》,财税[1994]95号。

[④] 《中华人民共和国消费税暂行条例》第8条。

　　显然,税法对不同消费品生产方式的不同抵扣规定,将影响企业的消费税税负,进而影响到企业的利润水平。对企业来说,只有当受托方的同类消费品的销售价格或者组成计税价格低于企业将委托加工的应税消费品直接对外销售的计税价格时,企业才能节省税负。因此,企业可以根据自身需要,选择最佳的生产加工方式进行税收筹划,达到税负的最小化。

五、征税环节的税收筹划

[政策依据与筹划思路]

　　与增值税的多环节征税不同,我国的消费税仅在生产环节一次性征税①。这种一次性征税的特点给企业进行筹划提供了机会,企业可以通过降低征税环节流转额的方式减少消费税的应纳税额;同时为保证企业的利润不因价格的下降而减少,企业可以通过增设机构,采用转让定价的方式来实行这一安排。

　　由于我国税法对纳税人通过自设的非独立核算门市部销售自产应税消费品有严格规定(即应当按照门市部对外销售额或销售数量计算征收消费税②),而对通过设立的独立核算门市部销售自产应税产品如何纳税没有具体的规定,因此,我们的筹划思路就在于利用独立核算的经销部来进行转让定价的运用。

[具体案例]

　　【案例 4-20】 某酒厂主要生产粮食白酒,每年都有比较固定的客户到工厂直接购买,销售量大约有 5000 箱(每箱 12 瓶,每瓶 500 克),每箱对外销售价格 500 元。请问:如何进行该厂的消费税筹划?

　　【筹划思路】

　　(1) 如果酒厂将白酒直接销售给客户,则应纳消费税税额为

　　应纳消费税＝销售数量×定额税率＋销售额×比例税率

$$＝5000×12×0.5＋5000×500×20\%$$
$$＝30\ 000＋500\ 000$$
$$＝530\ 000(元)。$$

　　(2) 如果该厂设立一独立核算的经销部,该厂按销售给其他批发商的产品价格与经销部结算,每箱 450 元,经销部再以每箱 500 元的价格对外销售,则应纳消费税税额为

　　应纳消费税＝销售数量×定额税率＋销售额×比例税率

$$＝5000×12×0.5＋5000×450×20\%$$
$$＝30\ 000＋450\ 000$$

---

① 《中华人民共和国消费税暂行条例》第1条,国务院令第135号。

② 国家税务总局:《消费税若干具体问题的规定》,国税发〔1993〕156号。

$$=480\ 000(元)。$$

可节税

$$530\ 000-480\ 000=50\ 000(元)。$$

[分析评价]

因为消费税的纳税行为仅发生在生产环节,而不涉及流通环节或消费环节(金银首饰除外),因而,生产企业可以通过在流通环节设立具有关联关系的机构,运用转让定价将应税消费品以较低的销售价格销售给其关联机构,这样,可以降低生产环节应税消费品的销售额,从而减少应纳消费税税额。但是应当注意,由于税务机关有对关联企业不按照独立企业间业务往来收取或支付的价款、费用进行合理调整的权利[1],因此,企业与独立核算的销售部门之间的转让定价应当参照其他商家当期的平均价格确定,不能过于离谱。

六、应税消费品换货、入股和抵债的税收筹划

[政策依据与筹划思路]

根据税法,纳税人用于换取生产资料和消费资料,投资入股和抵偿债务等方面的应税消费品,应当以纳税人同类消费品的最高销售价格作为计税依据计算消费税。[2] 如果以最高销售价格作为计税依据,无疑将增加纳税人的税收负担,因此筹划思路就在于如何改变计税依据,降低销售价格,从而减少应纳消费税。

[具体案例]

【案例 4-21】某小轿车生产企业当月共对外销售小轿车 10 辆,其中 5 辆的销售单价为 95 000 元, 3 辆的销售单价为 100 000 元,剩下 2 辆的销售单价为 105 000 元。当月甲企业与其原材料提供厂乙发生了一笔物物交换的业务,甲企业以 4 辆同型号小轿车与乙企业交换其所需原材料。该型号小轿车适用的消费税税率为 9%,请问甲企业该如何进行税收筹划?

【筹划思路】

按照税法的规定,纳税人用于换取生产资料和消费资料,投资入股和抵偿债务等方面的应税消费品,应按最高销售价格作为计税依据。该企业应纳消费税税额为

$$105\ 000\times4\times9\%=37\ 800(元)。$$

如果甲企业与乙企业达成协议,甲企业按照当月销售小轿车的加权平均销售价格确定这 4 辆小轿车的销售价格,并将之销售给乙企业,然后购买原本用来交换的原材料,则甲企业应纳消费税税额为

---

[1]　《中华人民共和国税收征管法》第 36 条。

[2]　国家税务总局:《消费税若干具体问题的规定》,国税发 [1993]156 号。

$$(95\ 000\times5+100\ 000\times3+105\ 000\times2)\div10\times4\times9\%$$
$$=98\ 500\times4\times9\%$$
$$=35\ 460(元)。$$

可节税

$$37\ 800-35\ 460=2340(元)。$$

[分析评价]

因为按照同类应税消费品的最高销售价格作为计税依据将加重纳税人的税收负担,因此在实际操作中,一般都采用先销售后换货、先销售后入股、先销售后抵债的方法,按照双方确定的协议价进行交易。而协议价一般为市场的平均价,这样就低于厂家的最高销售价,达到减轻税负的目的。

第三节　营业税的税收筹划

一、营业税筹划的政策要点

营业税是对在我国境内从事各种应税劳务、转让无形资产和销售不动产的单位和个人,就其所取得的营业额、转让额、销售额课征的一种税。营业税筹划的政策要点主要有以下几个方面:

(1) 兼营行为的征税规定;

(2) 营业额的征税规定;

(3) 建筑业的征税规定;

(4) 转让无形资产与销售不动产的征税规定。

二、兼营行为的税收筹划

[政策依据与筹划思路]

营业税的兼营行为包括两种情况:一是纳税人既经营增值税应税项目,又经营营业税应税项目;二是纳税人同时经营营业税不同的应税项目。我国税法明确规定,纳税人兼营不同税目应税行为的,应当分别核算不同税目的营业额、转让额、销售额,未分别核算的,税务部门将从高适用税率;纳税人兼营应税劳务与货物或非应税劳务行为的,应分别核算应税劳务的营业额与货物或非应税劳务的销售额,不分别核算或者不能准确核算的,由主管税务机关核定其应税行为营业额。[①] 因此,从事兼营业务的企业应该对不同应税项目进行分别核算,以适用不同税种和税率。

---

① 《中华人民共和国营业税暂行条例》第3条、《中华人民共和国营业税暂行条例实施细则》第8条。

[具体案例]

【案例 4-22】某宾馆在从事客房、餐饮业务的同时,又设立了歌舞厅对外营业,某月该宾馆的业务收入如下:客房收入 150 万元,餐厅收入 50 万元,歌舞厅收入 50 万元。已知服务业税率为 5%,娱乐业税率为 20%,请问该宾馆应如何对其营业税进行筹划?

【筹划思路】

十分明显,该宾馆的经营行为属于兼营不同税目(服务业、娱乐业)的应税行为,我们作如下分析:

(1)如果宾馆未分别核算不同应税项目,则计征营业税时从高适用税率,该宾馆应纳营业税税额为

(150+50+50)×20%=50(万元)。

(2)如果宾馆分别核算不同兼营项目,则各项收入按其不同的适用税率分别核算应纳税额,该宾馆应纳营业税税额为

(150+50)×5%+50×20%=20(万元)。

可节税

50-20=30(万元)。

【案例 4-23】某酒店在提供住宿、餐饮服务的同时,在酒店内开设一商场对外销售商品,商场销售收入并入酒店服务的营业额进行纳税。本月份,酒店提供住宿、餐饮服务获得的收入为 500 万元,商场销售商品获得的收入为 100 万元,请问该酒店如何对其所纳税款进行筹划?(因增值税进项税额较少,此处忽略不计)

【筹划思路】

酒店提供的住宿、餐饮等服务属于营业税征税范围,而商品销售则属于销售货物,应征收增值税。因此,该酒店属于兼营应税劳务与货物或非应税劳务行为。

(1)如果酒店按照原来的做法,没有分别核算住宿、餐饮的营业收入和商场销售商品的销售收入,那么应就全部收入缴纳增值税,应纳税额为

(500+100)÷(1+17%)×17%=72.65(万元)。

(2)如果酒店分别核算住宿、餐饮的营业收入和商场销售商品的销售收入,则应纳税额为

应纳增值税税额=100÷(1+17%)×17%=12.11(万元);

应纳营业税税额=500×5%=25(万元);

应纳税额合计为 12.11+25=37.11(万元)。

可节税

72.65-37.11=35.54(万元)。

【案例 4-24】某歌舞厅当月业务收入 50 万元,明细如下:门票 10 万元,台位费 15 万元,点歌费 15 万元,烟酒、饮料、茶点费 10 万元,如维持现状,该歌舞厅应纳

营业税额为 $50 \times 20\% = 10$（万元），但如果对该歌舞厅进行税收筹划，其纳税额将下调很多。

【筹划思路】

如果在歌舞厅内单独设立一烟酒、饮料、茶点柜台（小规模纳税人），并领取营业执照，单独核算，则分别计算纳税的情况如下：

歌舞厅应纳营业税为

$(10 + 15 + 15) \times 20\% = 6$（万元）。

柜台应纳增值税税额为

$10 \div (1 + 3\%) \times 3\% = 0.2913$（万元）。

可节税

$10 - 6 - 0.2913 = 3.7087$（万元）。

三、分解营业额的税收筹划

［政策依据与筹划思路］

我国税法规定，营业额每经过一道流转环节就需要以其收取的全部价款和价外费用缴纳一次营业税。因此，如果能够分解营业额，合理地将收取的全部价款和价外费用中包含的非经营业务性质收入，特别是那些代收、代垫费用分解出来，将会取得很好的节税效益。

［具体案例］

【案例 4-25】 厦门市某写字楼开发商，办公室租金收入是其主要营业收入。其办公室有相当一部分长期出租给国际著名大公司办公使用。由于这些国际大公司不太熟悉厦门本地的情况，加上和开发商合作关系较好，就委托其代为缴纳公共设施使用费（如水、电、汽费等）。开发商实际上只是从顾客那里收取水、电、汽等公共设施的成本费，然后再向厦门市相关部门缴纳。税务部门确认其营业收入时将开发商向顾客收取的这些数额不小的成本费也包括在内，一并缴纳 5% 的营业税。

【筹划思路】

如果该开发商和国际大公司签订公共设施使用费缴纳的委托代理合同，并且在财务上将办公室出租收入和该委托代理收入分开核算，这样开发商就变成了为顾客代缴公共设施使用费用的机构，公共设施部门就变成了直接的营业税纳税人。对于公共设施部门来说，其营业收入和营业税并没有改变；对于顾客来说，其总的租金支出也没有改变；对于开发商来说，其营业收入则不再包括向顾客收取的成本费，从而减少了营业收入，相应的 5% 的营业税也就减少了。根据民法的规定，代理可以是有偿代理，也可以是无偿代理。开发商可以在代理公共设施费的基础上收取一定的手续费，也可以不收取任何手续费。若开发商只收取较低的手续费，那么,也仅就手续费缴纳 5%的营业税,较之前以其收取的公共设施成本费为税基的营业税,已减轻不少税负。

[分析评价]

对纳税人的不同经营行为有不同的税务处理方法,对于兼营行为来说,应当尽可能地分开核算,避免从高适用税率。

【案例 4-26】某展览公司作为中介服务公司,其主要业务是帮助外地客商在当地举办各种展览会,以推销其商品。2008 年 7 月,该展览公司在某展览馆举办了一期佛具展览会,吸引了 100 家客商前来参展,该展览公司对每家客商收取包括展位在内的费用共计 2 万元,当月营业收入共计 200 万元。同时,该公司为此次展销会支付展览馆 120 万元租金。请为该展览公司进行筹划,以减少营业税的缴纳。

【筹划思路】

如果该展览公司未经筹划,其 7 月份应缴纳的营业税为:200×5%＝10(万元)。

如果该展览公司能够分解营业额,即公司向每位客商收取费用时只直接收取 0.8 万元的服务费,同时要求展览馆直接向客商收取每位 1.2 万元的展位租金,并开具相应的发票,这样,展览馆仍旧收取了 120 万元的租金收入,而展览公司的营业额则缩减为 80 万元,相应的,应缴纳的营业税变为 80×5%＝4(万元),税负减轻了 6 万元。

[分析评价]

在上述案例中,如果企业能够预先计划,就可以从分解营业额入手,尽量使营业额减少,避免不必要的税款缴纳。

四、建筑业的税收筹划

1. 建筑工程承包合同的筹划

[政策依据与筹划思路]

工程承包公司与施工单位是否签订承包合同,关系到营业税的两个不同税目:建筑业与服务业。我国《营业税暂行条例》规定:建筑业的总承包人将工程分包或转包给他人的,以工程的全部承包额减去付给分包人或进转包人的价款后的余额为营业额。工程承包公司承包建筑安装工程业务,如果工程承包公司与施工单位签订建筑安装工程承包合同,无论其是否参与施工,均应按"建筑业"税目征收营业税;如果工程承包公司不与施工单位签订建筑安装工程承包合同,只负责工程的组织协调业务,则此项业务应按"服务业"税目征收营业税。[①]

---

① 《中华人民共和国营业税暂行条例》第 5 条;国家税务总局:《关于企业(单位)所属建筑安装企业征收营业税问题的批复》,国税函发[1995]191 号。

此类情况的筹划思路为:签订承包合同与否涉及不同税目,适用不同税率,这就为税收筹划提供了契机。在此,税收筹划的主要目的就是要尽量使承包业务按建筑业 3％的较低税率纳税,避免按服务业 5％的较高税率纳税。

[具体案例]

【案例 4-27】甲、乙公司均为工程承包公司,在一项建设工程的承包过程中,甲公司承包这一工程,并欲寻求一施工单位进行承建。乙公司没有承包该项工程,但它负责招标及工程建设中的组织协调业务,最终中标单位为施工单位丙。

甲公司与施工单位丙签订了工程承包合同,总金额为 1500 万元;由于乙公司与甲公司并没有实质上的业务关系,所以并未与甲公司签订任何承包建筑安装工程合同,而作为组织协调方,乙公司接受施工单位丙支付的服务费用 200 万元。那么,乙公司应纳营业税为:200 万元×5％＝10 万元。作为中介方的乙公司该如何进行税收筹划呢?

【筹划思路】

乙公司可以变"服务"为"转包":乙公司直接和甲公司签订合同,合同金额为1500 万元。然后,乙公司再把该工程转包给丙公司,分包款为 1300 万元。如此一来,乙公司应缴纳营业税(1500 万元－1300 万元)×3％＝6 万元,通过税收筹划,乙公司就少缴纳了 4 万元的税款。

[分析评价]

建筑业关于允许分包或转包扣除的规定,使得利用建筑工程承包合同进行税收筹划有了空间。企业在签订与工程相关的合同时应避免签订服务合同,同时,由于目前建筑业中分包与转包现象非常多,形式也不尽相同,而采取不同的合同形式对税收有很大影响,因此,纳税人在签订合同时一定要注意合同内容与税法规定内容相符,注意总包与分包合同条款的完整性。

2. 施工单位的筹划

[政策依据与筹划思路]

我国税法规定:纳税人从事建筑、修缮、装饰工程作业,无论与对方怎样结算,其营业额均应包括工程所用原材料及其他物资和动力的价款。[①] 因此,纳税人在从事上述业务中无论是否包料,其营业额均包括工程所使用的原料及其他物资材料的支出。由于没有两个以上可供选择的税收方案,纳税人从事上述业务时欲降低营业税只有严格控制工程原料的预算开支,尽量降低工程材料、物资等的价款,从而减少营业税的税基。

---

① 《中华人民共和国营业税暂行条例实施细则》第 18 条。

[具体案例]

【案例 4-28】施工单位甲为乙单位建造一座房屋,总承包价款为 500 万元;另外,工程所需材料由乙单位购买,价款为 300 万元。工程结束、价款结清后,施工单位甲应纳营业税税额为:(500+300)×3‰=24(万元)。施工单位甲应该如何进行税收筹划?

【筹划思路】

一般来讲,甲作为施工单位,熟悉建材市场,完全可利用其优势买到物美价廉的原材料,因此在施工过程中应由甲购买工程所需材料。假设原材料价款为 250 万元,工程结束、价款结清后,施工单位甲应纳营业税税额为:(500+250)×3‰=22.5(万元),这样一来,施工单位甲可节税 1.5 万元。

[分析评价]

施工单位在与建设单位签订建筑合同时,应当尽量争取能够提供基本建设材料。这样施工单位才有主动权对具有节税空间的原材料价款进行筹划,通过降低原材料成本来减少税基,从而达到减轻税负的目的。

3. 建筑安装业的筹划

[政策依据与筹划思路]

税法对纳税人以签订建设工程施工总包或分包合同方式开展经营活动时,销售自产货物并同时提供建筑、安装、修缮、装饰及其他工程作业的纳税义务作了明确规定[①]。如果纳税人具备建设行政部门批准的建筑业施工(安装)资质,同时在签订建设工程施工总包或分包合同中单独注明建筑业劳务价款,那么,对其销售自产货物和提供增值税应税劳务取得的收入应征收增值税,对其提供建筑业劳务的收入应征收营业税;如果纳税人不能同时满足上述条件,则对纳税人取得的全部收入征收增值税,不征收营业税。

这一规定给提供自产货物并同时负责建筑、安装、修缮、装饰等活动的企业提供了筹划契机。如果企业在开展上述活动前,能够有意识地使自己满足税法所规定的条件,那么企业的总体税负就会减轻。

[具体案例]

【案例 4-29】某企业为增值税一般纳税人,主要生产铝合金门窗并负责安装,企业具备建设行政部门批准的建筑业安装资质。2008 年 3 月份企业承接了一幢大厦的铝合金门窗安装业务,该企业与建设单位签订的合同中规定:由企业提供铝合金门窗并负责安装,含税总价款 117 万元。2008 年 6 月份工程完工并按合同规

---

① 国家税务总局:《关于纳税人销售自产货物提供增值税劳务并同时提供建筑业劳务征收流转税问题的通知》,国税发[2002]117 号。

定取得价款 117 万元,假设该企业当期可抵扣的进项税额为 10 万元,请问该企业应缴纳的流转税是多少? 企业应如何筹划使自己的税负减轻呢?

【筹划思路】

(1) 该企业属于销售自产货物并同时提供安装劳务的情况。该企业虽然具备建设行政部门批准的建筑业安装资质,但由于在签订的施工合同中未单独注明安装劳务的价款,因此,应对合同总价款征收增值税:

企业应缴纳的增值税＝117÷1.17×17％－10＝7(万元)。

(2) 如果该企业能够改变合同签订内容,注明企业提供的铝合金门窗含税价款 105.3 万元,安装劳务价款 11.7 万元,这样工程总价款仍然为 117 万元,但该企业应缴纳的税款为

企业应缴纳的增值税＝105.3÷1.17×17％－10＝5.3(万元);

企业应缴纳的营业税＝11.7×3％＝0.351(万元)。

可节税

7－5.3－0.351＝1.349(万元)。

(3) 如果合同注明的铝合金门窗含税价款为 93.6 万元,安装劳务价款为 23.4 万元,则企业应缴纳的税款为

企业应缴纳的增值税＝93.6÷1.17×17％－10＝3.6(万元);

企业应缴纳的营业税＝23.4×3％＝0.702(万元)。

可节税

7－3.6－0.702＝2.698(万元)。

[分析评价]

如果纳税人在承接建筑、安装、修缮、装饰及其他工程作业时以自产货物为材料或设备,则纳税人首先应向建设行政部门申请使其具备建筑业施工(安装)资质;同时纳税人在签订建设工程施工合同时,应将建筑业劳务价款单独注明,并且在工程总价款不变的情况下,尽量压低材料或设备的销售价款,提高建筑业劳务价款。这样企业就能较大限度降低应按增值税税率缴纳税款的商品流转额,使其按较低的营业税税率计算缴纳税款,在保证赢利的情况下达到节税的目的。但使用该方法时需要注意,自产货物的销售价款与建筑业劳务价款的分配应在合理的范围内,不能偏离正常的标准,否则很容易被税务机关重新调整,导致筹划失败。

五、转让无形资产与销售不动产的税收筹划

1. 出售改投资的税收筹划

[政策依据与筹划思路]

我国税法规定:以无形资产和不动产投资入股,参与接受投资方的利润分配、

共同承担投资风险的行为,不征收营业税,并且对该股权的转让也不征收营业税。①

筹划思路:企业在转让无形资产、销售不动产,或双方"以物易物"、"合作经营"时,可以投资入股形式参与接受投资方的利润分配,并共同承担投资风险,这样可免征投资入股方营业税,降低总体税负。

[具体案例]

【案例4-30】甲、乙两企业进行合作建房,由甲企业提供土地使用权,乙企业提供资金。甲、乙两企业约定,房屋建好后,双方均分。完工后,经有关部门评估,该建筑物价值1000万元,甲、乙各分得500万元的房屋。请分析甲、乙双方应如何缴纳营业税?

【案例解析】

在此过程中,合作建房的双方都发生了营业税的应税行为:

(1)甲方以转让部分土地使用权为代价,换取部分房屋的所有权,发生了转让土地使用权的行为,应纳营业税500万元×5%＝25万元;

(2)乙方则以转让部分房屋的所有权为代价,换取部分土地的使用权,发生了销售不动产的行为,应纳营业税500万元×5%＝25万元;

因而甲乙双方合计共缴纳50万元营业税。

经过税收筹划,甲乙双方可采用另一种合作方式:甲方以土地使用权、乙方以货币资金合股,成立合营企业。房屋建成后双方不是采取均分方式,而是采取风险共担、利润共享的分配方式。按照税法关于营业税的规定,对甲方向合营企业提供的土地使用权,视为投资入股,对其不征营业税,只对合营企业销售房屋取得的收入按销售不动产征税,因此在建房环节双方企业免缴了50万元的税款。

[分析评价]

不同的合作方式将产生不同的纳税义务,投资入股的形式不仅可使投资入股方免征营业税,而且双方企业共同分配利润、共同承担投资风险,有助于建立长期、良好的伙伴关系,有利于企业的生存与发展,可谓节税与发展一举两得。

2. 出售改出租的税收筹划

[政策依据与筹划思路]

我国税法规定:单位和个人提供应税劳务、转让专利权、非专利技术、商标权、著作权和商誉时,向对方收取的预收性质的价款(包括预收款、预付款、预存费用、预收定金等,下同),其营业税纳税义务发生时间按照财务会计制度的规定,该项预

---

① 国家税务总局:《营业税税目注释(试行稿)》,国税发[1993]149号;财政部、国家税务总局:《关于股权转让有关营业税问题的通知》,财税字[2002]191号。

收性质的价款以被确认为收入的时间为准。[①]

筹划思路:对于需要取得不动产和土地使用权的单位和个人来说,其取得使用权的方式有"购买"和"租赁"两种方式。我国土地为国家或集体所有,单位或个人可以通过合法方式(出让、划拨、租赁等方式)取得国有土地使用权。因此,无论是出售还是出租,都能使土地的使用权转移。对于销售不动产和转让土地使用权的纳税人,可以考虑将"出售"改为"出租",从而避免在转让过程中的高税负。

[具体案例][②]

【案例4-31】2007年3月,某市A公司以80万元的价格购进一块土地。因城市开发,这块土地逐渐升值。2008年5月,A公司以300万元的价格将土地出售给B公司。(这块土地尚可使用30年,契税税率为4%)

【案例解析】

A公司应纳营业税、城建税及教育费附加:$(300-80)\times 5\% \times (1+7\%+3\%)=12.1$(万元);

扣除项目金额:$80+12.1=92.1$(万元);

增值率:$(300-92.1)\div 92.1\times 100\%=226\%$;

土地增值税:$(300-92.1)\times 60\%-92.1\times 35\%=92.505$(万元)。

B公司应纳契税:$300\times 4\%=12$(万元)。

税负合计为116.605万元。

如果A公司考虑将转让土地使用权改为出租给B公司使用30年,并一次性预收租赁费300万元。根据会计制度的规定,在30年内,A公司每年应当确认租赁收入10万元,因此每年应纳租赁营业税、城建税及教育费附加为 $10\times 5\% \times (1+7\%+3\%)=0.55$(万元)。A公司30年的总税负为16.5万元,按8%的市场利率折算为现值约6.2万元。

A公司不用再缴纳营业税,B公司也不用再缴纳契税。总税负降低约110.205万元。

[分析评价]

对于承租方来说,采用租赁方式虽然不能取得土地使用权证书,但实际上已获得土地使用的权利。而对于出租方来说,通过把出售改为出租,一方面可以减少并延缓缴纳营业税,另一方面还可以避免缴纳土地增值税。而承租方也可以避免缴纳契税。然而,该筹划使企业即期一次性大额现金流变为长期多次性小额现金流,尽管总体税负得到降低,但现金流因素也不可忽略。

　　另外,我国公司法规定租赁期限不得超过 20 年。企业在签订租赁合同时,一方面可以明确约定一个不超过 20 年的租赁期,另一方面还可以约定租赁期满后双方必须续订合同。

[本章小结、概念术语及思考练习题]

【本章小结】

　　1. 增值税是指对我国境内销售货物或者提供加工、修理修配劳务以及进口货物的单位和个人,就其货物或应税劳务的销售额以及进口货物金额计算税款,并实行税款抵扣制度的一种流转税。根据增值税的特点及政策规定,增值税的税收筹划主要包括:

　　·增值税纳税人身份的税收筹划:根据增值率节税点和抵扣率节税点,判断纳税人应选择一般纳税人身份还是小规模纳税人身份;

　　·混合销售的筹划:通过混合销售节税点分析来判断企业缴纳增值税与缴纳营业税的税负孰轻孰重;

　　·兼营行为的税收筹划:对兼营税种相同、税率不同的项目,应分开核算,避免对低税率的项目适用高税率;对兼营税种不同,适用税率也不同的项目,则要分析非应税劳务部分给纳税人带来的税负,从而决定是分开核算还是合并核算一并缴纳增值税;

　　·特殊销售方式的税收筹划:纳税人应根据自身经营产品的特点合理选择不同的销售方式,并可通过预估折扣率减轻税负;

　　·销售已用固定资产的税收筹划:纳税人可根据税法对销售已用固定资产征收增值税的规定,确定合适的销售价格以获取最大的收益;

　　·利用有关销项税额确定时间和进项税额抵扣时间税收规定的税收筹划:在合法的条件下使进项税额抵扣提前,从而递延纳税,获取货币的时间价值。

　　·利用优惠政策的税收筹划:直接或间接运用增值税税法及其规定中的优惠政策进行税收筹划。

　　2. 消费税是在对货物普遍征收增值税的基础上,为了调节产品结构、引导消费方向、保证国家财政收入而选择少数消费品再征收的一道税。根据消费税的特点及政策规定,消费税的税收筹划主要包括:

　　·兼营销售的税收筹划:纳税人兼营不同税率应税消费品时,应尽量单独核算,或采用“先销售后包装”的方式避免成套销售带来的从高适用税率;

　　·包装物的税收筹划:纳税人应该采取收取“押金”的形式,将包装物的价值排除在税基之外或让商家成为承担包装任务的主体;

　　·不同生产加工方式的税收筹划:通过对不同加工形式的税负进行比较,纳税人可选择最佳生产加工方式,达到税负降低的最大化;

• 征税环节的税收筹划:利用独立核算的经销部来巧妙运用转让定价,降低消费税的税基;

• 应税消费品换货、入股和抵债的税收筹划:采用先销售后换货、入股、抵债的方法,避免以最高销售价格作为计税依据。

3. 营业税是对在我国境内从事各种应税劳务、转让无形资产和销售不动产的单位和个人,就其所取得的营业额、转让额、销售额课征的一种税。营业税的筹划关键在于清楚划分不同行业的税率、合理确定不同行业的计税依据,同时充分利用税收优惠等。具体包括:

• 兼营行为的税收筹划:对兼有不同税目应税行为的,对不同税率的税目应该分别核算,以适用不同税率;

• 营业额的税收筹划:对一些税法上不属于经营性质业务收入的价款和价外费用,应分开核算,将其从营业额中分解出来,避免计入营业额而纳税;

• 建筑业的税收筹划:通过签订建筑工程承包合同、由建设单位提供基本建设材料等方式来减少营业税;对承接建筑、安装、修缮、装饰及其他工程作业时以自产货物为材料或设备的企业,应使其满足税法规定的两个条件并尽量将货物销售价款转移到建筑业劳务中,可降低总体税负;

• 转让无形资产与销售不动产的税收筹划:可通过减少流转环节,以投资入股形式改变转让销售形式在出售与出租间转化等方法进行税收筹划。

【概念与术语】

增值率节税点　　　抵扣率节税点　　　　混合销售节税点　　　兼营

混合销售　　　　预估折扣率

【思考题】

1. 如何进行增值税纳税人身份的税收筹划? 进行该筹划需要注意什么问题?

2. 对兼营行为和混合销售行为,应如何筹划?

3. 销售已用固定资产时,是否价格越高越好? 为什么?

4. 举例说明如何进行增值税进项税额的递延申报?

5. 包装物一般有几种作价办法? 企业进行包装物的税收筹划应注意哪些问题?

6. 如何进行应税消费品换货、入股和抵债的税收筹划?

7. 进行建筑工程承包合同的税收筹划应注意什么问题?

8. 如何通过改变转让销售形式进行税收筹划?

【练习题】

1. 由于外购原奶的价格相对较高,某乳品厂通过自己饲养奶牛生产原奶,再将原奶加工成奶制品对外销售。根据税法有关增值税的规定,该厂为工业生产企业,不属农业生产者,其最终产品也非农产品,不享受免税待遇。奶制品的增值税适用税率为17%,该厂可抵扣的进项税额主要是饲养奶牛所消耗的草料。假设2008年起,该厂生产的原奶正常售价是300万元,购入草料50万元,每年奶制品不含税销售额为500万元。请问你能为该乳品厂进行适当的筹划,既降低其税负,又使其保持较高的利润吗?

2. 某卷烟厂该月购进烟丝100箱,每箱200元。当月生产甲类卷烟200标准箱,每箱25标准条,市场售价为1000元/箱,且全部实现销售。请计算该卷烟厂该月的应纳消费税税额? 是否有其他生产方式能使企业节省消费税呢? (该甲类卷烟的定额税率为每标准箱150元,比例税率为每标准条45%,烟丝的消费税税率为30%)

3. 某小汽车生产厂,正常小汽车的出厂价为128 000元/辆,适用税率为9%。而该厂分设了独立核算的经销部,向经销部供货时价格定为98 000元/辆,当月出厂小汽车200辆。请对厂家直接销售与经销部销售进行税负比较,并说说哪种销售方式好,应注意什么问题?

4. 某企业为增值税一般纳税人,某年该企业将1200平方米的办公楼出租给某公司,由于房屋出租属于营业税应税行为,同时涉及水电等费用的处理问题,因此,该企业在合同签署上存在以下两种方案:

方案一:双方签署一个房屋租赁合同,租金为每月每平方米160元,含水电费,每月租金共计160 000元,每月供电7000度,水1500吨,电的购进价为0.45元/度,水的购进价为1.28元/吨,均取得增值税专用发票;

方案二:该企业与公司分别签订转售水电合同、房屋租赁合同,分别核算水电收入、房屋租金收入,并分别做账务处理。转售水电的价格参照同期市场上转售价格,确定为:水每吨1.78元,电每度0.68元。房屋租赁价格折算为每月每平方米152.57元,当月取得租金收入152 570元,水费收入2670元,电费收入4760元。

请问,哪种方案的税负较轻? 造成不同税负的差异是什么?

第五章

所得税的税收筹划

[本章提要]

本章围绕新企业所得税法的基本内容,按照政策依据、筹划思路与案例分析的基本体例,从企业生产经营行为的细节入手,介绍了该税种的基本筹划方法,并对各种方法进行了简要评述。

■第一节 企业所得税的税收筹划

一、新企业所得税法及其实施条例要点解读

2008年1月1日起,我国开始施行《中华人民共和国企业所得税法》(以下简称新税法)及《中华人民共和国企业所得税法实施条例》(以下简称实施条例)。国务院发布的《中华人民共和国外商投资企业和外国企业所得税法及其实施细则》(1991年)和财政部发布的《中华人民共和国企业所得税暂行条例及其实施细则》(1994年)(以下两个法规简称旧税法)同时废止。

新税法及实施条例在纳税人、税率、征税范围、费用扣除、税收优惠等方面作了较大改动,而企业所得税的税收筹划要求我们对新税法有一个全面、透彻的了解。谨此,我们将新税法的有关重点归纳如下。

（一）纳税人

新税法明确规定实施法人所得税制度。新税法规定企业和其他取得收入的组织均为企业所得税的纳税人。

企业分为居民企业和非居民企业。居民企业,是指依法在中国境内成立,或者依照外国(地区)法律成立但实际管理机构在中国境内的企业。非居民企业,是指依照外国(地区)法律成立且实际管理机构不在中国境内,但在中国境内设立机构、场所的,或者在中国境内未设立机构、场所,但有来源于中国境内所得的企业。居民企业应当就其来源于中国境内、境外的所得缴纳企业所得税。非居民企业在中国境内设立机构、场所的,应当就其所设机构、场所取得的来源于中国境内的所得,以及发生在中国境外但与其所设机构、场所有实际联系的所得,缴纳企业所得税。非居民企业在中国境内未设立机构、场所的,或者虽设立机构、场所但取得的所得与其所设机构、场所没有实际联系的,应当就其来源于中国境内的所得缴纳企业所得税。实施条例对"实际管理机构"做了明确定义,即指对企业的生产经营、人员、账务、财产等实施实质性全面管理和控制的机构;对非居民企业所设立的"机构、场所"也做了明确定义,即指在中国境内从事生产经营活动的机构、场所,包括管理机构、营业机构、办事机构、工厂、农场、提供劳务的场所、从事工程作业的场所。此外,非居民企业委托营业代理人在中国境内从事生产经营活动的,包括委托单位和个人经常代其签订合同,或者储存、交付货物等,该营业代理人视为非居民企业在中国境内设立的机构、场所。

（二）税率

企业所得税的基本税率为 25%。非居民企业在中国境内未设立机构、场所的,或者虽设立机构、场所但取得的所得与其所设机构、场所没有实际联系的,应当就其来源于中国境内的所得缴纳企业所得税,适用税率为 20%,但实际征收时适用 10% 的税率。

另外,新税法还规定,对符合条件的小型微利企业,减按 20% 的税率征收企业所得税(非居民企业不适用此政策[①])。对国家需要重点扶持的高新技术企业,减按 15% 的税率征收企业所得税。具体执行标准见下文的税收优惠政策。

（三）应纳税所得额

新税法第 3 条规定,居民企业应当就其来源于中国境内、境外的所得缴纳企业所得税。非居民企业在中国境内设立机构、场所的,应当就其所设机构、场所取得

---

① 国家税务总局:《关于非居民企业不享受小型微利企业所得税优惠政策问题的通知》,国税函[2008] 650 号。

的来源于中国境内的所得以及发生在中国境外但与其所设机构、场所有实际联系的所得缴纳企业所得税。非居民企业在中国境内未设立机构、场所的，或者虽设立机构、场所但取得的所得与其所设机构、场所没有实际联系的，应当就其来源于中国境内的所得缴纳企业所得税。

新税法第5条规定，企业每一纳税年度的收入总额，减除不征税收入、免税收入、各项扣除以及允许弥补的以前年度亏损后的余额，为应纳税所得额。

1. 收入总额

新税法第6条规定，企业以货币形式和非货币形式从各种来源取得的收入为收入总额。按收入来源具体包括：销售货物收入，提供劳务收入，转让财产收入，股息、红利等权益性投资收益，利息收入，租金收入，特许权使用费收入，接受捐赠收入，其他收入。实施条例明确规定货币形式的收入包括现金、存款、应收账款、应收票据、准备持有至到期的债券投资以及债务的豁免等；非货币形式的收入包括固定资产、生物资产、无形资产、股权投资、存货、不准备持有至到期的债券投资、劳务以及有关权益等。企业以非货币形式取得的收入，以公允价值，即按照市场价格确定的价值确定收入额。实施条例还详细说明了企业取得的各种收入形式以及收入实现的确认方法。

2. 收入确定及时间确定[①]

除企业所得税法及实施条例另有规定外，企业销售收入的确认必须遵循权责发生制原则和实质重于形式原则。收入确定时间和增值税的相关规定稍有出入，具体如下：销售商品采用托收承付方式的，在办妥托收手续时确认收入；销售商品采取预收款方式的，在发出商品时确认收入；销售商品需要安装和检验的，在购买方接受商品以及安装和检验完毕时确认收入；如果安装程序比较简单，可在发出商品时确认收入；销售商品采用支付手续费方式委托代销的，在收到代销清单时确认收入。

另外，对一些特殊的销售方式，有关税法规定如下：

采用售后回购方式销售商品的，销售的商品按售价确认收入，回购的商品作为购进商品处理。有证据表明不符合销售收入确认条件的，如以销售商品方式进行融资，收到的款项应确认为负债，回购价格大于原售价的，差额应在回购期间确认为利息费用。

销售商品以旧换新的，销售商品应当按照销售商品收入确认条件确认收入，回收的商品作为购进商品处理。

企业为促进商品销售而在商品价格上给予的价格扣除，属于商业折扣。商品

---

① 国家税务总局：《关于确认企业所得税收入若干问题的通知》，国税函〔2008〕875号。

销售涉及商业折扣的,应当按照扣除商业折扣后的金额确定销售商品收入金额。

债权人为鼓励债务人在规定的期限内付款而向债务人提供的债务扣除,属于现金折扣。销售商品涉及现金折扣的,应当按扣除现金折扣前的金额确定销售商品收入金额,现金折扣在实际发生时作为财务费用扣除。

企业因售出商品的质量不合格等原因而在售价上给出的减让,属于销售折让。企业因售出商品质量、品种不符合要求等原因而发生的退货属于销售退回。企业已经确认销售收入的售出商品发生销售折让和销售退回,应当在发生当期冲减当期销售商品收入。

企业在各个纳税期末,提供劳务交易的结果能够可靠估计的,应采用完工进度(完工百分比)法确认提供劳务收入。劳务完工进度的确定,可选用下列方法:已完工作的测量、已提供劳务占劳务总量的比例、发生成本占总成本的比例。企业应按照从接受劳务方已收或应收的合同或协议价款确定劳务收入总额,根据纳税期末提供劳务收入总额乘以完工进度扣除以前纳税年度累计已确认提供劳务收入后的金额,确认为当期劳务收入。同时,按照提供劳务估计总成本乘以完工进度扣除以前纳税期间累计已确认劳务成本后的金额,结转为当期劳务成本。

企业提供下列劳务满足收入确认条件的,应按规定确认收入:安装费,宣传媒介的收费,软件费,服务费,艺术表演、招待宴会和其他特殊活动的收费,会员费,特许权费,劳务费。

企业以买一赠一等方式组合销售本企业商品的,不属于捐赠,应将总的销售金额按各项商品的公允价值的比例来分摊确认各项的销售收入。

3. 扣除项目

新税法第8条规定,企业实际发生的与取得收入有关的、合理的支出,包括成本、费用、税金、损失和其他支出,准予在计算应纳税所得额时扣除。实施条例进一步明确规定准予企业税前扣除的与取得收入有关的支出,是指与取得收入直接相关的支出;合理的支出是指符合生产经营活动常规,应当计入当期损益或者有关资产成本的必要和正常的支出。企业所发生的支出是否准予在税前扣除以及扣除范围和标准的大小,直接影响到企业应纳税额的大小。新税法对企业支出扣除范围和标准的具体规定主要如下:

1) 工资薪金支出的税前扣除

实施条例统一了企业的工资薪金支出税前扣除政策,规定企业每一纳税年度支付给在本企业任职或者受雇的员工的所有现金形式或者非现金形式的劳动报酬,包括基本工资、奖金、津贴、补贴、年终加薪、加班工资以及与员工任职或者受雇有关的其他支出为合理的工资薪金支出,准予在税前扣除。对"合理工资薪金支出"的判断,主要从雇员实际提供的服务与报酬总额在数量上是否配比合理进行,凡是符合企业生产经营活动常规而发生的工资薪金支出都可以在税前据实扣除。实施条例的规定统一了企业的工资薪金支出税前扣除政策,有利于构建公平的市场竞争环境。

2) 职工福利费、工会经费、职工教育经费的税前扣除

新实施条例继续维持了老税法关于职工福利费和工会经费按照计税工资总额14%、2%的扣除比例,但由于计税工资已经放开,实施条例将职工福利费和工会经费的计算标准由"计税工资总额"调整为"工资薪金总额",扣除限额也就相应提高。企业发生的职工福利费、工会经费在税法规定扣除限额以内的部分,可以据实扣除,超过部分不得扣除。另外,新实施条例规定,除国务院财政、税务主管部门另有规定外,企业发生的职工教育经费支出,不超过工资薪金总额 2.5% 的部分,准予扣除;超过部分,准予在以后纳税年度结转扣除。

3) 业务招待费的税前扣除

为加强对企业发生的业务招待费的管理,实施条例规定,企业发生的与生产经营活动有关的业务招待费支出,按照发生额的 60% 扣除,但最高不得超过当年销售(营业)收入的 5‰。

4) 广告费和业务宣传费的税前扣除

实施条例统一了企业广告费和业务宣传费的税前扣除政策,同时,考虑到部分行业的企业广告费和业务宣传费发生情况较为特殊,需要根据其实际情况做出具体规定。实施条例规定,除国务院财政、税务主管部门另有规定外,广告费和业务宣传费支出不超过当年销售(营业)收入 15% 的部分,准予扣除;超过部分,准予在以后纳税年度结转扣除。

5) 公益性捐赠支出税前扣除

新税法第 9 条规定,企业发生的公益性捐赠支出,在年度利润总额 12% 以内的部分,准予在计算应纳税所得额时扣除。为增强新税法的可操作性,实施条例对公益性捐赠作了界定:公益性捐赠是指企业通过公益性社会团体或者县级以上人民政府及其部门,用于《中华人民共和国公益事业捐赠法》规定的公益事业的捐赠。实施条例同时明确规定了公益性社会团体的范围和条件。

（四）税收优惠

新税法及实施条例对税收优惠政策进行了较大修改。政策体系上,将以区域优惠为主转变为以产业优惠为主、区域优惠为辅。优惠方式上,将以直接税额式减免转变为直接税额式减免和间接税基式减免相结合。除《中华人民共和国企业所得税法》、《中华人民共和国企业所得税法实施条例》、《国务院关于实施企业所得税过渡优惠政策的通知》(国发[2007]39 号)、《国务院关于经济特区和上海浦东新区新设立高新技术企业实行过渡性税收优惠的通知》(国发[2007]40 号)及本通知规

定的优惠政策以外,2008 年 1 月 1 日之前实施的其他企业所得税优惠政策一律废止。对于新旧税收优惠政策执行的衔接问题,国务院也作了明确规定。① 新税法及实施条例对税收优惠的范围和办法主要内容包括:

1. 关于农、林、牧、渔业发展的税收优惠

新税法第 27 条规定,企业从事农、林、牧、渔业项目的所得可以免征、减征企业所得税。实施条例进一步将上述项目明确为下列具体所得:①企业从事下列项目的所得,免征企业所得税:蔬菜、谷物、薯类、油料、豆类、棉花、麻类、糖料、水果、坚果的种植;农作物新品种的选育;中药材的种植;林木的培育和种植;牲畜、家禽的饲养;林产品的采集;灌溉、农产品初加工、兽医、农技推广、农机作业和维修等农、林、牧、渔服务业项目;远洋捕捞。②企业从事下列项目的所得,减半征收企业所得税:花卉、茶以及其他饮料作物和香料作物的种植;海水养殖、内陆养殖。

2. 关于基础设施建设的税收优惠

新税法第 27 条规定,企业从事国家重点扶持的公共基础设施项目投资经营的所得可以免征、减征企业所得税。实施条例据此明确,国家重点扶持的公共基础设施项目是指《公共基础设施项目企业所得税优惠目录》规定的港口码头、机场、铁路、公路、城市公共交通、电力、水利等项目。企业从事港口码头、机场、铁路、公路、城市公共交通、电力、水利等项目投资经营所得,自项目取得第一笔生产经营收入所属纳税年度起,给予"三免三减半"的优惠。

3. 关于环境保护、节能节水、安全生产的税收优惠

新税法第 27 条规定,企业从事符合条件的环境保护、节能节水项目的所得可以免征、减征企业所得税。第 34 条规定企业购置用于环境保护、节能节水、安全生产等专用设备的投资额,可以按一定比例实行税额抵免。实施条例据此明确,企业从事公共污水处理、公共垃圾处理、沼气综合开发利用、节能减排技术改造、海水淡化等项目的所得(项目的具体条件和范围由国务院财政、税务主管部门商国务院有关部门制订,报国务院批准后公布施行),自项目取得第一笔生产经营收入所属纳税年度起,第 1 年至第 3 年免征企业所得税,第 4 年至第 6 年减半征收企业所得税。此外,企业购置并实际使用《环境保护专用设备企业所得税优惠目录》、《节能节水专用设备企业所得税优惠目录》和《安全生产专用设备企业所得税优惠目录》规定的环境保护、节能节水、安全生产等专用设备的,该专用设备的投资额的 10%可以从企业当年的应纳税额中抵免;当年不足抵免的,可以在以后 5 个纳税年度结

---

① 国务院:《关于实施企业所得税过渡优惠政策的通知》,国发[2007]39 号。

转抵免(享受前款规定的企业所得税优惠的企业,应当实际购置并自身实际投入使用前款规定的专用设备;企业购置上述专用设备在 5 年内转让、出租的,应当停止享受企业所得税优惠,并补缴已经抵免的企业所得税税款)。

4. 关于资源综合利用税收优惠

新税法第 33 条规定,企业综合利用资源,生产符合国家产业政策规定的产品所取得的收入,可以在计算应纳税所得额时减计收入。实施条例据此明确,企业以《资源综合利用企业所得税优惠目录》规定的资源作为主要原材料并且该原材料占生产产品材料的比例符合相关规定,生产国家非限制和禁止并符合国家和行业相关标准的产品取得的收入,减按 90% 计入收入总额。

5. 关于技术创新和科技进步的税收优惠

新税法第 27 条规定,企业符合条件的技术转让所得可以免征、减征企业所得税。实施条例据此明确,符合条件的技术转让所得是指一个纳税年度内,居民企业技术转让所得不超过 500 万元的部分,免征企业所得税;超过 500 万元的部分,减半征收企业所得税。

新税法第 30 条规定,企业开发新技术、新产品、新工艺发生的研究开发费用,可以在计算应纳税所得额时加计扣除。实施条例据此明确,研究开发费用的加计扣除是指企业为开发新技术、新产品、新工艺发生的研究开发费用,未形成无形资产计入当期损益的,在按照规定据实扣除的基础上,按照研究开发费用的 50% 加计扣除;形成无形资产的,按照无形资产成本的 150% 摊销。

新税法第 31 条规定,创业投资企业从事国家需要重点扶持和鼓励的创业投资,可以按投资额的一定比例抵扣应纳税所得额。实施条例据此明确,抵扣应纳税所得额是指创业投资企业采取股权投资方式投资于未上市的中小高新技术企业 2 年以上的,可以按照其投资额的 70% 在股权持有满 2 年的当年抵扣该创业投资企业的应纳税所得额;当年不足抵扣的,可以在以后纳税年度结转抵扣。

新税法第 32 条规定,企业的固定资产由于技术进步等原因,确需加速折旧的,可以缩短折旧年限或者采取加速折旧的方法。实施条例据此明确,可以享受这一优惠的固定资产包括:①由于技术进步,产品更新换代较快的固定资产;②常年处于强震动、高腐蚀状态的固定资产。

6. 关于权益性投资收益的税收优惠

新税法第 26 条规定,符合条件的居民企业之间的股息、红利等权益性投资收益,即居民企业直接投资于其他居民企业取得的投资收益为免税收入;在中国境内设立机构、场所的非居民企业从居民企业取得与该机构、场所有实际联系的股息、红利等权益性投资收益为免税收入,但不包括连续持有居民企业公开发行并上市流通的股票不足 12 个月取得的投资收益。对居民企业之间的股息、红利收入免征企业所得税,是对股息、红利所得消除双重征税的做法。老税法规定,内资企业如从低税率的企业取得股息、红利收入要补税率差。实施新税法后,为更好体现税收政策的优惠意图,使西部大开发有关企业、高新技术企业、小型微利企业等享受到低税率优惠政策的好处,实施条例明确,对来自于所有非上市企业以及连续持有上市公司股票 12 个月以上取得的股息、红利收入,给予免税,不再实行补税率差的做法。考虑到税收政策应鼓励企业对生产经营的直接投资,而以股票方式取得且连续持有时间较短(短于 12 个月)的间接投资,并不以股息、红利收入为主要目的,其主要目的是从二级市场获得股票运营收益,因此不应成为税收优惠鼓励的目标。

7. 关于符合条件的非营利组织的收入的税收优惠

新税法第 26 条规定,符合条件的非营利组织的收入,为免税收入。实施条例据此从登记程序、活动范围、财产的用途与分配等方面,界定了享受税收优惠的"非营利组织"的条件。同时,考虑到目前按相关管理规定,我国的非营利组织一般不能从事营利性活动,为规范此类组织的活动,防止其从事营利性活动可能带来的税收漏洞,实施条例规定,对非营利组织的营利性活动取得的收入,不予免税。

8. 小型微利企业和高新技术企业的税收优惠

新税法第 28 条第一款规定,符合条件的小型微利企业,减按 20％的税率征收企业所得税。借鉴国际通行做法,按照经济公平的原则,实施条例规定了小型微利企业的标准:①工业企业,年度应纳税所得额不超过 30 万元,从业人数不超过 100人,资产总额不超过 3000 万元;②其他企业,年度应纳税所得额不超过 30 万元,从业人数不超过 80 人,资产总额不超过 1000 万元。与过去的优惠政策(内资企业年应纳税所得额 3 万元以下的减按 18％的税率征税,3 万元至 10 万元的减按 27％的税率征税)相比,优惠范围扩大,优惠力度有较大幅度提高。

新税法第 28 条第 2 款规定,国家需要重点扶持的高新技术企业,减按 15％的税率征收企业所得税。实施条例将高新技术企业的界定范围,由现行按高新技术产品划分改为按高新技术领域划分,规定产品(服务)应属于《国家重点支持的高新技术领域》的范围,以解决现行政策执行中产品列举不全、覆盖面偏窄、前瞻性欠缺等问题。具体领域范围和认定管理办法由国务院科技、财政、税务主管部门商国务院有关部门制订,报国务院批准后公布施行。同时,实施条例还规定了高新技术企业的认定指标:拥有核心自主知识产权;产品(服务)属于《国家重点支持的高新技术领域》规定的范围;研究开发费用占销售收入的比例、高新技术产品(服务)收入占企业总收入的比例、科技人员占企业职工总数的比例,均不低于规定标准。这样的规定,强化以研发比例为核心,税收优惠重点向自主创新型企业倾斜。

9. 促进残疾人就业税收优惠

对安置残疾人的单位,实行由税务机关按单位实际安置残疾人的人数,限额即征即退增值税或减征营业税的办法。企业安置残疾人员所支付的工资在按照支付给残疾职工工资据实扣除的基础上,按照支付给残疾职工工资的100%加计扣除。残疾人员的范围适用《中华人民共和国残疾人保障法》的有关规定。[①]企业安置国家鼓励安置的其他就业人员所支付的工资的加计扣除办法,由国务院另行规定。

10. 关于非居民企业的预提税所得的税收优惠

新税法第4条规定,未在中国境内设立机构、场所的非居民企业取得的来源于中国境内的所得,以及非居民企业取得的来源于中国境内但与其在中国境内所设机构、场所没有实际联系的所得,适用税率为20%。新税法第27条规定,对上述所得,可以免征、减征企业所得税。实施条例据此明确,对上述所得,减按10%的税率征收企业所得税。对外国政府向中国政府提供贷款取得的利息所得、国际金融组织向中国政府和居民企业提供优惠贷款取得的利息所得以及经国务院批准的其他所得,可以免征企业所得税。

（五）特别纳税调整

企业与其关联方之间的业务往来,不符合独立交易原则,或者企业实施其他不具有合理商业目的的安排的,税务机关有权在该业务发生的纳税年度起10年内,进行纳税调整。借鉴国际反避税经验,实施条例对关联交易中的关联方、独立交易原则、关联业务的合理调整方法、成本分摊方法、预约定价安排、提供资料义务、核定征收、防范受控外国企业避税、防范资本弱化、一般反避税条款以及对补征税款加收利息等方面作了明确规定。其中,对进行特别纳税调整需要补征税款的,规定按照税款所属纳税年度与补税期间同期的人民币贷款基准利率加5个百分点计算加收利息;对企业按照新税法和实施条例的规定提供有关资料的,可以只按照税款所属纳税年度与补税期间同期的人民币贷款基准利率计算加收利息。

（六）过渡性优惠政策

为了保持税收优惠政策的连续性,企业按照原税收法律、行政法规和具有行政法规效力文件规定享受的企业所得税优惠政策,按以下办法实施过渡:①自2008

---

① 财政部、国家税务总局:《关于促进残疾人就业税收优惠政策的通知》,财税〔2007〕92号。

年1月1日起,原享受低税率优惠政策的企业,在新税法施行后5年内逐步过渡到法定税率。其中:享受企业所得税15%税率的企业,2008年按18%税率执行,2009年按20%税率执行,2010年按22%税率执行,2011年按24%税率执行,2012年按25%税率执行;原执行24%税率的企业,2008年起按25%税率执行。②自2008年1月1日起,原享受企业所得税"两免三减半"、"五免五减半"等定期减免税优惠的企业,新税法施行后继续按原税收法律、行政法规及相关文件规定的优惠办法及年限享受至期满为止,但因未获利而尚未享受税收优惠的,其优惠期限从2008年度起计算。③享受上述过渡优惠政策的企业是指2007年3月16日以前经工商等登记管理机关登记设立的企业。实施过渡优惠政策的项目和范围按《实施企业所得税过渡优惠政策表》执行。

享受企业所得税过渡优惠政策的企业,应按照新税法和实施条例中有关收入和扣除的规定计算应纳税所得额,并按本通知第一部分规定计算享受税收优惠。企业所得税过渡优惠政策与新税法及实施条例规定的优惠政策存在交叉的,由企业选择最优惠的政策执行,不得叠加享受,且一经选择,不得改变。①

（七）新税法及实施条例点评

新税法及实施条例将已有的内资税法和外资税法进行整合,并适用于所有内、外资企业。新税法统一了纳税人的认定标准,以是否具有法人资格作为企业所得税纳税人的认定标准,改变了以往内资企业所得税以独立核算为条件判定纳税人标准的做法,使内资企业和外资企业的纳税人认定标准完全统一。此外,在纳税人范围的确定上,按照国际通行做法,将取得经营收入的单位和组织都纳入了征收范围。

新税法及实施条例统一并适当降低了企业所得税税率。现行企业所得税基本税率设定为25%,既考虑了我国财政承受能力,又考虑了企业负担水平。据有关资料介绍,全世界上近160个实行企业所得税的国家（地区）平均税率为28.6%,我国周边18个国家（地区）的平均税率为26.7%。② 我国现行税率在国际上属于适中偏低的水平,从而有利于保持我国税制的竞争力,进一步促进和吸引外商投资。

新税法及其实施条例统一和规范了税前扣除办法和标准。现行内资企业和外资企业在成本费用扣除方面存在一定的差异,总体上是内资企业偏紧、外资企业偏松。例如,内资企业所得税实行工资限额扣除制度,超过限额部分要计入企业应纳税所得额,而外资企业所得税则按实际发放工资的全额,作为费用在缴纳所得税前

---

① 国务院:《关于实施企业所得税过渡优惠政策的通知》,国发〔2007〕39号。
② 中国注册会计师协会:《税法》,经济科学出版社,2008年,第267页。

据实扣除,相应的在此基础上计算的职工福利费、工会经费、职工教育费的扣除额也就不一样。税前扣除办法的不一致,是造成内资企业和外资企业实际税负相差较大的原因之一。为此,新税法对企业实际发生的各项成本费用做出统一的扣除规定,包括工资支出、公益性捐赠支出等,实行一致的政策待遇,按照统一的扣除办法和标准来执行。

新税法及其实施条例对税收优惠政策有了较大修改。政策体系上将以区域优惠为主转变为以产业优惠为主、区域优惠为辅。优惠方式上将以直接税额式减免转变为直接税额式减免和间接税基式减免相结合。税收优惠政策调整的主要原则是:促进技术创新和科技进步,鼓励基础设施建设,鼓励农业发展及环境保护与节能,支持安全生产,统筹区域发展,促进公益事业和照顾弱势群体等,有效地发挥税收优惠政策的导向作用,进一步促进国民经济全面、协调、可持续发展和社会全面进步,有利于构建和谐社会。税收优惠进一步向自主创新型企业倾斜。实施条例将高新技术企业的界定范围,由现行按高新技术产品划分改为按高新技术领域划分,规定产品(服务)应属于"国家重点支持的高新技术领域"的范围。同时,实施条例还在高新技术企业的认定上强化以研发比例为核心,以确保税收优惠重点向自主创新型企业倾斜。

二、企业所得税筹划的政策要点

企业所得税是国家对我国境内企业和其他取得收入的组织的生产经营所得和其他所得依法征收的一种税,是国家参与企业利润分配的重要手段。企业所得税的应纳税额=应纳税所得额×税率。因此,企业所得税的筹划可从税率、应纳税所得额及其相关的因素入手,主要围绕下列税收政策展开:

(1) 税率的政策规定;

(2) 存货计价的税收规定;

(3) 固定资产折旧的税收规定;

(4) 坏账损失的税收规定;

(5) 亏损弥补的税收规定;

(6) 资源综合利用及投资抵免的税收规定;

(7) 融资租赁的税收规定;

(8) 费用扣除的税收规定;

(9) 广告费用、业务宣传费和业务招待费的税收规定;

(10) 关联企业借款利息的税收规定;

(11) 分期预缴的税收规定。

三、税率的税收筹划

［政策依据与筹划思路］

新的企业所得税法规定:对小型微利企业减按 20％的税率征收企业所得税。其中小型微利企业的标准为:工业企业,年度应纳税所得额不超过 30 万元,从业人数不超过 100 人,资产总额不超过 3000 万元;其他企业,年度应纳税所得额不超过 30 万元,从业人数不超过 80 人,资产总额不超过 1000 万元。[①]

从上面的规定可以看出,对于资产总额和从业人员数量符合上述标准的工业企业和商业企业,年度应纳税所得额 30 万元就是所得税率变化的临界点。因此,为了防止税负的增加,小企业应在平时的会计核算和业务安排中充分考虑上述规定,尽量避免使企业的应纳税所得额超过所得临近点而适用更高级别的税率,从而带来税负增加大于所得增加的风险。这一点对一些中小企业尤为重要。

［具体案例］

【案例 5-1】 某交通运输公司,资产总额为 500 万元,从业人员 50 人。2008 年该公司的税务审计显示其年度应纳税所得额为 31 万元,所以该企业不符合小型微利企业的标准,应按 25％的税率缴纳所得税。该公司有大量联运业务。问该企业应如何进行相应的税收筹划?

如果该企业不采取任何措施,则应纳企业所得税＝31×25％＝7.75 万元,税后利润＝31－7.75＝23.25 万元。

如果该企业和其联运公司协商,通过合理安排相互之间业务往来以增加对其联运公司的支付额,或提前在 2008 年多采购 1 万元的企业日常经营用品作为费用类项目在税前扣除,使得应纳税所得额减少到 30 万元,则符合小型微利企业的标准,企业应纳企业所得税＝30×20％＝6 万元,税后利润是 30－6＝24 万元。

该企业通过筹划使得应缴的企业所得税减少 7.75－6＝1.75 万元,企业的税后利润增加 24－23.25＝0.75 万元。

［分析评价］

处于税率等级边沿时,纳税人应尽量降低应纳税所得额,或推迟收入实现,或增加扣除额,以适用较低的税率级次,避免不必要的税款支出。

四、存货计价的税收筹划

［政策依据与筹划思路］

所谓存货,是指企业在生产经营中为销售或耗用而储存的各种资产,包括商品、产成品、半成品、在产品以及各类材料、燃料、包装物等。存货费用在产品成本

---

① 《中华人民共和国企业所得税法实施条例》第 92 条。

之中占有较大的比例,因而,对存货进行税收筹划具有重要的意义。

税法规定,纳税人对存货的核算,应当以历史成本,即企业取得该项资产时实际发生的支出为计税基础,各项存货的发出或领用的成本计价方法,可以采用个别计价法、先进先出法、加权平均法等①。纳税人的存货计价方法一经确定,不得随意改变,如确需改变的,应在下一纳税年度开始前报主管税务机关批准。否则,对应纳税所得额造成影响的,税务机关有权调整。选择不同的存货计价方法将对企业纳税产生不同的影响。企业究竟应采用哪一种存货计价方法,应依据具体情况预测分析,在多个备选方案中,选择最有利的减少纳税的存货计价方法。

[具体案例]

【案例 5-2】某商店 2008 年 12 月甲商品的收入发出情况如下表所示。该企业12 月份共销售甲商品 5000 件,销售收入 500 万元,该企业适用的所得税税率为25%。企业存货的收、发、存情况,如表 5-1 所示。

表 5-1　企业存货的收、发、存情况

日期	摘要	收入			发出	结存		
		数量/件	单价/元	金额/元	数量/件	数量/件	单价/元	金额/元
12.1	月初结存					1 000	400	400 000
12.5	购入	2 000	400	800 000				
12.10	销售				2 000			
12.15	购入	4 000	500	2 000 000				
12.20	销售				3 000			
12.25	购入	1 000	600	600 000				
12.31	本月合计	7 000		3 400 000	5 000	3 000		

【案例解析】

首先,根据不同计价方法计算本月发出存货的成本如下:

先进先出法下存货发出成本＝1000×400＋2000×400＋2000×500＝220(万元);

加权平均法下存货发出成本＝5000×[(400 000＋3 400 000)/(1000＋7000)]
＝237.5(万元);

移动平均法下存货发出成本＝2000×400＋3000×[(1000×400＋4000×500)/(1000＋4000)]＝224(万元)。

其次,计算出不同计价方法下该企业应纳税所得额,如表 5-2 所示。

---

① 《中华人民共和国企业所得税法实施条例》第 56 条;国家税务总局:《企业所得税税前扣除办法》,国税发[2000]84 号。

表5-2　不同计价方法下企业应纳税所得额

项目	先进先出法	加权平均法	移动平均法
主营业务收入	500	500	500
主营业务成本*	220	237.5	224
主营业务利润	280	262.5	276
主营业务税金及附加	50	50	50
利润总额(应纳税所得额)**	230	212.5	226
所得税	57.5	53.125	56.5

＊这里为了更好地说明问题,其他成本和费用均忽略不计。

＊＊假设该企业没有其他调整项目,应纳税所得额等于利润总额。

从表5-2可以看出,采用不同的计价方法计算,得出的销售成本数额不同,由此使得应纳所得税额也不同,其从小到大依次为加权平均法53.125万元、移动平均法56.5万元、先进先出法57.5万元。就本案例来看,企业应选择加权平均法。

[分析评价]

上述案例在不考虑价格波动因素的情况下分析了不同存货计价方法对企业所得税的影响。事实上,在存货计价方法的选择中,价格因素至关重要。在不同的价格走势下,选择不同的存货计价方法对存货成本的影响不同,对企业所得税的影响也不同,如表5-3所示。

表5-3　不同存货计价方法对企业税负的影响

存货计价方法	企业税负		备注
	物价上涨	物价下跌	
先进先出法	最大	最小	
加权平均法	最小	最大	
移动平均法	次大	次小	
个别计价法	不定	不定	取决于存货支出顺序
毛利率法	不定	不定	取决于季末调整方法

一般来说,在物价持续上升的时候,采用先进先出法确定销售成本使用的是较早期的价格,同企业当前收入配比的程度较差,会形成虚夸的应税收益,应缴纳的所得税也较多;采用加权平均法和移动平均法确定销售成本虽然都是使用平均单价,但采用移动平均法使最后购进价格较高的存货可能不参与发出存货平均价格的计算。因此,其应税收益比加权平均法高,应纳所得税也比加权平均法多。如果企业所处的市场环境是物价下跌,则结论正好相反。因此,企业应根据具体的市场

情况作具体的选择,以降低所得税负担。

五、固定资产折旧的税收筹划

固定资产折旧是固定资产在使用过程中通过逐渐损耗(包括有形损耗和无形损耗)而转移到产品成本或商品流通费用中的那部分价值。由于折旧应计入产品成本,因而每一会计期间计提折旧数额的大小直接关系到企业当期成本的大小,从而关系到企业利润的高低和应纳税所得额的多少。

固定资产折旧的税收筹划主要可以从固定资产使用年限、计提折旧方法两方面来进行。

1. 固定资产使用年限的选择

[政策依据与筹划思路]

《中华人民共和国企业所得税法实施条例》明确规定了计提固定资产折旧的最低年限,即房屋、建筑物 20 年;火车、轮船、机器、机械和其他生产设备 10 年;与生产经营活动有关的器具、工具、家具等,为 5 年;飞机、火车、轮船以外的运输工具,为 4 年;电子设备,为 3 年。[①] 因此,企业计提固定资产的折旧年限不能低于上述标准。然而,税法对企业固定资产折旧并没有规定最长的折旧年限,企业仍可在折旧年限上作有利于自己的选择。

[具体案例]

【案例 5-3】某生产企业有一辆价值 500 000 元的货车,预计使用年限为 8 年,预计残值率为 4%。为使企业获取较大的税收利益,企业应如何确定其折旧年限?(假设企业使用直线折旧法,企业资金成本为 10%)

【案例解析】

(1) 如果企业处于稳定的赢利期,且未享受任何的税收优惠,

方案一:企业以 8 年为折旧年限计提折旧,则

每年计提的折旧额＝500 000×(1−4%)÷8＝60 000(元);

折旧减少所得税＝60 000×25%×8＝120 000(元);

折旧减少所得税的现值＝60 000×25%×5.335＝80 025(元)。

方案二:企业将折旧期限缩短为 6 年,则

每年计提的折旧额＝500 000×(1−4%)÷6＝80 000(元);

折旧减少所得税＝80 000×25%×6＝120 000(元);

折旧减少所得税的现值＝80 000×25%×4.355＝87 100(元)。

可见,折旧期限的改变,虽然并未影响企业所得税税负的总和,但考虑到资金

---

① 《中华人民共和国企业所得税法实施条例》第 60 条。

的时间价值,后者对企业更为有利。

(2) 如果该企业正享受两年免税的优惠政策,且货车是企业第一个免税年度购入的,这时企业该选择哪个折旧年限呢?

方案一:企业以 8 年为折旧年限计提折旧时,每年仍计提折旧 60 000 元,但折旧各年减少的税收额却不相同:

第 1～2 年:由于处于免税期,折旧减少的所得税为 0;

第 3～8 年:企业因计提折旧减少的所得税＝60 000×25％＝15 000(元);

折旧节约所得税＝15 000×6＝90 000(元);

折旧节约所得税的现值＝15 000×(5.335－1.736)＝53 985(元)。

方案二:企业将折旧期限缩短为 6 年,其年计提折旧额 80 000 元,折旧各年节约的所得税为:

第 1～2 年:0 元;

第 3～6 年:每年节约的所得税＝80 000×25％＝20 000(元);

节约税款总和＝20 000×4＝80 000(元);

节约税款的现值＝20 000×(4.355－1.736)＝52 380(元) 。

因此,如果企业处于减免税时期,企业应选择 8 年为其折旧年限,这时无论是税款节约的总额还是现值都会较大。

[分析评价]

一般来讲,折旧年限的延长虽然不改变折旧总额,但会导致折旧总额在不同会计期间的分摊数额不同,从而使企业前期折旧费用减少而后期折旧费用增加,进而影响所得税的缴纳数额。因此,企业可在不同情况下,通过确定有利的折旧年限来增加企业的税收利益。一般地,如果企业正处在所得税优惠期间,应尽量延长折旧年限,避免在税收优惠期间折旧费用抵税效应的流失。

2. 固定资产折旧计提方法的选择

[政策依据与筹划思路]

固定资产折旧计提方法主要有年限平均法、加速折旧法、工作量法等。税法对企业固定资产折旧方法的选用有比较严格的规定,一般只允许选用平均年限法或工作量法(如企业专业车队的客货汽车及大型设备)。[①] 但是,为了鼓励某些先进技术企业或为了照顾某些特殊企业,税法允许部分因技术进步,产品更新换代较快以及常年处于强震动、高腐蚀状态的固定资产缩短折旧年限或使用加速折旧法。[②] 由于固定资产折旧方法的选用直接影响到企业成本、费用的计算,也影响到利润以

[①] 《国家税务总局关于固定资产折旧方法有关问题的批复》,国税函[2006]452 号。

[②] 《中华人民共和国企业所得税法实施条例》第 98 条。

及应纳税额,因此,企业应根据具体情况选择合适的折旧方法,以尽可能最大限度地节税,并使节税方案有利于企业的长远发展。

[具体案例]

【案例5-4】某企业一生产流水线原值为100 000元,预计残值率为3%,预计净残值为100 000×3%=3000(元),折旧年限为5年,假设该企业每年的税前利润均为519 400元,企业选择哪种折旧方法最有利呢?

【案例解析】

下面我们分别考察平均年限法、双倍余额递减法、年数总和法下的不同折旧情况以及企业的利润与税负。

(1) 平均年限法下企业的折旧情况:

每年折旧额:(100 000−3000)÷5=19 400(元)。

(2) 双倍余额递减法下企业的折旧情况(表5-4):

年折旧率:2/5 ×100%=40%。

表5-4 双倍余额递减法下企业的折旧情况

年份	折旧率/%	年折旧额/元	账面价值/元
第一年	40	38 800(97 000×40%)	58 200
第二年	40	23 280(58 200×40%)	34 920
第三年	40	13 968(34 920×40%)	20 952
第四年	50	10 476(20 952×50%)	13 476
第五年	50	10 476(20 952×50%)	3 000

(3) 年数总和法下企业的折旧情况(表5-5):

表5-5 年数总和法下企业的折旧情况

年份	折旧率	年折旧额/元	账面价值/元
第一年	5/15	32 333(97 000×5/15)	67 677
第二年	4/15	25 867(97 000×4/15)	41 800
第三年	3/15	19 400(97 000×3/15)	22 400
第四年	2/15	12 933(97 000×2/15)	9 467
第五年	1/15	6 467(97 000×1/15)	3 000

(4) 三种不同折旧方法下企业的利润与税负(表5-6):

表5-6 三种不同折旧方法下企业的利润与税负

年份	平均年限法			双倍余额递减法			年数总和法		
	年折旧额/元	税前利润/元	所得税额/元	年折旧额/元	税前利润/元	所得税额/元	年折旧额/元	税前利润/元	所得税额/元
第一年	19 400	500 000	125 000	38 800	480 600	120 150	32 333	487 067	121 766.75
第二年	19 400	500 000	125 000	23 280	496 120	124 030	25 867	493 533	123 383.25
第三年	19 400	500 000	125 000	13 968	505 432	126 358	19 400	500 000	125 000
第四年	19 400	500 000	125 000	10 476	508 924	127 231	12 933	506 467	126 616.75
第五年	19 400	500 000	125 000	10 476	508 924	127 231	6 467	512 933	128 233.25
合计	97 000	2 500 000	625 000	97 000	2 500 000	625 000	97 000	2 500 000	625 000

（5）不同折旧方式对不同年份的税负将产生不同的影响，如表5-7所示：

表5-7 平均年限法下的所得税额与其他方法下的所得税额之差

折旧方式	第一年	第二年	第三年	第四年	第五年
双倍余额递减法	4 850	970	−1 358	−2 231	−2 231
年数总和法	3 233.25	1 616.75	0	−1 616.75	−3 233.25

（6）不同折旧方式下缴纳所得税的净现值（假设年利率10%）。

平均年限法：净现值＝165 000×$\text{PVA}_{10,5}$＝125 000×3.790 8＝473 837.5（元）；

双倍余额递减法：净现值＝120 150×0.909 1＋124 030×0.826 4＋126 358

×0.751 3＋127 231×0.683 0＋127 231×0.620 9

＝472 556（元）；

年数总和法：净现值＝121 766.75×0.909 1＋123 383.25×0.826 4

＋125 000×0.751 3＋126 616.75×0.683 0

＋128 233.25×0.620 9＝472 673.8（元）。

由此可见，虽然企业在5年中所缴纳的所得税总额都为625 000元，但由于选用不同的折旧方法，企业每年缴纳的所得税额并不相同，考虑资金的时间价值，采用平均年限法缴纳的所得税最多，其净现值为473 837.5元；采用双倍余额递减法缴纳的所得税最少，其净现值仅为472 556元；采用年数总和法也可以减少缴纳的所得税额，其净现值仅为472 673.8元，但减少的现值数不及双倍余额递减法。因此，该企业应选用双倍余额递减法。

［分析评价］

从案例5-4可知，任何固定资产在原值既定的情况下，其折旧总额都是不变的。选择不同的折旧年限和折旧方法改变的只是折旧总额在不同年份之间的分配，从而改变折旧额在不同年份的抵税款。但是，到底应该把折旧额放在什么年份，则需要考虑几个方面的因素：首先是折现率的问题。在选择固定资产的折旧年限和折旧方法时,应该进行动态的贴现综合比较,要将企业全部折旧年限内的折旧额与折旧抵税额按市场利率(投资收益率)进行现值折算,再进行比较,以尽可能推迟税款的支付时间,取得资金的时间价值。其次是企业的生产情况和税收优惠问题。在企业持续赢利、适用比例税率且未享受税收减免优惠的时期,企业应尽可能地选择加速折旧法或最短的折旧年限,以便尽量扣减前期的税基,取得递延税款的货币时间价值;当企业处于税收减免的优惠时期,由于前期的折旧费用无法抵税或抵税效应较小,选择加速折旧法或缩短折旧年限会使减免税之后的折旧费用减少,折旧总额的抵税效应也相应降低,企业反而会缴纳更多的税款,因而企业宜选择直线折旧法或较长的折旧年限;当企业处于亏损时期,如果预计企业在未来的 5 年期内可以完全抵补亏损,那么选择使前期折旧费用增加的折旧方法或折旧年限对企业仍然是有利的;如果企业在未来的 5 年期内无法完全抵补亏损,则需要企业针对具体情况进行分析,既要充分利用折旧费用的抵税效应(延长折旧年限),又要尽量取得递延税款的时间价值(缩短折旧年限),以选择最有利的抵税方法。再次是企业的适用税率问题。如果企业的经营成果使企业适用 20% 的税率,而预计未来收益的增加将使企业适用税率有所提高,则税率对企业纳税的影响与企业享受税收减免相同,折旧方法与折旧年限的选择也与第二种情况相同。

六、坏账损失的税收筹划

[政策依据与筹划思路]

坏账损失是企业在经营过程中因应收账款无法收回而遭受的损失。我国税法规定,纳税人发生的坏账损失,既可按实际发生额据实扣除,也可提取坏账准备金。提取坏账准备金的纳税人发生的坏账损失,应冲减坏账准备金;实际发生的坏账损失,超过已提取的坏账准备的部分,可在发生当期直接扣除;已核销的坏账收回时,应相应增加当期的应纳税所得。① 可见,我国税法在允许坏账损失计入损益的同时,规定了坏账损失计入企业损益可以采用两种不同的方法:直接转销法与备抵转销法。

这两种不同的坏账处理方法对企业缴纳所得税的影响是不同的。直接转销法只在坏账实际发生时,才将坏账损失计入当期费用,使当期企业所得税的应纳税额减少;而备抵转销法在坏账尚未发生时,就先计提坏账准备金,增加当期费用,减少当期所得税额。虽然采用两种方法计算出的应纳所得税额最终是一致的,但备抵转销法将应纳税款滞后,等于享受到国家一笔无息贷款,增加了企业的流动资金。因此,一般情况下,备抵转销法有利于企业的节税安排。

[具体案例]

【案例 5-5】某企业 2008 年 12 月 31 日应收账款借方余额为 8 562 000 元,

---

① 国家税务总局:《企业所得税税前扣除办法》,国税发[2000]84 号。

2009 年 3 月 18 日发生坏账损失 86 000 元,2009 年 6 月 20 日又重新收到前已确认的坏账损失 26 000 元。2009 年 12 月 31 日应收账款借方余额为 6 584 000元。假设该企业采用直接转销法核算坏账损失,2008 年和 2009 年企业的应纳税所得额分别为 230 580 元和 248 765 元。试比较两种坏账准备核算方法下企业的所得税应纳税额。(该企业不符合税法对小型微利企业的相关规定,适用税率为 25%)

【案例分析】

直接转销法下:

2008 年企业所得税应纳税额为 $230\,580 \times 25\% = 57\,645$(元);

2009 年企业所得税应纳税额为 $(248\,765 - 86\,000 + 26\,000) \times 25\%$
$$= 188\,765 \times 25\% = 47\,191.25(元)。$$

备抵转销法下:

2008 年企业所得税应纳税额为 $(230\,580 - 42\,810^{①}) \times 25\% = 187\,770 \times 25\%$
$$= 46\,942.5(元);$$

2009 年企业所得税应纳税额为 $\{248\,765 - [32\,920^{②} -$
$$(42\,810 - 86\,000 + 26\,000)]\} \times 25\%$$
$$= 198\,655 \times 25\% = 49\,663.75(元)。$$

可见,在其他条件不变的情况下,企业处理坏账损失采用备抵转销法,较采用直接转销法在 2008 年度要少缴纳企业所得税 10 702.5 元,2009 年度多缴纳企业所得税 2 472.5 元,两年中企业共少缴纳所得税 8 230 元。

[分析评价]

从企业利益出发,企业会计人员在税法准许的情况下,应该选择坏账损失备抵转销法,这样可以少缴纳企业所得税,减轻企业负担。同时,将企业的应纳税款滞后,等于享受到一笔国家的无息贷款。特别是年末应收账款较多的大中型企业,由于可以提取的坏账准备金较多,进行这样的筹划就显得尤为必要。

但企业在选择备抵法时应注意,由于税法对坏账准备金的提取比例及计提范围都有明确规定,因此,企业在计提准备金时应特别小心,以免因违反税法规定导致多计提准备金,从而多列支成本费用。

此外,与企业其他成本费用(如存货计价、固定资产折旧)列支方法的选择相类似,坏账损失的上述筹划方法也只在企业持续赢利期才能够发挥抵税效应。如果企业处于减免税的优惠时期或亏损时期,对坏账损失的筹划也应根据前面所述及的原则重新进行调整。

---

① $8\,562\,000 \times 5‰ = 42\,810$(元)。

② $6\,584\,000 \times 5‰ = 32\,920$(元)。

七、亏损弥补的税收筹划

[政策依据与筹划思路]

我国企业所得税法规定:企业纳税年度发生的亏损,准予向以后年度结转,用以后年度的所得弥补,但结转年限最长不得超过五年。① 5 年内不论是赢利或亏损,都作为实际弥补期限计算。这一条例适用于不同经济成分、不同经营组织形式的企业。企业的筹划思路在于:遵守政策法规,正确申报亏损额以充分利用亏损弥补政策,保证企业的亏损额得以全额弥补,有可能的话还可以合理利用小型微利企业的优惠税率,以达到最好的节税效果。

[具体案例]

【案例 5-6】甲是 2005 年创立的工业型企业,创办初期投入较大,需要采购较多物资和固定资产,所以亏损较大(亏损 40 万元)。假设甲公司年度应纳税所得额资料,如表 5-8 所示(2008 年以后的应纳税所得额为预计值):

表 5-8　甲公司年度应纳税所得额情况　　　　　单位:万元

	2005	2006	2007	2008	2009	2010	2011
甲公司	−40	−10	−8	−2	10	20	30

对甲公司,因为 2005 年至 2008 年均亏损,所以,这 4 年公司均不必缴纳企业所得税,2009 年公司开始赢利。甲公司应纳所得税为:

2009 年应纳税所得额:10−40=−30(万元),不纳税;

2010 年应纳税所得额:20−30=−10(万元),不纳税;

2011 年应纳税所得额:(30−10−8−2)×20%=10×20%=2(万元)。

由于超过了税法规定的 5 年弥补期限,甲公司尚有 2005 年的 10 万元亏损无法在税前弥补,也就无法发挥亏损的抵税作用。

【筹划思路】

假设甲公司将 2005 年采购的物资(可在税前全额抵扣)分两批分别在 2005 年和 2006 年购进,在总采购额不变的前提下,2005 年和 2006 年的亏损额分别为 30 万元和 20 万元。这样甲企业的亏损就全部得到弥补,在 2011 年前应纳税所得额都为 0,不用交纳任何企业所得税,节税 2 万元。

[分析评价]

甲公司的筹划方案有一定的难度,要求纳税人在合理预估未来年度亏损及利润的基础上,熟练进行财务运作使所有亏损得以在税前弥补。此举可能对公司的生产经营产生一定影响,财务运作还要注意遵守税法,按规定办事,避免被税务机

---

① 《中华人民共和国企业所得税法》第 18 条。

关认定为偷税行为。

税务机关对企业进行检查时,如果发现企业多列扣除项目或少计应税所得而多报亏损的,应视为查出相同数额的应税所得,除调减其亏损额外,可根据 25% 的法定税率,计算出相应的应纳所得税额,并视其情节,按照《中华人民共和国税收征收管理法》的有关规定进行处理;[①]如果企业多报亏损,经主管税务机关检查调整后有盈余的,还应就调整后的应税所得按适用税率补缴税款。因此,企业必须正确地向税务机关申报亏损。[②]

八、资源综合利用及设备购置抵免的税收筹划

1. 资源综合利用的税收筹划

[政策依据与筹划思路]

我国税法规定,企业以《资源综合利用企业所得税优惠目录》规定的资源作为主要原材料并且该原材料占生产产品材料的比例符合相关规定,生产国家非限制和禁止并符合国家和行业相关标准的产品取得的收入,减按 90% 计入收入总额。该优惠政策使得企业的相关收入的一般所得税税率下降为 22.5%。

如果企业所使用的原材料正好符合税法规定的资源,可以酌情调整该资源作为原材料的使用比例以符合国家规定,享受税收优惠。进行该项筹划时要注意考虑筹划的成本,因为该筹划可能对企业的日常生产经营活动产生直接影响,筹划成本往往会比较大,在某些情况下筹划成本甚至可能大于税收优惠带来的利益。

2. 设备购置抵免的税收筹划

[政策依据与筹划思路]

《中华人民共和国企业所得税法》规定:企业购置并实际使用《环境保护专用设备企业所得税优惠目录》、《节能节水专用设备企业所得税优惠目录》和《安全生产专用设备企业所得税优惠目录》规定的环境保护、节能节水、安全生产等专用设备的,该专用设备的投资额的 10% 可以从企业当年的应纳税额中抵免;当年不足抵免的,可以在以后 5 个纳税年度结转抵免。

企业采用这种抵免方式节税的关键在于正确决定投资时间。

[具体案例]

【案例 5-7】 某企业集团于 2008 年 8 月成立一家全资子公司,为保障生产安全,准备于 2008 年 12 月购置一大型安全生产专用设备,该设备价款为 300 万元。

---

① 国家税务总局:《关于企业虚报亏损如何处理的通知》,国税发[1996]162 号。
② 国家税务总局:《国家税务总局关于企业虚报亏损补税罚款问题的批复》,国税函[1996]653 号。

企业按规定可于 2008～2013 年 5 年期限内抵免所得税 300×10％＝30(万元)。因该企业生产产品为新型产品,预计未来 3 年企业将面临亏损,至第四年起企业将逐渐赢利,2008 年及未来 6 年的预计利润额(假设无任何纳税调整事项),如表 5-9 所示。该企业应如何进行筹划,才能最大程度地节税?

表 5-9　企业 2008～2014 年预计利润额　　　　单位:万元

年份	2008	2009	2010	2011	2012	2013	2014
利润额	－200	－120	－50	80	130	250	400

【筹划思路】

针对上述预计利润情况,如果企业于 2008 年 12 月购置该安全生产设备,则企业未来各年应缴纳的企业所得税如下:

2008～2010 年为亏损年度,不需要缴纳企业所得税;

2011～2012 年弥补前 3 年的亏损后仍未有赢利,也不需要缴纳企业所得税;

2013 年弥补以前年度亏损后利润额为 90 万元,应缴纳企业所得税 90×25％＝22.5(万元),扣除购置安全生产专用设备抵免额后,不需缴纳企业所得税。

2014 年应缴纳企业所得税为 400×25％＝100(万元)。

如果企业经过筹划,将该安全生产设备的购置时间推迟一个月,即在 2009 年 1 月份购买,则企业 2008～2013 年应缴纳的企业所得税不发生变化,但企业 2014 年应缴纳的企业所得税还可以扣减安全生产设备的剩余抵免额 7.5 万元,应缴纳的企业所得税减少为 92.5 万元,企业可由此获得 7.5 万元的节税收益。

[分析评价]

由此可见,要充分享受税收抵免的权利,就应正确选择设备的购置时间。一般而言,在企业亏损时期,同时预计未来 5 年内无法弥补亏损,或弥补亏损后应缴纳的企业所得税少于设备购置抵免额,则应在企业需要的限度内尽量推迟设备的购置时间。

同时,企业还须注意:可以享受设备购置抵免优惠的企业,必须实际购置并自身实际投入使用前款规定的专用设备;如果企业购置上述专用设备在 5 年内转让、出租的,应当停止享受企业所得税优惠,并补缴已经抵免的企业所得税税款。此外,还要注意考察税收筹划对企业生产经营增加的成本。只有在筹划收益大于筹划成本时,筹划才可行。

九、租赁与购买的税收筹划

[政策依据与筹划思路]

融资租赁是指具有融资性质和所有权转移特点的设备租赁业务。即出租人根据承租人所要求的规格、型号、性能等条件购入设备租赁给承租人,合同期内设备所有权属于出租人,承租人只拥有使用权,合同期满付清租金后,承租人有权按残值购入设备,以拥有设备的所有权。经营租赁是融资租赁的对称。它是一种纯粹的、传统意义上的租赁。承租人租赁资产只是为了满足经营上短期的、临时的或季节性的需要,并没有添置资产的意图。出租人不仅要向承租人提供设备的使用权,还要向承租人提供设备的保养、保险、维修和其他专门性技术服务(融资租赁不需要提供这个服务)。

《中华人民共和国企业所得税法实施条例》对不同租赁方式支付的租赁费规定了具体的扣除标准[①]:①以经营租赁方式租入固定资产发生的租赁费支出,按照租赁期限均匀扣除;②以融资租赁方式租入固定资产发生的租赁费支出,按照规定构成融资租入固定资产价值的部分应当提取折旧费用,分期扣除。

另外,对经中国人民银行批准经营融资租赁业务的单位所从事的融资租赁业务,无论租赁的货物的所有权是否转让给承租方,均按《中华人民共和国营业税暂行条例》的有关规定征收营业税,不征收增值税。其他单位从事融资租赁业务,租赁的货物的所有权转让给承租方,征收增值税,不征营业税。租赁的货物的所有权未转让给承租方,征收营业税,不征收增值税。[②] 该规定同样适用于对外贸易经济合作部批准经营融资租赁业务的外商投资企业和外国企业所从事的融资租赁业务。[③] 通过比较,我们不难发现,融资租赁方式不同,其税收负担也各不相同。这就给企业进行经营融资租赁业务的税收筹划提供了契机。

[具体案例]

【案例5-8】[④]甲融资租赁公司经中国人民银行批准经营融资租赁业务,2007年甲准备购入一台设备出租给国内乙企业,并于当天运抵乙企业,购进该设备价税合计成本500万元,并支付安装调试费用15万元。甲公司拟采用以下两种方式购买设备:

第一种方式:2007年1月1日,甲公司采用向非金融机构贷款400万元,5年期,年利率7.5%,分次付息,一次还本,商业银行同期同类利率为5.5%,另用自有资金115万元支付部分货款和安装费。因有借款,假设风险报酬率为14%。

第二种方式:甲公司全部采用自有资金支付货款和安装费,假设风险报酬率为12%。

租赁合同规定:起租日即设备运抵乙企业当日(2007年1月1日),自起租日起每年年末支付租金150万元,租期5年,租赁期满,乙公司享有优先购买设备的

① 《中华人民共和国企业所得税法实施条例》第47条。

② 国家税务总局:《国家税务总局关于融资租赁业务征收流转税问题的通知》,国税函[2000]514号。

③ 国家税务总局:《国家税务总局关于融资租赁业务征收流转税问题的补充通知》,国税函[2000]909号。

④ 中华会计网校:融资租赁业务的纳税比较:http://www.chinaacc.com/new/2004_2/4020910410472.htm。

选择权,购买价格为 1000 元,估计到期日租赁资产公允价值为 5 万元。预计租赁到期后,设备所有权转移。

甲公司每年的其他费用支出为 2 万元(无利息支出外的其他纳税调整事项)。假设甲公司未实现融资租赁收益采用直线法分摊,为便于计算,不考虑城市维护建设税和教育费附加。企业所得税率假设为 25%,分析如下:

对甲企业来说,采取第一种方式租赁:

融资租赁设备入账价值:500+15=515(万元);

每年未扣除利息前的营业额:(7 501 000-5 150 000)/5=470 200(元);

每年利息支出:4 000 000×7.5%=300 000(元);

每年应纳营业税:(470 200-300 000)×5%=8510(元);

每年应纳所得税:(470 200-8510-20 000-4 000 000×5.5%)×25%
$$=55\ 422.35(元)。$$

现在分析净现金流量:

第 1 年年初的净现金流量:4 000 000-5 150 000=-1 150 000(元);

第 1 年末至第 4 年末的净现金流量:1 500 000-8510-20 000-300 000
$$-55\ 422.35=1\ 116\ 067.65(元);$$

第 5 年年末净现金流量:1 500 000-8510-20 000-300 000-55 422.35
$$+1000-4\ 000\ 000=-2\ 882\ 932.35(元);$$

净现金流量折现值近 61 万元。

采取第二种方式租赁:

第 1 年年初的净现金流量为-5 150 000 元,因不能扣除利息,每年营业额为470 200 元,应纳营业税 23 510 元。

每年应纳所得税:(470 200-23 510-20 000)×25%=106 762.5(元);

第 1 年至第 4 年年末的净现金流量:1 500 000-23 510-20 000
$$-106\ 762.5=1\ 349\ 727.5(元);$$

第 5 年年末净现金流量:1 500 000-23 510-20 000-106 762.5+1000
$$=1\ 350\ 727.5(元);$$

净现金流量折现值为-27.9 万元。

显然,在本案例设定的条件下,第一种方式优于第二种方式。

【案例 5-9】某公司需添置一台设备用于产品生产,购置成本是 16 万元,使用寿命是 3 年,折旧年限也是 3 年,采用直线法计提折旧,预计残值 1 万元,与税法规定相同,该设备无需安装,但每年需发生 6000 元的维护费用,现有两种方案可以选择。公司适用的所得税率为 25%,假设风险报酬率为 12%。

方案一,采用融资租赁的方式取得设备,租期 3 年,每年年末需支付租金(含租赁资产的成本、成本利息)6 万元(可按年折旧计算折旧抵税额),租赁手续费 3000

元随同第一期租金支付,但需按期摊销并抵税,租赁期满后,预计公司不会购买该设备。

方案二,采用借款购买的方式,贷款年利率为 10%,需在 3 年内每年末等额偿还本息。

采用第一种方式:租金和租赁手续费可以计提折旧和摊销额进行抵税。

每年计提的折旧与摊销额=60 000+3000/3=61 000(元)。

3 年内现金流出净现值为 109 886 元。

具体情况如表 5-10 所示。

表 5-10 融资租赁现金流量表

年度	年租金/元	手续费与期末设备购买费/元	折旧与摊销额/元	折旧与摊销额抵税/元	税后现金流出/元	现值系数/元	税后现金流出净现值/元
1	60 000	3000	61 000	15 250	45 750	0.892 9	40 850
2	60 000		61 000	15 250	45 750	0.797 2	36 472
3	60 000		61 000	15 250	45 750	0.711 8	32 565
合计	180 000		183 000	45 750	137 250		109 886

采用第二种方式:

年折旧额=(160 000-10 000)/3=50 000(元);

抵税额=(利息支付额+年折旧额)×25%;

每年偿还的本息额=160 000/(P/A,10%,3)=64 337.13(元)。

3 年内现金流出净现值为 117 670.4 元。具体情况,如表 5-11、表 5-12 所示。

表 5-11 本金利息偿还表

年度	贷款偿还额/元	利息支付额/元	本金偿还额/元	未偿还本金/元
0				160 000
1	64 337.13	16 000	48 337.13	111 662.87
2	64 337.13	11 166.29	53 170.84	58 492.03
3	64 337.13	5 845.10	58 492.03	0

表 5-12 借款购买现金流量

年度	还款额/元	利息支付/元	折旧额/元	折旧与利息抵税/元	税后现金流出/元	现值系数	税后现金流出现值/元
1	64 337.13	16 000	50 000	16 500	47 837.1	0.8 929	42 713.8
2	64 337.13	11 166.3	50 000	15 291.6	49 045.6	0.7 972	39 099.1
3	64 337.13	5 845.1	50 000	13 961.3	50 375.9	0.7 118	35 857.5
合计	193 011.4	33 011.4	150 000	45 752.8	147 258.6		117 670.4

从本案例中应选融资租赁方式,因为融资租赁方式的税后现金流量大于借款

的税后现金流量。

[分析评价]

企业是借款购买设备,还是融资租赁购买设备,还是暂时性地经营租赁设备,可以通过综合测量现金流量净现值来得出最优方式。不同的利息率、资产回报率、租赁价格,会有不同的筹划风险,并最终影响企业的经营决策。

十、费用分摊的税收筹划

[政策依据及筹划思路]

我国税法规定,企业实际发生的与取得收入有关的、合理的支出,包括成本、费用、税金、损失和其他支出,准予在计算应纳税所得额时扣除。[①] 因此,企业在纳税时,应合理分配这些支出,以增加准予税前列支的费用。

母公司为其子公司提供各种服务而发生的费用,应按照独立企业之间公平交易原则确定服务的价格,作为企业正常的劳务费用进行税务处理。母子公司未按照独立企业之间的业务往来收取价款的,税务机关有权予以调整。双方可以签订服务合同或协议,明确规定提供服务的内容、收费标准及金额等,凡按上述合同或协议规定所发生的服务费,母公司应作为营业收入申报纳税;子公司作为成本费用在税前扣除;也可以采取服务分摊协议的方式,即由母公司与各子公司签订服务费用分摊合同或协议,以母公司为其子公司提供服务所发生的实际费用并附加一定比例利润作为向子公司收取的总服务费,在各服务受益子公司(包括赢利企业、亏损企业和享受减免税企业)之间按独立交易原则合理分摊。母公司以管理费形式向子公司提取费用,子公司因此支付给母公司的管理费,不得在税前扣除。[②] 另外,非居民企业在中国境内设立的机构、场所,就其中国境外总机构发生的与该机构、场所生产经营有关的费用,能够提供总机构出具的费用汇集范围、定额、分配依据和方法等证明文件,并合理分摊的,准予扣除。[③]

[具体案例]

【案例 5-10】企业 C 投资设立了两家子公司,分别为 A 公司和 B 公司,C 公司的主要职能包括市场开发、技术革新、人员培训、外界协调、投资和财务规划等,在实行集中管理的过程中,C 产生了大量的管理费用。由于 C 公司不经营具体业务,所以没有收入可以弥补其发生的大量的管理费用,一直处于亏损状态。两家子公司由于不承担上述费用,利润很高,税负很重。假设 C 公司的所得税率为 25%,它

---

① 《中华人民共和国企业所得税法》第 8 条。

② 国家税务总局:《关于母子公司间提供服务支付费用有关企业所得税处理问题的通知》,国税发[2008]86 号。

③ 《中华人民共和国企业所得税法实施条例》第 50 条。

发生的管理费用为 600 万,其中:直接费用 30 万,间接费用 570 万。子公司 A 的收入总额为 1000 万,费用为 500 万,应缴纳企业所得税为 125 万,子公司 B 的收入总额为 1000 万元,费用为 400 万,应缴纳企业所得税 150 万元。假设不存在纳税调整项目,如何使企业的整体税负下降?

【筹划思路一】

《税法》第 112 条规定,企业可以按照独立交易原则与其关联方分摊共同发生的成本,达成成本分摊协议。企业与其关联方分摊成本时,应当按照成本与预期收益相配比的原则进行分摊,并在税务机关规定的期限内,按照税务机关的要求报送有关资料。所以,C 公司可以向税务机关申请与其子公司分摊管理费用。具体做法为,C 公司分别与 A、B 公司签订服务费用分摊合同或协议,以其发生的实际费用并附加一定比例利润作为向子公司收取的总服务费,在 A、B 公司之间合理分摊,并按税务机关要求提供相关资料。在费用分摊过程中,子公司 A 和 B 承担了相关管理费用,企业集团的税负大大降低。

假设按照成本与预期收益相配比的原则,子公司 A、B 应分别承担 270 万元、300 万元的管理费用(为了体现独立企业的公平交易原则,在提供专业技术服务的成本上 C 公司附加 10% 的利润率,由此得出分摊金额)。签订服务分摊协议后 C公司提供专业服务收入应纳营业税 $= 627 \times 5\% = 31.35$(万元)。A 公司应纳企业所得税 $= (1000 - 500 - 297) \times 25\% = 50.75$(万元),B 公司应纳企业所得税 $= (1000 - 400 - 330) \times 25\% = 67.5$(万元)。

【筹划思路二】

C 公司发生的管理费用主要有以下两种:直接费用和间接费用。直接费用主要是指可以直接确定服务对象的费用,主要包括公司内部的直接人工成本和直接材料成本等。

关于大部分的间接费用,如技术研究开发费、人员培训、市场调研费等,C 公司可以与子公司签订符合独立交易原则的服务合同或协议,明确规定提供服务的内容、收费标准及金额。采取这种筹划方案,C 公司应在收取子公司的服务费时,向子公司开具服务发票,作为子公司税前可扣除费用的凭证。C 公司应就该服务收入缴纳 5% 的营业税。

[分析评价]

在 C 公司向税务机关申请与其子公司 A、B 分摊费用的筹划方案中,企业节税多少在较大程度上受税务机关的制约。管理费用能否分摊、分摊限额、分摊方法等都需要得到税务机关的认可。通过把总公司合理的管理费分配给子公司,可以调整企业集团各公司间的税负,从而降低企业集团的税负。在签订服务分摊协议的筹划方案中,C 公司多缴纳了 31.35 万元的营业税,子公司 A、B 合计少缴纳了 $627 \times 25\% = 156.75$(万元)。整体税负减轻了 $156.75 - 31.35 = 125.4$(万元)。

C公司与子公司签订服务合同时,该筹划思路的关键在于,应按独立企业交易原则进行,否则会面临税务机关的特别纳税调整,补征税款并加收滞纳金。

十一、广告费和业务宣传费、业务招待费的税收筹划

[政策依据与筹划思路]

我国税法第43条和第44条明确规定,企业发生的符合条件的广告费和业务宣传费支出,除国务院财政、税务主管部门另有规定外,不超过当年销售(营业)收入15%的部分,准予扣除;超过部分,准予在以后纳税年度结转扣除。企业发生的与生产经营活动有关的业务招待费支出,按照发生额的60%扣除,但最高不得超过当年销售(营业)收入的5‰。另外,企业还可以通过增设机构的方式加大企业集团的商品(劳务)流转总额,从而增加企业集团的广告费和业务宣传费的扣除限额。由于企业缴纳的增值税与货物的流转环节无关,因此,这种安排可以在不增加增值税的情况下增加广告费与业务宣传费的扣除限额,从而增加企业的广告宣传费用税前列支额,减少应缴纳企业所得税数额。

[具体案例]

【案例5-11】 某保健品生产企业当期销售额为5000万元,业务招待费70万元,广告宣传费支出为700万元,根据税法规定,税前可扣除的业务招待费为$5000 \times 0.5\% = 25$(万元),税前可扣除的广告宣传费为$5000 \times 15\% = 750$(万元),也就是说,业务招待费还有45万元无法扣除,因此该企业的应纳税所得额就应调增45万元。同时,企业广告宣传费的支出未达到扣除限额。请问企业应如何筹划以减少所得税?

【筹划思路】

如果该企业将业务招待费中的50万元采用广告费的形式对企业进行宣传,则广告宣传费的扣除限额可以全额使用,而业务招待费只需按税法规定调增应纳税所得额$20 \times (1-60\%) = 8$(万元),当期可节税$(45-8) \times 25\% = 9.25$(万元)。

【案例5-12】 某工业企业2008年度实现产品销售收入6000万元,企业当年账面列支广告费1000万元,业务宣传费100万元,税前会计利润总额为200万元(假设无其他纳税调整项)。请为企业进行所得税的税收筹划。

【案例解析】

按税法规定,企业可扣除的广告费和业务宣传费限额为$6000 \times 15\% = 900$(万元),企业广告费和业务宣传费超支额为200万元。该企业总计应纳税所得额为400万元,应纳所得税100万元,税后利润为100万元。

如果该企业设立一个独立核算的销售公司,将产品以5500万元的价格销售给销售公司,销售公司再以6000万元的价格对外销售,并使广告费与业务宣传费在工业企业与销售公司间进行分配,假设工业企业承担广告费和业务宣传费为800万元,销售公司承担广告费和业务宣传费为300万元。假设工业企业的税前

利润为 90 万元,销售公司的税前利润为 100 万元,则:

1) 工业企业

可列支的广告费和业务宣传费限额为:$5500×15\%=825$(万元);

广告费和业务宣传费总额未超过税法规定标准的,则:

应纳企业所得税为:$90×25\%=22.5$(万元);

企业税后利润为:$90-27.5=67.5$(万元)。

2) 销售公司

可列支的广告费和业务宣传费限额为:$6000×15\%=900$(万元);

广告费和业务宣传费总额未超过税法规定标准,则:

应纳企业所得税为:$100×25\%=25$(万元);

企业税后利润为:$100-25=75$(万元)。

3) 整个企业集团

共计缴纳企业所得税为:$22.5+25=47.5$(万元);

企业集团税后利润合计为:$67.5+75=142.5$(万元)。

企业设立销售公司后,由于充分利用了税法允许扣除的广告费和业务宣传费限额,缴纳的企业所得税减少了 $100-47.5=52.5$(万元),企业利润也因此增加了 $142.5-100=42.5$(万元)。

[分析评价]

企业在日常的产品宣传活动中,应尽量做好广告宣传和业务招待的安排,避免出现以下不该出现的情况:即一方面业务招待费抵扣限额不足,业务招待费大量超支无法在税前列支;另一方面广告费和业务宣传费抵扣限额又用不完,从而造成企业政策资源浪费,税收负担增加。

另外,增设机构的筹划方法应仔细考虑增设机构的费用问题。如果企业因增设机构而节约的税收支出不及机构增设而增加的费用支出的话,那该纳税筹划就得不偿失了。

十二、关联企业借款利息的税收筹划

[政策依据与筹划思路]

我国税法明确规定:纳税人在生产、经营期间,向金融机构借款的利息支出,按照实际发生数扣除;向非金融机构借款的利息支出,包括纳税人之间相互拆借的利息支出,不高于金融机构同类、同期贷款利率计算数额的部分,准予扣除;企业从其关联方接受的债权性投资与权益性投资的比例超过规定标准而发生的利息支出,不得在计算应纳税所得额时扣除。①

---

① 《中华人民共和国企业所得税法》第 46 条。

在计算应纳税所得额时,企业实际支付给关联方的利息支出,不超过以下规定比例和税法及其实施条例有关规定计算的部分,准予扣除,超过的部分不得在发生当期和以后年度扣除。企业实际支付给关联方的利息支出,其接受关联方债权性投资与其权益性投资比例为:金融企业为 5∶1;其他企业为 2∶1。企业如果能够按照税法及其实施条例的有关规定提供相关资料,并证明相关交易活动符合独立交易原则的,或者该企业的实际税负不高于境内关联方的,其实际支付给境内关联方的利息支出,在计算应纳税所得额时准予扣除。①

另外,企业同时从事金融业务和非金融业务,其实际支付给关联方的利息支出,应按照合理方法分开计算;没有按照合理方法分开计算的,一律按其他企业的比例计算准予税前扣除的利息支出。企业自关联方取得的不符合规定的利息收入应按照有关规定缴纳企业所得税。

由于税法对关联企业对借款利息扣除的诸多限制,企业在进行税收筹划时应该避开借款的形式,通过其他形式融通资金,避免缴纳额外的税款。例如,税法没有明确规定,当关联企业之间按正常售价销售产品采用"应收账款"或"预付账款"核算时,其资金占用是否应加收利息,这就给了关联企业之间相互的资金融通提供了较大的税收筹划空间。

[具体案例]

【案例 5-13】 甲公司与乙公司(非金融企业)是关联企业,乙公司是母公司甲的全资子公司,乙公司注册资本总额为 1000 万元。2008 年 1 月 1 日乙公司向甲公司借款 2500 万元,双方协议规定,借款期限为 1 年,年利率为 10%。乙公司应于当年 12 月 31 日到期时一次性还本付息 2750 万元。乙公司当年利润总额为 400 万元,在"财务费用"账户列支的支付给甲公司的利息为 250 万元。根据税法规定,税前允许扣除的利息为 $1000 \times 2 \times 8\% = 160$(万元),因而,乙公司应纳税所得额应调增至 $400 + (250 - 160) = 490$(万元)。暂不考虑其他纳税调整因素,乙公司应纳企业所得税为:$490 \times 25\% = 122.5$(万元)。请为乙公司进行相应的税收筹划。(已知甲、乙公司适用的企业所得税税率为 25%,同期同类银行贷款利率为 8%,金融保险业营业税税率为 5%,城市维护建设税税率为 7%,教育费附加征收率为 3%。)

【筹划思路】

由上述情况可以看出,甲、乙公司的上述交易实际上属于内部交易,乙公司支出 250 万元利息,甲公司收取 250 万元利息,对甲、乙公司整体利益而言,并没有任何损失。但由于甲、乙公司是独立的企业所得税纳税人,因此,乙公司必须支付 $(250 - 160) \times 25\% = 22.5$(万元)的所得税税款,甲公司收取的 250 万元的利息还应按照"金融保险业"税目交纳 5%的营业税、相应的城市维护建设税、教育费附加

---

① 财政部、国家税务总局:《关于企业关联方利息支出税前扣除标准有关税收政策问题的通知》,财税〔2008〕121 号。

并由此带来企业所得税的变化,甲公司要多交纳 $250 \times 5\% \times (1 + 7\% + 3\%) \times 75\% = 10.3125$(万元),另外,对整个企业集团来说,合计多缴纳税费 $10.3125 + 22.5 = 33.8125$(万元)。这些多缴纳的税收能不能避免?

我们针对不同情况设计了两种方案来进行税收筹划:

方案一:将甲公司借款 2500 万元给乙公司,改为甲公司向乙公司增加 2500 万元投资,如此一来,乙公司就无需向甲公司支付利息。甲公司获得的从乙公司分回的利润也无需补缴税款。

方案二:如果甲、乙两公司存在购销关系,有以下两种情况:

情况一:如果乙公司生产的产品作为甲公司的原材料,当乙公司需要借款时,甲公司可以以预付账款的方式将资金提供给乙公司使用,使得乙公司获得一笔"无息贷款",从而避开了关联企业借款利息扣除的限制;

情况二:如果甲公司生产的产品作为乙公司的原材料,甲公司则可以采取赊销方式销售商品,将乙公司需要支付的应付账款由甲公司作为"应收账款"挂账,使得乙公司获得一笔"无息贷款"。另外,甲企业如果采取备抵法计提坏账准备,还可以获得相应于应收账款部分税款的递延交纳。

[分析评价]

上述筹划方法适用于母公司与其全资子公司这种利益一致的关联企业。如果乙公司并非甲公司的全资子公司,也就是说当两公司都有自己独立的利益时,上述方法不一定合适。但可以采取其他方法,如甲公司可以通过提高销售价格,将本应当由乙公司负担的利息转移到原材料成本当中(企业在采用这一方法时应把价格尽量控制在比较合理的范围内,避免遭到税务机关的转让定价调整)。

十三、递延纳税的税收筹划

[政策依据与筹划思路]

我国税法规定,企业所得税分月或者分季预缴。企业应当自月份或者季度终了之日起十五日内,向税务机关报送预缴企业所得税纳税申报表,预缴税款。企业应当自年度终了之日起五个月内,向税务机关报送年度企业所得税纳税申报表,并汇算清缴,结清应缴应退税款。[①] 企业所得税分月或者分季预缴,由税务机关具体核定。企业根据企业所得税法第 54 条规定分月或者分季预缴企业所得税时,应当按照月度或者季度的实际利润额预缴;按照月度或者季度的实际利润额预缴有困难的,可以按照上一纳税年度应纳税所得额的月度或者季度平均额预缴,或者按照经税务机关认可的其他方法预缴。预缴方法一经确定,该纳税年度内不得随意变更。[②] 由此可见,企业在所得税预缴方法上,具有一定的自主选择权。

---

① 《中华人民共和国企业所得税法》第 54 条。

② 《中华人民共和国企业所得税法实施条例》第 128 条。

　　企业的会计利润是按照企业会计准则的规定计算的,而企业所得税应纳税所得额是在会计利润的基础上,按照税法规定进行纳税调整而确定的。如果企业要想延期纳税,增加可流动资金又不违反税收法规,可以在预缴所得税和纳税调整上进行筹划,确定最佳的预缴方法。

[具体案例]

　　【案例 5-14】某公司 2008 年每月实现利润 1 万元,每月都有超过税法扣除标准的业务招待费 2000 元。预计其 2008 年的利润不会高于 2007 年,假设 2007 年度的应纳税所得额为 24 万元,则企业应选择何种方式预缴所得税?

　　如果企业选择按月预缴,按照实际利润申报预缴企业所得税,则每月要申报纳税(10 000+2000)×25%=3000(元)。

　　如果企业选择按季预缴,按照实际利润申报预缴企业所得税,则每季要申报纳税(30 000+6000)×25%=9000(元)。

　　如果每月按 1 万元(或每季按 3 万元)申报,只需申报 2500 元(或 7500 元);等到年度终了后一次汇算清缴,在年度终了之日起 5 个月内的最后一天,向税务机关报送年度企业所得税纳税申报表,并汇算清缴,结清应缴应退税款,税务机关也不会加收滞纳金。

　　如果选择按上年度应纳税所得额的 1/12 进行预缴,即按月预缴,企业每月要申报纳税=240 000/12×25%=5000(元)。

　　如果选择按上年度应纳税所得额的 1/4 进行预缴,即按季预缴,企业每季要申报纳税=240 000/4×25%=20 000(元)。

[分析评价]

　　一般来说,当企业利润(相应的企业应纳税所得额)处于上升时期,按照上一纳税年度应纳税所得额的月度或者季度平均额预缴可递延缴纳所得税,反之,则应按实际数预缴。企业还可根据其特殊情况和税务机关协商用其他方法预缴。企业还可以在纳税年度终了后 5 个月内尽量延迟申报缴纳所得税。此外,从递延缴纳所得税的角度,按季预缴相对于按月预缴又较为有利。

　　企业通过预缴的筹划可以在预缴时少缴纳税款,特别要避免汇算清缴时发现多预缴税款从而退税的情况,从而获得货币的时间价值和流动资金。

■第三节　个人所得税的税收筹划

一、个人所得税筹划的政策要点

　　个人所得税是指对个人(自然人)取得的各项应税所得征收的一种税。该税的主要特点为:依据住所和居住时间两个标准,区分居民纳税人和非居民纳税人,使其分别承担不同的纳税义务;税法将应税所得划分为 11 类,实行分类征收;对纳税人不同所得项目,采用超额累进税率和比例税率两种税率形式;采用源泉扣缴和自行申报两种征收方法。从个人所得税的特点及相关政策规定出发,该税种的筹划主要可从以下几个方面进行:

(1) 不同收入形式的筹划,主要包括工资、薪金所得,劳务报酬所得,承包、承租经营所得,特许权使用费所得,股息、利息、红利所得以及财产租赁所得等的税收筹划;

(2) 涉外人员的筹划,主要包括利用附加扣除的筹划,纳税人身份认定的筹划以及利用居住时间的不同进行的筹划等;

(3) 利用税收优惠政策的筹划,主要包括个人所得税捐赠扣除的筹划以及其他筹划等。

二、不同收入形式的税收筹划

(一) 工资、薪金所得的筹划

工资、薪金所得是指个人因任职或者受雇而取得的工资、薪金、奖金、年终加薪、劳动分红、津贴、补贴以及与任职或者受雇有关的其他所得。针对个人所得税有关法律法规对工资、薪金所得征税的规定,下面的几个措施有助于节约工资、薪金个人所得税的支出:

1. 均衡发放工薪、奖金

[政策依据与筹划思路]

我国个人所得税法对一次性取得工薪、奖金收入作了如下的征税规定:

(1) 对在中国境内有住所的个人,一次性取得的全年奖金、绩效工资和年薪,单独作为一个月的工资、薪金所得计算纳税,计算时以全年一次性奖金除以 12 个月的商数来确定适用的税率和速算扣除数;如果纳税人取得奖金当月的工薪所得低于税法规定的费用扣除额,可将奖金收入减除"当月工薪金所得与费用扣除额的差额"后的余额作为应纳税所得额,并据以计算应纳税款。[①]

(2) 雇员取得的除全年一次性奖金以外的其他各种名目奖金,如半年奖、季度奖、加班奖、先进奖、考勤奖等,一律与当月工资、薪金收入合并,按税法规定缴纳个人所得税。[②]

我国对工薪所得按月征收,并实行超额累进税率的形式,因此,月收入的不均

---

① 国家税务总局:《关于调整个人取得全年一次性奖金等计算征收个人所得税方法问题的通知》,国税发[2005]9 号。

② 国家税务总局:《关于调整个人取得全年一次性资金等计算征收个人所得税方法问题的通知》,国税发[2005]9 号。

衡会使得在年所得相同的情况下,由于某些月份的工薪收入由于适用较高税率而使得税负增加。在这种情况下,可以采用均衡分摊收入的方法来减轻这部分纳税人的税负。

[具体案例]

【案例 5-15】宋某是一家公司的销售代表,每月工资 4000 元。年初,按照公司的奖金制度,宋某根据上年的销售业绩估算今年可能得到 50 000 元奖金。请问如果宋某全年能够获得奖金 50 000 元,其全年应纳的个人所得税是多少? 宋某该如何为自己的个人所得税进行筹划?

【筹划思路】

宋某对自己的收入形式设计了以下几种方案:

(1) 如果公司在年终一次性发放这笔奖金,按规定计算应缴的个人所得税如下:

工资部分应纳的个人所得税税额:(4000－3500)×3％×12＝180(元);

奖金部分应纳的个人所得税税额:50 000×10％－105＝4895 (元)。

在这种情况下,宋某全年应纳的个人所得税为 5075 元(180＋4895)。

(2) 如果公司分两个月两次发放这笔奖金(假设公司最后一次发放奖金也未以年终奖形式发放),按规定计算应缴的个人所得税如下:

未取得奖金月份应纳的个人所得税税额:(4000－3500)×3％×(12－2)＝150(元);

取得奖金月份应纳的个人所得税税额:[(4000＋50 000/2－3500)×25％
－1005]×2＝10 740(元)。

宋某全年收入应纳的个人所得税为 10 890 元(150＋10 740)。

(3) 如果这笔奖金分为四个月四次发放(假设公司最后一次发放奖金也未以年终奖形式发放),则应纳的个人所得税计算如下:

未取得奖金月份应纳的个人所得税税额:(4000－3500)×3％×(12－4)＝120(元);

取得奖金月份应纳的个人所得税税额:[(4000＋50 000/4－3500)×25％－
1005]×4＝8980(元)。

宋某全年共需缴纳个人所得税 9100 元(120＋8980)。

显然,除一次性发放全年奖金外,同量的奖金随着发放次数的增加,宋某应缴的个人所得税会逐渐减少。因此,宋某应要求公司在年终时一次性发放其全年奖金,如果公司从其他方面考虑,无法满足宋某的要求,则宋某应与公司商议,尽量分月多次发放奖金。

[分析评价]

企业在发放奖金时,应当为员工进行筹划,特别是当涉及的员工奖金数额较大时。如果采用年终一次发放法,就可能降低员工的个人所得税负担,增加员工的个人收益,为他们带来实惠。

给定职工(预计)的全年总收入,月工资、薪金与全年一次性奖金按以下方式发放可使税负最小化:

均衡月工资、年终奖金最优发放表

全年总收入	月工资、薪金		全年一次性奖金	
	至少	至多	至少	至多
[42 000,60 000]**	3500	[3500,5000]	0	[0,18 000]
[60 000,78 000]**	[3500,5000)	5000	[0,18 000)	18 000
[78 000,125 550)*	[5000,8 962.5)		18 000	
[125 550,150 000]**	[5 962.5,8 000)	8000	[29 550,54 000)	54 000
[150 000,561 000)*	[8000,42 250)		54 000	
[561 000,669 000]**	[37 750,46 750)		108 000	
[669 000,882 000)*	[20 750,38 500)	38500	[207 000,420 000]	420 000
[882 000,149 450 0)**	[38 500,89 541.67)		420 000	
[149 450 0,+∞)*	[69541.67,+∞)		660 000	

注释:"*"表示最优发放额,"**"表示最优发放区间。例如,给定全年总收入为 70 000,对照表可知其适用最优发放区间。注意到其全年一次性奖金至多为 18 000,我们有月工资、薪金至少为(70 000－18 000)÷12＝4 333.33,再查表可知其至多发放 5 000,因而有月工资、薪金区间为[4 333.33,5 000];反向对应的全年一次性奖金发放区间为[10 000,18 000]。当然从月工资、薪金至多额(5 000)起推算全年一次性奖金发放区间,并求出相应的月工资、薪金区间,也可以得到同样的结果。又如给定全年总收入为 100 000,查表可知其适用最优发放额。注意到其年终奖金为 54 000,得出其月工资、薪金为(100 000－54 000)÷12＝3 833.33。

对应于某个特定的全年总收入,月工资、薪金与全年一次性奖金的税负最小化发放方法有时是一个特定的数值,如预计全年总收入为 12 万时,均衡月工资、薪金和全年一次性奖金数值分别为 8 00 元和 18 000 元;有时又是一个特定的区间,如预计全年总收入为 14 万时,均衡月工资、薪金和全年一次性奖金区间分别为[7 166.67,8000]元和[44 000,54000]元,在该区间内税负都相等并且最小化。另外,全年总收入区间的某些临界值,如 125 550 元,既可以特定数值发放月工资、薪金和全年一次性奖金分别为 8 962.5 元和 18 000 元,也可以特定区间发放月工资、薪金和全年一次性奖金分别为[5 962.5,8 000]元和[29 550,54 000]元。关于税负最小化的均衡方法有几点需要特别注意:

一是全年总收入的增长,一般会导致均衡月工资、薪金和全年一次性奖金的均衡上涨,但也有例外情况。例如在全年总收入为 600 000 时,均衡月工资、薪金和全年一次性奖金分别为 41 000 元和 108 000 元;然而当全年总收入上升为 720 000 时,均衡月工资、薪金和全年一次性奖金区间分别为[25 000,38 500]元和[258

000，420 000]元。此时月工资、薪金的绝对值下降了，而全年一次性奖金大幅度上升。

二是全年一次性奖金具有天花板效应(ceiling effect)，即大多数奖金发放是税负剧增的临界值上限。全年一次性奖金的特殊计税方法在很大程度上具有全额累进性，因而在某些临界值上会产生税负剧增的现象。在该临界值上发放奖金会在一定范围内导致平均税负最小化。

三是从税收筹划意义上，全年一次性奖金发放不可超过 660 000 元。在此临界点上多发放奖金，首先会增加 30 250 元的固定税负，其次适用 35％或 45％的边际税率，因而该部分奖金的边际平均税率最低为 35％＋30 250/300 000＝45.08％，高于个人所得税法定最高税率 45％，因而不应超额发放。

注意到，月工资、薪金与全年一次性奖金的税负最小化发放方法直接要求：一是给定全年总收入，二是各个月工资、薪金虽然不需要绝对相同，但只可在边际税率不变范围内进行零和调整。企业在实际发放工资时，对职工的全年总收入的准确预测必须和发放区间联系起来；其次月工资、薪金的平稳性要求必然会和企业内部管理与工作激励等非税因素产生矛盾，而最优发放区间相对最优发放额则给了企业更多的调整空间。

当然，企业在实际发放工资时，可能并不需要这么精确的确定年终奖金和均衡月工资的比例。一个大致可行的办法是，使年终一次性奖金适用的边际税率等于或低于均衡月工资适用的最高边际税率。读者也可从上表中验证。

如果企业从激励机制或其他方面考虑，需要分次发放奖金时，则应将员工的奖金尽量分多月发出，即均衡月工资发放。此处的均衡并非要求每月工资额的绝对相等，而是使每月工资适用的最高边际税率相同即可。由此，也可以看出，在职工各月工资不均的情况下，如果职工能和单位进行协调，将工资的发放相对平均化，也可以达到同样的节税效应。当然，在运用分摊法进行筹划时，企业也要考虑到成本与收益的比较，例如：发放奖金次数过多容易造成财务管理上的混乱等，所以奖金发放方式应同企业的管理需求有效结合，不能顾此失彼。

对于雇员取得除全年一次性奖金以外的其它各种名目奖金，如半年奖、季度奖、加班奖、先进奖、考勤奖等，因为要与当月工资、薪金收入合并计算纳税，所以也应按照均衡月工资的要求平稳发放。

2. 测算全年一次性奖金发放临界点

[政策依据与筹划思路]

我国税法对个人取得全年一次性奖金应缴纳的个人所得税的规定如下：

(1) 纳税人取得全年一次性奖金，单独作为一个月工资、薪金所得计算纳税，计算方法如下：

第一步:先将雇员当月内取得的全年一次性奖金除以 12 个月,按其商数确定适用税率和速算扣除数。如果在发放年终一次性奖金的当月,雇员当月工资薪金所得低于税法规定的费用扣除额,应将全年一次性奖金减除"雇员当月工资薪金所得与费用扣除额的差额"后的余额,按上述办法确定全年一次性奖金的适用税率和速算扣除数。

第二步:将雇员个人当月内取得的全年一次性奖金,按上述确定的适用税率和速算扣除数计算征税。

a. 如果雇员当月工资薪金所得高于(或等于)税法规定的费用扣除额的,适用公式为

应纳税额＝雇员当月取得全年一次性奖金×适用税率－速算扣除数

b. 如果雇员当月工资薪金所得低于税法规定的费用扣除额的,适用公式为

应纳税额＝(雇员当月取得全年一次性奖金

　　　　　－雇员当月工资薪金所得与费用扣除额的差额)×适用税率

　　　　　－速算扣除数

(2) 在一个纳税年度内,对每一个纳税人,该计税办法只允许采用一次。

由于个人所得税适用累进税率,而计算全年一次性奖金应缴纳个人所得税时速算扣除数只允许扣除一次,实际上相当于全年一次性奖金只有 1/12 适用的是超额累进税率,其他部分都适用全额累进税率。全额累进税率会出现税率临界点税负剧增的现象在税率临界点上,使纳税人多缴纳的个人所得税高于增加发放的奖金,此时纳税人选择较低的全年一次性奖金反而会有更高的税后收入。

[具体案例]

【案例 5-16】林某所在公司在 2008 年 2 月份准备发放 2007 年度奖金,根据 2007 年度业绩测算,林某可得奖金 18 000 元。公司鉴于上年度效益较好,并出于鼓励的目的,决定发给林某 19 000 元的奖金。请问林某是否要接受多给的 1000 元奖金?(此奖金应缴纳个人所得税的计算方法适用全年一次性奖金计算缴纳个人所得税的规定)

【筹划思路】

(1)如果林某的全年一次性奖金为 18 000 元,计算查得适用的税率为 3%,则

林某应缴纳的个人所得税＝18 000×3%＝540(元)

林某的税后收入＝18 000－540＝17 460(元)

(2) 如果林某的全年一次性奖金为 19 000 元时,计算查得适用的税率为 10%,速算扣除数为 105,则

林某应缴纳的个人所得税＝19 000×10%－105＝1 795(元)

林某的税后收入＝19 000－1 795＝17 205(元)

由此可见,虽然林某全年一次性奖金增加了 1 000 元,但应缴纳的个人所得税

却增加了 1 255 元,税后收入降低了 255 元。因此,林某不应接受增加的 1 000 元奖金。

[分析评价]

在该案例中,我们看到,全年一次性奖金增加并不一定会增加纳税人的税后收入。这是因为"全额累进税制"会产生税率临界点税负剧增的现象,从而产生一个固定性的边际税负增加额。在特定的区间内,全年一次性奖金额的增加反而会降低纳税人的税后所得,因为全额累进税制下总税收负担的增加额超过了奖金的增加额。按照最新修改的个人所得税法,全年一次性奖金的发放禁区如下:

全年一次性奖金发放禁区

对应级数	全年一次性奖金额	适用税率	边际税负增加额	全年一次性奖金发放禁区
1	0～18 000	3%	0	—
2	18 000～54 000	10%	1 155	18 000～19 283.33
3	54 000～108 000	20%	4 950	54 000～60 187.50
4	108 000～420 000	25%	4 950	108 000～114 600.00
5	420 000～660 000	30%	19 250	420 000～447 500.00
6	660 000～960 000	35%	30 250	660 000～706 538.46
7	960 000 以上	45%	88 000	960 000～112 000 0.00

注:具体来说,在全年一次性奖金为 18 000 元时,增加发放 1 元全年一次性奖金反而会使得纳税人的税后所得降低 1 154.9 元(1×(1—10%)—1 155);直到全年一次性奖金增加 1 283.33 元( ),即全年一次性奖金总额为 1 9283.33 元时,纳税人的税后所得才与之前持平。

企业显然应该避免在禁区内发放全年一次性奖金。但是企业在禁区边缘之上发放奖金也不是合意的选择:比如全年一次性奖金为 19 284 元时,职工税后所得基本与奖金为 18000 元时持平。注意到,固定性的边际税负增加额是对应于全年一次性奖金额相应级数区间的。换句话说,该级数区间的超额奖金平均承担了边际税负增加额。因而仅从税收的角度来看,企业在级数区间上边缘(也就是禁区下边缘,即 18 000、54 000、108 000、42 000、66 000、960 000)发放奖金是税负最优的。考虑到职工的工作激励和绩效管理等非税因素,企业应权衡取舍。

3. 工薪所得与劳务报酬所得的性质转换

[政策依据与筹划思路]

现行的个人所得税税法规定,工薪所得实行 3%～45% 的七级超额累进税率,劳务报酬所得实行 20% 的比例税率。但对劳务所得一次性收入畸高的,可以加成征收,劳务报酬所得实际上相当于实行 20%、30%、40% 的超额累进税率。[①] 在这种税率结构下,相同数额的工薪所得与劳务报酬所得由于所适用的税率不同,承担的个人所得税税负也就不同。这两种所得的最大区别在于纳税人是否同劳务需求单位存在雇佣关系。因此,纳税人可以通过对这种关系的处理来安排所得性质,使所获收入被定位于最有利的税收位置,从而达到避税的目的。

[具体案例]

【案例 5-17】林教授在某名牌大学广告系任教,月工资收入 4200 元,同时应某广告制作公司邀请,每月为该公司广告制作人员讲学一次,每次收入 5000 元。如何帮林教授筹划每月应缴纳的个人所得税?

【筹划思路】

(1) 如果林教授与广告公司存在雇佣关系,两项收入应合并,按工薪所得缴纳个人所得税,则:

应缴纳的个人所得税:$(4200+5000-3500) \times 20\% - 555 = 585$(元)。

(2) 如果不存在固定的雇佣关系,两项收入分开计算缴税,则:

工薪所得应缴纳的个人所得税:$(4200-3500) \times 3\% = 21$(元);

劳务报酬所得应缴纳的个人所得税:$5000 \times (1-20\%) \times 20\% = 800$(元);

共计缴纳个人所得税 821 元。

通过比较可以看出,采用第一种方法每月应缴纳的个人所得税为 585 元,采用第二种方法每月应缴纳的个人所得税为 821 元。第一种方法比第二种方法每月可节省税款 236 元,全年可以节省 2832 元。所以林教授最好不要与广告公司签订劳动合同,这样就可以达到节税的目的。

【案例 5-18】由于从 2008 年开始单位效益大幅度下滑,林女士每月只能从单位取得工薪收入 3500 元,后经朋友介绍从 1 月份开始为某电脑公司提供技术服务,每月报酬为 2000 元,5 月份林女士缴纳了 240 元的个人所得税,与收入差不多的其他人相比,林女士觉得自己缴纳的个人所得税太多,请问有办法让林女士少缴个人所得税?

【筹划思路】

林女士由于与电脑公司没有固定的雇佣关系,两项所得分别按工薪所得和劳务报酬所得缴纳个人所得税。

工薪所得缴纳的个人所得税:$(3500-3500) \times 5\% = 0$(元);

劳务报酬所得缴纳的个人所得税:$(2000-800) \times 20\% = 240$(元)。

因此,林女士缴纳了 240 元的个人所得税。

如果我们为林女士作出如下筹划:由于 2000 元劳务报酬所得适用 20% 的税

---

① 《中华人民共和国个人所得税法》第 3 条;《中华人民共和国个人所得税法实施条例》第 11 条。

率,而相同的工薪所得适用税率较低,只要将 2000 元劳务报酬所得转化为工薪所得,就可以减少个人所得税税负。即林女士只要与电脑公司签订劳动合同,使其与电脑公司存在雇佣关系,这样,规定两项所得合并按工薪所得缴纳个人所得税,其个人所得税应纳税额为(3500+2000−3500)×10%−105=95(元)。

经过筹划后,林女士每月能节省个人所得税 155 元,一年就能节省个人所得税 1860 元。

[分析评价]

从上述两个案例可以看出,不同的收入水平下,选择以工资薪金的方式或以劳务报酬的方式缴纳个人所得税所承担的个人所得税税负是不同的。一般来说:当应纳税所得额较少时,工薪所得适用的税率比劳务报酬所得适用的税率低,可以考虑在可能的情况下,将劳务报酬所得转化成工资、薪金所得;当两项收入都较大时,将工资、薪金所得和劳务报酬所得分开计算能节税。但要注意,收入性质的转化必须是真实、合法的。

(二)劳务报酬所得的筹划

劳务报酬所得,是指个人从事设计、装潢、安装、制图、化验、测试、医疗、法律、会计、咨询、讲学、新闻、广播、翻译、审稿、书画、雕刻、影视、录音、录像、演出、表演、广告、展览、技术服务、介绍服务、经纪服务、代办服务以及其他劳务所得。针对个人所得税有关法律法规对劳务所得征税的规定,下面的几个措施有助于节约劳务所得的个人所得税支出。

1. 劳务报酬所得的费用转移

[政策依据与筹划思路]

根据个人所得税法,劳务报酬所得费用采用固定金额和固定比例扣除两种方式。所以,在个人取得该项收入时,不管其实际费用支出是多少,所能享受到的扣除金额是一定的。在这种情况下,提供劳务的个人,可以考虑将本应由自己承担的费用改由对方承担,同时适当降低自己的报酬。筹划的结果是名义上降低报酬额,实际上可能会增加净收入。

[具体案例]

【案例 5-19】 高级工程师赵某从长春到深圳为某公司进行一项工程设计,双方签订合同并规定:公司给赵某支付工程设计费 5 万元人民币,往返交通费、住宿费、伙食费等一概由赵某负担。请问,在该笔收入中,赵某是否存在个人所得税的筹划空间?

【案例解析】

(1) 未进行筹划前:

赵某应缴纳个人所得税:50 000×(1−20%)×30%−2000=10 000(元);

赵某实际得到的税后所得：50 000－10 000＝40 000(元)；

假设往返的飞机票、住宿费、伙食费等必要开支共计 10 000 元,则赵某最后的净收入为 30 000 元。

(2) 实际上,赵某只要稍做筹划,就完全可以增加自己的净收入。例如,在签订合同时,与对方商议,让对方承担交通费、住宿费和伙食费等,并相应地把劳务报酬降为 40 000 元。

这样,赵某缴纳的个人所得税为 40 000×(1－20%)×30%－2000＝7600(元),实际净收入为 32 400 元。

税收筹划后,尽管赵某的名义收入减少了 10 000 元,但净收入却增加了2400 元。

[分析评价]

当然,这种筹划方法对提供劳务的纳税人来说是简便易行的,只要在第二种方式下得到的净收入大于第一种方式下的净收入,对劳务提供者就是有利的。但这种筹划方法可能会给支付报酬的单位带来麻烦,如为纳税人安排住宿、伙食等要额外花费一定的人力、物力,这可能使得支付单位不愿这样做;另外,该报酬也并不能完全反映支付单位对该项劳务的实际支出。因此,纳税人必须和支付单位进行充分沟通以达成理解。

2. 劳务报酬分割计税

[政策依据与筹划思路]

税法规定,劳务报酬所得以每次收入减除一定费用后的余额为应纳税所得额;个人所得税法实施细则对"次"进行了定义,即在列举的 29 种形式的劳务报酬所得中,所得属于一次性收入的,以取得该项收入为一次;属于同一项目连续性收入的,以一个月内取得的收入为一次。[①] 这里的同一项目是指劳务报酬所得列举具体劳务项目中某一单项。个人所得税法同时又规定,个人兼有不同的劳务报酬所得,应当分别减除费用,计算缴纳个人所得税。个人在计算缴纳劳务报酬所得个人所得税时应充分利用上述规定,尽量增加"次",增加费用扣除。

[具体案例]

【案例 5-20】某纳税人在 2008 年 6 月份同时给几家公司提供劳务,取得多项收入:提供技术咨询获得报酬 20 000 元,给某外资企业当翻译,获得 20 000 元的翻译报酬,代广告公司设计广告,取得报酬 15 000 元,请为该纳税人计算应缴的个人所得税。

【案例解析】

(1) 如果纳税人没有正确理解"次"的定义,而把各项劳务所得加总计算缴纳

---

① 《中华人民共和国个人所得税法实施条例》第 8 条、第 21 条。

个人所得税,则:

应纳税所得额:(20 000×2+15 000)×(1-20%)=44 000(元);

应缴纳的个人所得税:44 000×30%-2000=11 200(元)。

(2)纳税人正确的做法是,根据"次"的定义把各项劳务报酬分开计税,则:

咨询收入应缴纳的个人所得税:20 000×(1-20%)×20%=3200(元);

翻译收入应缴纳的个人所得税:20 000×(1-20%)×20%=3200(元);

设计费收入应缴纳的个人所得税:15 000×(1-20%)×20%=2400(元);

总共缴纳个人所得税8800元。

显然,后者比前者节税2400元(11 200-8800)。

【案例5-21】王教授为某大学管理学院教授,8月份应某公司邀请为该公司的管理人员作为期6天的培训,公司与王教授约定的报酬是每天5000元,请问王教授应如何安排其培训时间?

【案例解析】

王教授考虑到,公司给他的培训报酬共计30 000元,作为一次性劳务所得,需缴纳的个人所得税为30 000×(1-20%)×30%-2000=5200(元)。如果王教授能将这一笔劳务所得分割成两次所得,就能够避免被加成征税。于是王教授查阅了税法规定,决定将其培训时间定为8月28日至9月3日,并要求公司在8月30日和9月3日分别给予其应得的报酬15 000元。这样,王教授应缴纳的个人所得税为15 000×(1-20%)×20%×2=4800(元),节省个人所得税5200-4800=400(元)。

[分析评价]

由于劳务报酬所得实际上适用20%~40%的三级超额累进税率,兼有不同劳务报酬所得的纳税人,如果错误地将其合并在一起一次纳税,就可能因税率提高而导致税负增加。因此,不同项目的劳务报酬所得应分开计税;另外,同一项劳务报酬所得计税的次数越多,就会避免被加成征税,因此,对同一项劳务报酬所得,应尽量将其分割成多次所得。

(三)对企事业单位的承包经营、承租经营所得的筹划

对企事业单位的承包经营、承租经营所得,是指个人承包经营、承租经营以及转包、转租取得的所得,包括个人按月或者按次取得的工资、薪金性质的所得。针对个人所得税有关法律法规,对承包经营、承租经营所得的税收筹划主要是要尽量避免被重复征税。

[政策依据与筹划思路]

根据个人所得税的有关规定,企业实行个人承包经营、承租经营后,如果工商登记仍为企业的,不管其分配方式如何,均应先按照企业所得税的有关规定缴纳企

业所得税,然后根据其利润分配方式对承包、承租经营所得征收个人所得税。[①] 也就是说,如果企业在被个人承包后没有改变性质的话,那么,承包、承租经营者除了缴纳个人所得税外,还要缴纳企业所得税,导致重复被征税,总体税负增加。

因此,纳税人在承包或承租了企业之后,应尽量改变企业性质,避免被双重征税。

[具体案例]

【案例5-22】承包人甲2008年承包经营一民营企业,合同签订承包期为3年,每年除上缴8万元承包费以外,其余收入全部归承包人所有。承包后,企业性质未发生改变。这期间,由于甲经营有方,该企业2008～2010年的预计净利润分别为20万元、29万元和38万元。请计算甲的税后收益并为甲作出税收筹划。

【案例解析】

由于企业性质未发生改变,企业需要先缴纳企业所得税。

2008年企业应纳企业所得税额＝20×20％＝4(万元);

税后净利润＝20－4＝16(万元);

甲获得的收入＝16－8＝8(万元);

甲应纳的个人所得税＝(80 000－12×2000)×35％－6750＝12 850(元);

甲的实际收益＝80 000－12 850＝67 150(元)。

同理可求出甲2009年的实际收益为89 950元,2010年的实际收益为124 400元,3年的总收益共为281 500元。

由于甲须在企业缴纳企业所得税后才能获得收入,因此甲的收入降低了。筹划思路是:甲通过一定的途径改变企业的性质,将该民营企业工商登记改为个体工商户,这样企业就不必缴纳企业所得税,则

2008年甲的收入为20－8＝12(万元);

甲应纳的个人所得税＝(120 000－2000×12)×35％－6750＝26 850(元);

甲的实际收益＝120 000－26 850＝93 150(元)。

同理可求出甲2009年的实际收益为151 650元,2010年的实际收益为216 650元。三年总收益为461 450元,相对比改变企业性质,可多获得收益144 075元。

[分析评价]

如果承包、承租经营者有条件的话,可以考虑改变企业的性质为个体工商户或者其他性质,这样就可以免交企业所得税,节省部分税款,使得总体收益最大化。

这里应注意,如果承包、承租人对企业经营成果不拥有所有权,仅按合同(协

---

① 国家税务总局:《关于个人对企事业单位实行承包经营、承租经营取得所得征税问题的通知》,国税发[1994]179号。

议)规定取得一定所得,应按工资、薪金所得项目征收个人所得税;如果承包、承租人按合同(协议)规定只向发包方、出租人交纳一定费用,交纳承包、承租费后的企业的经营成果归承包、承租人所有,其取得的所得,按企事业单位承包经营、承租经营所得项目征收个人所得税。[①] 在实际操作中,纳税人可以根据预期的经营成果测算个人所得税税负,然后再确定具体的承包分配方式,以最大程度降低税负。

(四)特许权使用费所得的筹划

特许权使用费所得是指个人提供专利权、商标权、著作权、非专利技术以及其他特许权的使用权取得的所得。特许权使用费税收筹划的关键在于如何利用税法对无形资产投资与转让行为不同的税收规定达到节税的目的。

[政策依据与筹划思路]

我国税法规定,以无形资产投资入股,参与投资方的利润分配,共同承担投资风险的行为,不征收营业税[②],相应也无需缴纳城市维护建设税和教育费附加以及个人所得税。因此,对特许权使用费所得进行筹划的思路就在于对比转让与投资的税费、收益,看哪种行为对纳税人最为有利。

[具体案例]

【案例 5-23】甲从事发明创造获得了专利,现有一公司欲以 50 万元购买其专利,同时另一公司欲成立一高新技术企业,邀请甲以其专利投资入股,该专利权可折价 50 万元,占公司 10% 的股份,预计该高新技术公司的赢利能力为每年 50 万元。甲该如何选择呢?

【案例解析】

(1) 如果甲以 50 万元将其专利转让,则:

甲应纳的营业税及城建税、教育费附加为

$50 \times 5\% \times (1+7\%+3\%) = 2.75$(万元);

甲应纳的个人所得税为

$(50-2.75) \times (1-20\%) \times 20\% = 7.56$(万元);

甲应纳的税费合计为

$2.75+7.56 = 10.31$(万元);

税后实际收益为

$50-10.31 = 39.69$(万元)。

---

① 国家税务总局:《关于个人对企事业单位实行承包经营、承租经营取得所得征税问题的通知》,国税发[1994]179 号;财政部、国家税务总局:《关于调整个体工商户业主 个人独资企业和合伙企业投资者个人所得税费用扣除标准的通知》,财税[2006]44 号。

② 国家税务总局:《营业税税目注释(试行稿)》,国税发[1993]149 号。

（2）如果甲以其专利权投资入股于高新技术公司，公司年赢利 50 万元，甲每年可获得股息收入 5 万元，股息收入应缴纳个人所得税：

$50×10\%×20\%＝1$（万元）；

甲每年的税后实际收益为

$5－1＝4$（万元）。

这样，甲只要 10 年就可收回全部转让收入 40 元，而且继续保留其 50 万元的股份。

[分析评价]

从上述案例可以看出：方案一风险较小，甲在缴税之后，可以实实在在地获得收入。但是，甲需要缴纳的税收较多，而且收入固定，没有升值的希望；方案二税收负担比较轻，而且有升值的可能性，但是风险较大，不确定的因素也比较多。但是，甲如果投资于该股份公司，拥有公司 10％的股份，一旦企业上市，他就可以享有三方面的好处：①所持股票有可能升值；②上市后，所持股票比较容易流通套现；③股息、红利收入适用税率降低为 10％①。我国现行税法规定，转让股票暂免征收个人所得税。② 因此，甲持有的 50 万元股份不仅能够保值增值，而且不用负担方案一所承担的税款。所以，如果纳税人不急于获取现金，就不应采用转让的方式，而可以选择投资入股的形式，这样，特许权使用费在相当长的时间内都能带来收益，同时又可以少负担税收。但采取投资形式，被投资的企业必须是前景看好的企业。如果企业没有发展潜力或特许权很快就会过期，建议纳税人还是采用转让的形式。

（五）利息、股息、红利所得的筹划

利息、股息、红利所得是指个人拥有债权、股权而取得的所得。利息、股息、红利税收筹划的关键在于如何避开税法对利息、股息、红利分配时征税的限制以达到节税的目的。

[政策依据与筹划思路]

个人所得税法规定，股息、红利所得都应当缴纳个人所得税（另有规定除外），并且，当扣缴义务人将利息、股息、红利所得分配到个人名下时，才应确认所得的支付，应按税收法规规定及时代扣代缴个人应缴纳的个人所得税。③

既然股息、红利一经分配就必须征收个人所得税，而保留利润不分配也有递延纳税期限的限制，所以，股息、红利筹划的重点在于如何减少分配利润，或将保留的

---

① 财政部、国家税务总局：《财政部、国家税务总局关于股息红利个人所得税有关政策的通知》，财税[2005]102 号。

② 财政部、国家税务总局：《关于个人转让股票所得继续暂免征收个人所得税的通知》，财税字[1998]61 号。

③ 国家税务总局：《关于利息、股息、红利所得征税问题的通知》，国税函[1997]656 号。

盈余通过其他方式转移出去,从而给投资者带来间接的节税收益。

[具体案例]

【案例 5-24】 私人投资者甲 2008 年以银行存款 500 万元投资于某私营企业,占该企业股本总额的 30％,当年企业获得税后净利润 500 万元。对税后净利,甲应怎样处理,才能使自己所缴纳的个人所得税较少呢?

【筹划思路】

甲设计了几种企业的股息分配方案并进行比较:

方案一:企业所获净利润全部用来分配,甲可分回股息 150 万元,则甲应纳个人所得税税额为:150×20％＝30(万元),税后实际收益为:150－30＝120(万元);

方案二:企业将原来要分配的 500 万元净利润用来进行扩大再生产的投资,当年甲没有股息收入,无须缴纳个人所得税;

方案三:企业税后净利当年不进行股息分配,则当年甲也没有股息收入,不需缴纳个人所得税[①]。

第一种方案,甲需要缴纳的个人所得税最多,实不足取;第三种方案,甲可以不必缴纳个人所得税,但利润累积在企业,难以发挥应有的作用;而第二种方案,甲既不需要缴纳个人所得税,又可以壮大企业规模与实力,增加未来的收益。甲经过再三思虑,对这家公司的发展潜力与前景相当看好,因此选择了方案二。

[分析评价]

由此可见,投资者如果不是特别依赖股息生存,最好是实行长期投资,企业尽量不分配或少分配股息,利用股息进行投资以扩大再生产。除此之外,企业还可以通过以下方式来使投资者免征或少缴纳个人所得税:第一,多提留法定公益金或生产发展基金,这给企业增加留存收益、减少分配提供了节税空间;第二,股息可转化为工资,如果预计公司当年有足够的盈余,提高股东个人工资时,必须以"工资、薪金所得"项目不超过 20％的适用税率为限,而如果预计公司当年不会有赢利或者赢利很少,不会涉及股息所得的税收问题,企业则可适当降低工资标准以减轻"工资、薪金所得"项目的税负;第三,为股东提供资产使用权等。

(六) 财产租赁所得的筹划

财产租赁所得是指个人出租建筑物、土地使用权、机器设备、车船以及其他财产取得的所得。财产租赁所得税收筹划的关键在于如何利用税法关于财产所得税费用扣除的规定达到节税的目的。

[政策依据与筹划思路]

个人所得税法规定,财产租赁所得一般以个人每次取得的收入,定额或定率减

---

① 财政部、国家税务总局:《关于规范个人投资者个人所得税征收管理的通知》,财税[2003]158 号。

除规定费用后的余额为应纳税所得额。每次收入不超过 4000 元的,定额扣除 800
元费用;每次收入在 4000 元以上的,定率扣除 20% 的费用。在确定财产租赁所得
的应纳税所得额时,纳税人在出租财产过程中缴纳的税金和教育费附加,可持完税
(缴款)凭证,从其财产租赁收入中扣除。另外,准予扣除的项目还包括能提供有
效、准确凭证,证明由纳税人负担的该出租财产实际开支的修缮费用,其扣除额以
每次 800 元为限;一次扣除不完的,准予在下一次继续扣除,直到扣完为止。[①] 有
财产租赁所得的纳税人要注意这些准予扣除的项目,否则,就会增加自己的个人所
得税税负。

[具体案例]

【案例 5-25】刘某于 2008 年 1 月份将其位于市区的房屋出租给张某作为商店
使用,租期为 1 年,每月取得租金收入 5000 元;当月因下水道堵塞找人修理,发生
修理费用 500 元且有维修部门的正式收据,问刘某 1 月份应缴的个人所得税是
多少?

【案例解析】

(1) 如果纳税人直接将收入扣减定率费用后计算个人所得税,则:

应纳税所得额:$5000 \times (1-20\%) = 4000$(元);

应缴纳的个人所得税:$4000 \times 20\% = 800$(元)。

(2) 如果纳税人了解有关税法关于财产租赁等费用的扣除规定(假定营业税、
城建税、教育费附加、房产税税率分别为 5%、7%、3%、4%),则计算的个人所得税
如下:

应缴的营业税:$5000 \times 5\% = 250$(元);

应缴的城建税及教育费附加:$250 \times (3\%+7\%) = 25$(元);

应缴的房产税:$5000 \times 4\% = 200$(元);

税费合计:475 元(250+25+200);

应缴的个人所得税:$(5000-475-500) \times (1-20\%) \times 20\% = 644$(元)。

所以,在这种情况下,1 月份可以节省个人所得税 156 元。

[分析评价]

由于在第一种计算方式下未考虑税费及修缮费的税前扣除问题,必然导致纳
税人多缴纳个人所得税。另外,在计算个人所得税时,税法对扣除费用的顺序作了
规定,纳税人也必须严格遵守。税法规定的费用扣除顺序依次如下:财产租赁过程
中缴纳的税费,由纳税人负担的该出租财产实际开支的修缮费用,税法规定的费用
扣除标准。在上述案例中,如果纳税人未遵守税法规定,将应缴的个人所得税计算
如下:$[5000 \times (1-20\%) - 475 - 500] \times 20\% = 605$(元),虽然计算的个人所得税会

---

① 国家税务总局:《征收个人所得税若干问题的规定》,国税发[1994]89 号。

减少,但违反了税法,就不是节税了。

（七）费用转移的筹划

[政策依据与筹划思路]

　　企业在日常生产经营中,会发生大量的经营费用,且许多经营费用是发生在企业员工身上,与企业员工自己的个人生活消费息息相关。这就给企业与员工都提供了一个合法筹划的契机。我国税法规定:"个人独资公司、合伙公司的个人投资者以公司资金为本人、家庭成员及其相关人员支付与公司生产经营无关的消费性支出及购买汽车、住房等财产性支出,视为公司对个人投资者的利润分配,并入投资者个人的生产经营所得,依照'个体工商户的生产经营所得'项目计征个人所得税。除个人独资公司、合伙公司以外的其他公司的个人投资者,以公司资金为本人、家庭成员及其相关人员支付与公司生产经营无关的消费性支出及购买汽车、住房等财产性支出,视为公司对个人投资者的红利分配,依照'利息、股息、红利所得'项目计征个人所得税。公司的上述支出不允许在所得税前扣除。"[①]

　　该筹划的关键点在于使公司对企业人员的相关支付既与公司生产经营有关,从而使相关费用得以在税前扣除,又能对员工的生活产生实在的便利,得到一笔"免税"的收入。

[具体案例]

　　【案例 5-26】 A 为某公司业务经理,因工作需要自购汽车一辆。A 自购的汽车主要为公司跑业务,相关开支为每月 3000 元;A 每月手机费为 1000 元。公司考虑到 A 因工作需要而产生了大量开支,决定给其高薪予以补偿,扣除养老、医疗、失业保险等后 A 实际年收入为 24 万元。公司均衡发放月工资(已扣除养老、医疗、失业保险等)1.5 万元,年终一次性发放奖金 6 万元。

　　A 每年应纳个人所得税 $=[(15\,000-3500)\times25\%-1005]\times12+(60\,000\times20\%-555)=22\,440+11\,445=33\,885$ 元,税后年收入为 206 115 元。

　　A 每年实际收入 $=206\,115-(3000+1000)\times12=158\,115$(元)。

　　【筹划思路】

　　如果 A 在购买汽车之前就与单位协商,由公司购买汽车提供给 A 使用。汽车相关费用 3000 元/月由公司报销。公司每月替 A 报销手机费 500 元(假设为当地主管税务机关规定的通讯费扣除标准),超出部分由 A 自行负担。A 的实际月工资降至 $15\,000-3000-500=11\,500$ 元相应的税前年收入为 198 000 元。

　　A 每年应纳个人所得税 $=[(11\,500-3500)\times20\%-555]\times12+(60\,000\times20\%-555)=12\,540+11\,445=23\,985$ 元,税后年收入 $=240\,000-(3000+500)\times$

---

① 财政部、国家税务总局:《关于规范个人投资者个人所得税征收管理的通知》,财税[2003]158 号。

12－23 985＝174 015 元。

A 每年实际收入＝174 015－500×12＝168 015(元)。

筹划后 A 的实际年收入增加了 9900 元。

[分析评价]

公司可以在和职工协商的基础上,通过科学、合法的转嫁用于公司的个人消费费用来降低各自的税负。公司在购买汽车后,可以按固定资产计提折旧,同时还可以得到另外一笔税前扣除费用,利润甚至可能增加;而高薪个人则可以有效降低其税负,做到个人与公司的双赢。实施此筹划要特别注意相关税法规定,避免被税务机关认定为偷税行为。

三、涉外人员的税收筹划

涉外人员的个人所得税税收筹划基本上可以采用以上的方法。但由于个人所得税税法的某些特殊规定,使得涉外人员的个人所得税税收筹划还增加了其他方面的内容,如利用附加扣除进行筹划、利用纳税人身份的认定进行筹划以及利用居住时间进行筹划等。

(一)利用纳税人身份的认定进行筹划

[政策依据与筹划思路]

我国个人所得税税法依据住所和居住时间两个标准,将纳税人区分为居民纳税人和非居民纳税人两类。前者负有无限纳税义务,应就其来源于中国境内外的全部所得,向我国政府缴纳个人所得税;而后者仅负担有限的纳税义务,只就其来源于中国境内的所得缴纳个人所得税。[①] 很显然,非居民纳税人对我国政府承担较轻的税负。

根据税法,居民纳税人是指在中国境内有住所,或者无住所而在中国境内居住满 1 年的个人;非居民纳税人是指在中国境内无住所又不居住,或无住所且居住不满 1 年的个人。所谓在境内居住满 1 年,是指在一个纳税年度(即公历 1 月 1 日起至 12 月 31 日止)内,在中国境内居住满 365 天;在计算居住天数时,对临时离境应视为在华居住,不扣减其在华居住的天数。这里所说的临时离境,是指在一个纳税年度内,一次离境不超过 30 日或者多次离境累计不超过 90 日的离境。[②] 因此对居住在中国境内的外国人、海外侨胞和港澳台同胞,如果能把握好居住时间尺度,恰当利用临时离境的规定,便可以避免成为居民纳税人,从而减轻自己的税负。

---

① 《中华人民共和国个人所得税法》第 1 条。

② 《中华人民共和国个人所得税法》第 1 条;《中华人民共和国个人所得税法实施条例》第 3 条。

[具体案例]

【案例 5-27】美国公民迈尔斯与广州某公司签订了一份为期两年的工作合同（非董事或高层管理人员），合同的起迄期为 2006 年 9 月～2008 年 9 月。2006 年 9 月 1 日起，迈尔斯开始在该公司工作，每月工资 10 800 元，由中国企业支付。2007 纳税年度内，迈尔斯于 1 月份离境和 6 月份两次离境回美国探亲，离境天数均为 20 天。2007 年 12 月份，迈尔斯为另一家中国公司提供专利技术使用权，一次性取得特许权使用费折合人民币 30 000 元。根据以上提供的资料，计算迈尔斯在 2007 年 12 月份应纳的个人所得税情况。该纳税人是否可以通过事先的筹划，降低其个人所得税税负？（暂不考虑境外已纳税款和外国税收抵免问题）

【筹划思路】

由于迈尔斯在 2007 年的纳税年度内累计临时离境时间为 40 天，未超过 90 天，而且没有一次临时离境超过 30 天，因此，2007 年度应被认定为我国居民纳税义务人。迈尔斯在 2007 年 12 月份需要就其来源于境内的工薪收入和境外的收入（特许权使用费收入）向我国政府缴纳个人所得税。

迈尔斯 12 月份的个人所得税纳税情况如下：

（1）中国企业支付的工薪所得需缴纳个人所得税：$(10\ 800-3500-1300)\times20\%-555=645$（元）。

（2）特许权使用费需缴纳个人所得税：$30\ 000\times(1-20\%)\times20\%=4800$（元）。

所以，迈尔斯 12 月份合计应纳个人所得税 5445 元（645+4800）。

实际上，如果迈尔斯事先了解我国税法关于纳税人身份的规定，只要在回国探亲离境的时间上稍做筹划，即将某次回国的时间延长超过 30 天，就可以使自己成为中国个人所得税税法中的非居民纳税人，其境外的所得就无需向我国政府缴税。假设经过事先的安排，迈尔斯把第一次离境时间从原来的 20 天延长至 30 天，这样，迈尔斯就不符合我国个人所得税税法的居民纳税人的条件，其境外的特许权使用费所得就不需要向我国政府缴税。

[分析评价]

对非居民来说，增加离境次数或离境天数是避免成为居民纳税人，减轻个人所得税负担的途径之一。当然，进行这种筹划应在法律允许的范围内，而且还要进行成本收益分析，避免节省的税额不够支付筹划带来的成本支出（如增加离境次数必然要增加相应的费用，延长离境时间也会导致相应费用的增加）。除此之外，税法对纳税人纳税义务和认定时间期限还有其他的规定（包括临时离境时有关工资薪金收入的征税问题），这部分的内容将在下一个环节的筹划中详细说明，所以本案例中暂不涉及迈尔斯临时离境月份工薪的计算。

（二）利用居住时间进行筹划

［政策依据与筹划思路］

我国个人所得税税法，不仅将纳税人区分为居民纳税人和非居民纳税人，分别承担不同的纳税义务，而且对在中国境内无住所的居民纳税人和无住所的非居民纳税人分别制定了特殊的税收规定。[①]

（1）在中国境内无住所，但在一个纳税年度内连续或累计居住不超过 90 天（与中国有税收协定的国家的居民在中国境内连续或累计居住不超过 183 天）的个人，对其由中国境外雇主支付并且不是由该雇主的中国境内机构负担的工资薪金，免缴个人所得税，仅就其实际在中国境内工作期间由中国境内企业或个人雇主支付或由中国境内机构负担的工资薪金所得纳税：应纳税额＝（当月境内外工薪应纳税所得额×适用税率－速算扣除数）×当月境内支付工资÷当月境内外支付工资×当月境内工作天数÷当月天数；对其临时离境工作期间取得的工资薪金所得属于境外所得（中国境内企业董事或高层管理人员除外，即无论是否在境外履行职务，取得的由中国境内企业支付的董事费或工资薪金部分都要征税），不缴纳个人所得税。

（2）在中国境内无住所，但一个纳税年度内连续或累计居住超过 90 天（183 天，同上）不满 1 年的个人，对其实际在中国境内工作期间取得的由中国境内企业或个人雇主支付和由境外企业或个人雇主支付的工资薪金所得，均应缴纳个人所得税：应纳税额＝（当月境内外工薪应纳税所得额×适用税率－速算扣除数）×当月境内工作天数÷当月天数；对其在中国境外工作期间取得的工资薪金所得（除中国境内企业董事或高层管理人员除外），不缴纳个人所得税。

（3）在中国境内无住所，但居住满 1 年而不超过 5 年的个人，对其在中国境内工作期间取得的由中国境内企业或个人雇主支付和由中国境外企业或个人雇主支付的工资薪金，均要征税。对其临时离境工作期间有境外支付工资、薪金的，适用公式：应纳税额＝（当月境内外工薪应纳税所得额×适用税率－速算扣除数）×（1－当月境外支付工资÷当月境内外支付工资×当月境外工作天数÷当月天数）。

如果属于上述三种情况的个人取得的是日工资，应以日工薪乘以当月天数换成月工薪后计算。

（4）个人在华连续居住满 5 年后，从第 6 年起的以后年度中，凡是在境内居住满 1 年的，应就其来源于境内、境外的所有所得申报纳税（无论是境内支付或是境

---

① 国家税务总局：《关于在中国境内无住所的个人取得工资薪金所得纳税义务问题的通知》，国税发〔1994〕148 号。

外支付);否则按前述三种情况征税。① 上述规定总结,如表 5-15 所示。

表 5-15　在中国境内无住所的居民纳税人和无住所的非居民纳税人的税收规定

居住时间	纳税人类型	境内所得		境外所得	
		境内支付	境外支付	境内支付	境外支付
90 日(183 日)内	非居民	征税	不征税	不征税	不征税
90 日(183 日)至 1 年	非居民	征税	征税	不征税	不征税
1 年以上至 5 年	居民	征税	征税	征税	不征税
5 年以上	居民	征税	征税	征税	征税

　　这些政策规定成为涉外人员个人所得税筹划的重点,纳税人需要很好的把握。
[具体案例]
　　【案例 5-28】麦克是英国某公司的高级雇员,应工作需要,于 2006 年 8 月 1 日被派往英国总公司在中国上海投资的一家合资企业工作 3 个月(非董事或高层管理人员)。英方每月支付给麦克折合人民币 60 000 元工资收入(假设暂不考虑已纳税款扣税情况),中方企业同时付给其月工资 9800 元。麦克在 2006 年 11 月又临时到香港一家分公司工作 20 天,取得香港公司支付的 1 万元工资收入,然后回到上海合资企业继续工作,在其离境期间,中外双方照旧支付工资。根据以上提供的资料,计算麦克在中国期间 10、11 月份的个人所得税纳税情况。(中国与英国有签订税收协定)

　　【案例解析】
　　根据以上的资料,麦克应被我国税法认定为无住所的非居民纳税人,属于政策规定中的第一种情况。
　　(1) 麦克 10 月份应缴纳的个人所得税为
　　应纳税额=(当月境内外工薪应纳税所得额×适用税率-速算扣除数)
　　　　　　　×当月境内支付工资÷当月境内外支付工资
　　　　　　　×当月境内工作天数÷当月天数
　　　　　　=[(60 000+9800-3500-1300)×35%-5505]×9800÷69 800
　　　　　　=2421.22(元)。

　　(2) 麦克 11 月份临时离境 20 天中所取得的收入均属于境外所得,不缴纳个人所得税,但 11 月份还有 10 天取得中方支付的 9800 元工资和外方支付的 60 000 元工资。麦克 11 月份应缴纳的个人所得税为
　　应纳税额=(当月境内外工薪应纳税所得额×适用税率-速算扣除数)
　　　　　　　×当月境内支付工资÷当月境内外支付工资×当月境内工作天数

　　① 国家税务总局:《关于在中国境内无住所的个人取得工资薪金所得纳税义务问题的通知》,国税发[1994]148 号;国家税务总局:《关于在中国境内无住所的个人执行税收协定和个人所得税法若干问题的通知》,国税发[2004]97 号。

÷当月天数

$=[(60\ 000+9800-3500-1300)\times35\%-5505]\times9800\div69\ 800\times10\div30$

$=807.07(元)。$

【案例 5-29】如果麦克在 2008 年 2 月份开始被派往上海的合资公司工作,并且在 2008 年度未离开我国境内,其他情况与案例一资料相同,请计算麦克在中国期间 2008 年 10、11 月份的个人所得税纳税情况。

【案例解析】

在本案例中,2008 年纳税年度麦克属于在我国境内无住所的非居民纳税人,符合政策规定中的第二种情形。

(1)麦克 10 月份应缴纳的个人所得税为

应纳税额=(当月境内外工薪应纳税所得额×适用税率-速算扣除数)

　　　　　×当月境内工作天数÷当月天数

$=(60\ 000+9800-3500-1300)\times35\%-5505$

$=17\ 245(元)。$

(2)麦克 11 月份临时离境 20 天中所取得的收入均属于境外所得,不缴纳个人所得税,但 11 月份还有 10 天取得中方支付的 9800 元工资和外方支付的 60 000 元工资仍需纳税。麦克 11 月份应缴纳的个人所得税为

应纳税额=(当月境内外工薪应纳税所得额×适用税率-速算扣除数)

　　　　　×当月境内工作天数÷当月天数

$=[(60\ 000+9800-3500-1300)\times35\%-5505]\times10\div30$

$=5748.33(元)。$

【案例 5-30】如果麦克已被派往上海的合资公司工作 2 年,其他情况与案例一资料相同,请计算麦克在中国期间 2006 年 10、11 月份的个人所得税纳税情况。

【案例解析】

在该案例中,2006 年度麦克属于在我国境内无住所的居民纳税人,符合政策规定中的第三种情形。

(1)他在我国境内工作期间取得的中方和英国公司支付的工资,均属于来源于我国境内的所得,均需要纳税。所以,麦克 10 月份应缴纳的个人所得税:$(60\ 000+9800-3500-1300)\times35\%-5505=17\ 245(元)。$

(2)麦克 11 月份在临时离境期间有境外支付的工资、薪金,因此,他应缴纳的个人所得税为

应纳税额=(当月境内外工薪应纳税所得税额×适用税率-速算扣除数)

×(1-当月境外支付工资÷当月境内外支付工资×当月境外工作天数÷当月天数)

$=[(60\ 000+9800+10\ 000-3500-1300)\times35\%-5505]\times(1-70\ 000\div79\ 800\times20\div30)$

$=20\ 745\times(1-0.5848)$

　　＝8613.32(元)

[分析评价]

　　通过对以上三个案例的分析,充分说明了对在我国境内无住所的纳税人,无论是居民纳税人还是非居民纳税人,收入相同的情况下,只要居住时间不同,其纳税义务就可能不同,因此纳税人要紧紧把握政策规定的尺度,合理利用这些税收政策,才可以减轻税负。需要指出的是,税法规定在我国境内有住所或无住所而在境内居住满1年的个人,从我国境内和境外取得的所得,应当分别计算应纳税额(案例5-30)。另外,为简化说明,本环节的筹划中并没有考虑境外所得已缴纳税款境内扣除的情况,纳税人在实际筹划中要考虑,并要保证对其在境外已缴纳税款能提供完税凭证。

四、利用税收优惠政策的税收筹划:以捐赠为例

　　个人所得税税法提供了很多的优惠政策鼓励或照顾某些特殊的纳税人,纳税人应该善于利用这些政策,以达到节税的目的。这里以个人所得税法对捐赠的规定为例进行说明。

[政策依据与筹划思路]

　　为鼓励纳税人对公益、教育事业作贡献,我国税法规定:个人将其所得通过中国境内的社会团体、国家机关,向教育和其他社会公益事业及遭受严重自然灾害地区、贫困地区的捐赠,未超过申报的应纳税所得额30%的部分,可以从其应纳税所得额中扣除。[①]　纳税人应合理安排捐赠事宜,最大程度地享受税收扣除。

[具体案例]

　　【案例5-31】 张先生是某公司的高级管理人员,每月取得的工薪收入所得为23 000元,本月打算向社会公益事业捐赠8000元,请问,如何进行税收筹划可以使张先生对外捐赠数额不变,而缴纳的个人所得税减少呢?

　　【筹划思路】

　　允许张先生在税前扣除的捐赠额:(23 000－3500)×30%＝5850(元)。

　　(1) 如果本月一次性对外捐赠8000元,本月应缴的个人所得税计算如下:

　　(23 000－3500－5850)×25%－1005＝2407.5(元);

　　次月应缴的个人所得税为

　　(23 000－3500)×25%－1005＝3870(元)。

　　(2)如果张先生本月捐赠5850元,剩余2150元安排在次月捐赠

　　本月应缴的个人所得税仍为:2407.5元

　　次月应缴的个人所得税为:(23 000－3500－2150)×25%－1005＝3332.5(元)

　　分次捐赠的结果使张先生节约了537.5元的个人所得税税款。

---

① 《中华人民共和国个人所得税法》第6条;《中华人民共和国个人所得税法实施条例》第24条。

【案例 5-32】某纳税人 2007 年 3 月份取得多项收入共计 74 000 元,其中,工薪所得 5000 元,偶然所得 9000 元,稿酬所得 10 000 元,劳务报酬所得 50 000 元,本月想对外公益捐赠 15 000 元,请问,如何为该纳税人筹划,降低其个人所得税税负?

【案例解析】

(1) 确定各项所得的捐赠扣除额及各项所得的适用税率:

工薪所得的捐赠扣除额:(5000−3500)×30%=450(元),适用税率 3%

偶然所得的捐赠扣除额:9000×30%=2700(元),适用税率 20%

稿酬所得的捐赠扣除额:10 000×(1−20%)×30%=2400(元),适用税率 20%×70%,即 14%。

劳务报酬所得的捐赠扣除额:50 000×(1−20%)×30%=12 000(元),适用税率 30%

允许从应纳税所得中扣除的捐赠总额为 17 550 元

(2) 由于 15 000<17 550,所以 15 000 元可以在本月一次性对外捐赠,但纳税人应将其依次分摊在劳务报酬所得、偶然所得和工薪所得上,分配额分别为 12 000 元、2700 元、300 元,则结果可以使纳税人享受最大的税后所得。

劳务报酬所得应缴的个人所得税:[50 000×(1−20%)−12 000]
　　　　　　　　　　　　　　×30%−2000=6400(元);

偶然所得应缴的个人所得税:(9000−2700)×20%=1260(元);

工薪所得应缴的个人所得税:(4600−3500−300)×3%=24(元);

稿酬所得应缴的个人所得税:10 000×(1−20%)×20%
　　　　　　　　　　　　　　×(1−30%)=1120(元)。

共缴个人所得税 8804 元,如果将捐赠额依次分配在工薪所得、偶然所得、稿酬上,余额分配在劳务报酬上,通过简单计算,所要缴纳个人所得税将大于 8804 元。

[分析评价]

由于我国个人所得税实行分类所得税制,纳税人在计算捐赠扣除时,属于哪项所得捐赠的,就应从哪项应税所得额中扣除捐赠。但当纳税人取得两种以上不同收入,再从中取出一部分收入对外捐赠时,就无法分清是从哪项收入中取出的,也分不清各项收入中取出的各是多少,因此纳税人此时就可以将捐赠额依次分摊在高税率的应税收入中,以降低高税率所得的个人所得税税负,从而降低整体的个人所得税税负。

在该环节的筹划中,纳税人需要关注的问题有两点:

首先,税法规定纳税人对外捐赠允许按应纳税所得额的一定比例进行扣除,其前提必须是纳税人当期取得一定的收入,如果纳税人当期未取得收入,而是用自己过去的积蓄进行捐赠,则不能享受这种捐赠扣除。所以纳税人应选择在有收入的时期捐赠,对外捐赠多少,应当取决于当期收入的多少,若捐赠额超过当期应纳税所得额的 30%,可选择在限额内捐赠,差额部分可以安排在下期收入中捐赠。

其次,如果本期取得多项收入,捐赠额应恰当地在各项收入中分摊,以享受捐赠扣除的最大可能值。

此外,在对外捐赠时,纳税人需要注意非公益性捐赠是不得在应纳税所得额中扣除的,另外税法又规定,个人通过非营利性的社会团体和国家机关向农村义务教育、红十字事业捐赠、对公益性青少年活动场所捐赠准予在应纳税所得额中全额扣除,所以纳税人在对外捐赠时,可以考虑首选这一渠道。总之,纳税人应适当筹划,在对外公益捐赠的时候,尽量减轻自己的税负,一举两得。

[本章小结、概念术语及思考练习题]

【本章小结】

1. 企业所得税是国家对境内企业生产、经营所得和其他所得依法征收的一种税,企业所得税的筹划重点是应纳税所得额。具体包括:

• 税率的税收筹划:利用企业所得税的两档全额累进税率降低税负;

• 转让定价的税收筹划:成立独立核算的销售部门,通过价格的转让来进行关联企业之间的利润转移,以达到减轻税负的目的;

• 存货计价的税收筹划:用多种存货计价方案计算出多组数据,从中选择出最有利于减少纳税的存货计价方法;

• 固定资产折旧的税收筹划:选择适当的固定资产折旧方法及年限,递延缴纳企业所得税,从而获得货币的时间价值(在对固定资产进行修理时,应注意修理支出与改良支出的界限,避免发生改良支出);

• 坏账损失的税收筹划:选择备抵转销法,增加企业当期费用,从而少缴纳企业所得税;

• 亏损弥补的税收筹划:利用被投资方适用所得税率的不同,在分回利润时,选择对自己有利的方式进行亏损弥补和补缴税款;

• 投资抵免的税收筹划:通过将基期的利润递延到抵免期或将投资时期选定为企业所得税较低的次年,就可以尽量增加新增税款,充分享受投资抵免;

• 技术开发费抵免的税收筹划:通过加大技术开发力度与投入,实现技术开发费用50%的附加扣除,从而减轻税负;

• 广告费用、业务宣传费用的税收筹划:充分运用税法对广告费支出和业务宣传费支出的划分及其不同列支标准,对企业广告费支出和业务宣传费支出在支出结构上进行一定的调整,或通过机构分设的方式加大企业集团的货物流转总额,从而增加企业集团广告费与业务宣传费的整体扣除限额;

• 关联企业借款利息的税收筹划:关联企业可以避开借款,通过投资、预付货款或赊销货物等形式将资金提供给需求方,避免缴纳额外的税款。

2. 个人所得税是指对个人(自然人)取得的各项应税所得征收的一种税。从个人所得税的特点及政策规定出发,该税种的筹划主要包括:

• 工资、薪金所得的筹划:通过均衡发放工薪、非货币支付及工薪所得与劳务报酬所得的化转来减少工资、薪金所得的个人所得税;

• 劳务报酬所得的筹划:通过费用转移减少应纳税所得额或分割计税来增加可扣除费用的次数,减少劳务报酬所得的个人所得税;

· 承包经营、承租经营所得的筹划:通过改变企业性质,避免因缴纳企业所得税的同时又缴纳个人所得税所带来的双重征税;

· 特许权使用费所得的筹划:对比特许权使用费转让与投资的税费、收益,选择对纳税人最为有利的行为;

· 股息、利息、红利所得的筹划:投资企业应少分配利润,并对保留的盈余通过其他方式转移出去,给投资者带来间接的收益;

· 财产租赁所得的筹划:纳税人应充分了解税法规定,计税时扣除所有可扣除项目;

· 涉外人员的个人所得税筹划:利用税法中对涉外人员征税的规定,避免成为居民纳税人;

· 个人所得税捐赠扣除的筹划:通过将捐赠额依次分摊在高税率的应税收入中,可以降低高税率所得的个人所得税税负,从而降低整体的个人所得税税负。

【概念与术语】

合伙制和公司制	子公司与分公司	小型微利企业	高新技术企业
固定资产折旧	固定资产改建支出及大修理支出		存货计价方法
外币折算业务	公益捐赠	预缴税款	延期纳税
经营租赁和融资租赁	直接投资与间接投资	居民纳税人	非居民纳税人
临时离境	年薪制	股息	红利
劳务报酬所得	特许权使用费所得	个体工商户	私营企业
个人独资企业	合伙企业	核定征收	附加扣除

【思考题】

1. 如何利用不同的存货计价方法进行税收筹划?

2. 加速折旧是否始终是一种有效的税收筹划方法?

3. 利用设备投资进行税收筹划的关键是什么?

4. 在企业所得税纳税筹划中,如何用足广告费用、业务宣传费用和业务招待费的抵扣?

5. 我国税法对不同来源的借款利息税前扣除标准有何规定? 如何进行税收筹划?

6. 如何进行股权转让和债权的税收筹划?

7. 企业在发生固定资产大修理支出时,应如何考虑税收的影响?

8. 企业在企业所得税纳税人身份筹划时应注意什么问题?

9. 如何进行企业所得税纳税申报和预缴的税收筹划?

10. 个体工商户、个人独资企业、合伙企业与私营企业四种形式相比较,各有何优缺点?

11. 如何对特许权使用费所得的费用分摊进行税收筹划?

【练习题】

1. 某企业固定资产原值为 80 000 元,预计残值 4000 元,使用年限 5 年。该企业利润(含折旧)和年产量如表 5-16 所示,该企业适用的企业所得税税率为 25%,请从税收筹划的角度分析该企业应选择哪种折旧方法。

表 5-16　测试数据

使用年份	未扣除折旧的利润/元	产量/件
第一年	40 000	400
第二年	50 000	500
第三年	48 000	480
第四年	40 000	400
第五年	30 000	300
合计	208 000	2 080

2. 某公司由于业务发展需要,需要外部融资 1000 万元,公司的注册资本为 1800 万元,企业可以选择从银行借款,银行贷款利率为 5%,也可以选择从关联企业借款,关联企业的借款利率为 4.5%,或者选择发行公司债券,债券的票面价值为 1000 万,票面利率为 4.8%,平价发行,以上借款期限和债券期限均为 5 年,企业应选用哪种融资方式?

3. 某街道集体企业由于缺乏管理人才,决定将企业对外租赁经营。通过竞投,某企业管理人员姜某脱颖而出,该企业主管部门将全部资产租赁给姜某经营,姜某每年上交租赁费 9 万元。租期两年,为 2008 年 7 月 1 日~2010 年 6 月 30 日。租赁后,该企业主管部门不再为该企业提供管理方面的服务,其经营成果全部归姜某个人所有。假设当年实现会计利润 75 000 元(已扣除上交的 2008 年 7 月~12 月的租赁费 4.5 万元),当年折旧额为 4000 元,姜某本人未拿工资,该省规定的业主费用扣除标准为每月 2000 元。请问:姜某该如何进行筹划更为节税?

4. 肖某发明了一种新科技产品,并获得了国家专利,专利权属肖某个人所有。由于该产品有较好的实用价值,许多厂家纷纷要求购买其专利生产权,其中甲企业愿意出资 500 万元购买该项专利;而另一效益很好的乙企业则提出让他持有该公司 10% 的股权,预计该企业使用该专利生产权后,5 年内各年的净利润大致是 900 万元、1150 万元、1250 万元、1200 万元、500 万元,该项专利 5 年后将被逐步淘汰,乙公司在保留必要的税后提留后,按净利润的 40% 进行分配。肖某该如何选择?

5. A 公司资产负债表账面价值中股本为 1000 万元,资本公积为 500 万元,累计未分配利润为 2000 万元,所有者权益合计 3500 万元。其中股东 B 的股权比例为 60%,2008 年 3 月份,B 股东欲把其股权的 20% 转让给 C 公司,公允价值为 800 万元,试比较一下两种方案中哪种方案获得的税收利益更大。

方案一:按股权的公允价值进行转让;方案二:A 公司先分股息,B 公司再进行股权转让。

第六章

其他税种的税收筹划

[本章提要]

本章围绕土地增值税、资源税、印花税、房产税及车船使用税五个税种的税收筹划，阐述了与各税种筹划有关的政策依据，从不同生产经营行为的细节入手，介绍了各税种的基本筹划方法，并对各种方法进行简要评述。

■第一节　土地增值税的税收筹划

一、土地增值税筹划的政策要点

土地增值税是指对转让国有土地使用权、地上建筑物及其附着物并取得增值性收入的单位和个人征收的一种税。土地增值税具有以下几个特点：以转让房地产取得的增值额为征税对象；征税面比较广；采用扣除法和评估法计算增值额；实行30％～60％的四级超率累进税率，并按次征收。从土地增值税本身的特点出发，该税种的筹划主要可以围绕以下几个方面进行：

（1）合理、合法增加可扣除项目，降低增值额；

（2）不同增值率房产是否合并的筹划；

（3）有关房产销售中代收费用的筹划；

（4）利用相关的税收优惠政策。

二、利用利息支出扣除进行筹划

[政策依据与筹划思路]

房地产开发企业在进行房地产开发业务的过程中，一般都会发生大量的借款，利息支出是不可避免的，而利息支出的不同扣除方法会对企业应纳的土地增值税产生很大的影响。根据税法规定，与房地产开发有关的利息支出分两种情况确定扣除：

（1）凡能按转让房地产项目分摊并提供金融机构证明的，允许据实扣除，但最高不得超过按商业银行同期贷款利率计算的金额；其他房地产开发费用，按取得土地使用权所支付的金额和房地产开发成本金额的 5％以内计算扣除。即房地产开发费用＝允许扣除的利息＋（取得土地使用权支付的金额＋房地产开发成本）×扣除比例$_1$（5％以内）。

（2）凡不能按转让房地产项目计算分摊利息支出或不能提供金融机构证明的，利息支出要并入房地产开发费用一并计算扣除。即房地产开发费用＝（取得土地使用权支付的金额＋房地产开发成本）×扣除比例$_2$（10％以内）。

以上两类计算扣除的具体比例，由省级人民政府具体规定。[①]

这种规定就为纳税人提供了筹划机会。我们可以据此计算出利息支出节税点，通过实际可扣除利息与利息支出节税点的比较，选择最佳方案。

利息支出节税点的计算原理是：在允许扣除利息既定的情况下，按照上述两种方法计算的房地产开发费用相等。因此，

允许扣除的利息（即利息支出节税点）＋（取得土地使用权支付的金额＋房地产开发成本）×扣除比例$_1$＝（取得土地使用权支付的金额＋房地产开发成本）×扣除比例$_2$

得出：利息支出节税点＝（取得土地使用权支付的金额＋房地产开发成本）×（扣除比例$_2$－扣除比例$_1$）

房地产开发企业在进行房地产开发时，如果允许扣除的利息大于利息支出节税点，则企业应正确分摊利息支出并提供金融机构证明；如果小于利息支出节税点，则企业可以不按照转让房地产开发项目计算分摊利息支出，或不提供金融机构证明，这样可以使扣除项目金额增加，土地增值税的计税依据相应减少。

[具体案例]

【案例 6-1】星星房地产开发公司开发一批商业用房，支付的地价款为 600 万元，开发成本为 1000 万元，假设按房地产开发项目分摊利息且能提供金融机构证

---

① 《中华人民共和国土地增值税暂行条例实施细则》第 7 条。

明的应扣除利息为 100 万元,请问如何通过利息扣除为该公司进行土地增值税的筹划呢? 如果应扣除的利息支出为 70 万元时,又如何筹划呢? 假设当地政府规定的两类扣除比例分别为 5% 和 10%。

【筹划思路】

该公司的利息扣除节税点＝(取得土地使用权所支付的金额

＋房地产开发成本)×(10%－5%)

＝(600＋1000)×5%＝80(万元)。

当允许扣除的利息支出为 100 万元时,由于 100 万＞80 万,所以该公司应严格按房地产开发项目分摊利息并提供金融机构的证明,这样利息支出就可以按 100 万元扣除,否则只能按 80 万元扣除,计税依据将增加 20 万元,造成多缴纳税款。

当允许扣除的利息支出为 70 万元时,由于 70 万＜80 万,所以应选择第二种计扣方式,即不按房地产开发项目分摊利息或不向税务机关提供有关金融机构的证明,这样可以多扣除 10 万元利息支出,减少计税依据 10 万元,合理降低税负。

[分析评价]

在该案例中,我们就是通过将实际允许扣除的利息数额与利息支出节税点进行比较,选择有利于纳税人的计扣方式进行筹划。当然,有必要指出,税法中允许扣除的利息支出应为严格按《企业会计准则－借款费用》规定核算的利息支出,不按规定核算,一律不得扣除。例如,超过贷款期限的利息和加罚的利息都不允许扣除。本案例也说明,只要纳税人能合理、合法的增加可扣除项目金额,就可以降低增值额,并有可能降低所适用的税率,从税基和税率两方面减轻税负,增加企业净收益。

三、不同增值率房产的筹划

[政策依据与筹划思路]

土地增值税适用四档超率累进税率,其中最低税率为 30%,最高税率为 60%。如果对增值率不同的房产并在一起核算,就有可能降低高增值率房地产的适用税率,使该部分房地产的税负下降,同时又可能会提高低增值率房地产的适用税率,增加这部分房地产的税负。因而,纳税人需要具体测算分开核算与合并核算的相应税额,再选择低税负的核算方法,达到节税的目的。

[具体案例]

【案例 6-2】某房地产开发公司同时开发 A、B 两幢商业用房,且处于同一片土地上,销售 A 房产取得收入 300 万元,允许扣除的金额为 200 万元;销售 B 房产共取得收入 400 万元,允许扣除的项目金额为 100 万元。对这两处房产,公司是分开核算还是合并核算,能带来节税的好处呢?

【案例解析】

（1）分开核算时：

A 房产的增值率＝（300－200）÷200×100％＝50％，适用税率30％；

应缴纳的土地增值税为：（300－200）×30％＝30（万元）；

B 房产的增值率＝（400－100）÷100×100％＝300％，适用税率60％；

应缴纳的土地增值税为：（400－100）×60％－100×35％＝145（万元）；

共缴纳土地增值税为30＋145＝175（万元）。

（2）合并核算时：

两幢房产的收入总额为：300＋400＝700（万元）；

允许扣除的金额：200＋100＝300（万元）；

增值率为：（700－300）÷300×100％＝133.3％，适用税率50％；

应纳的土地增值税为：（700－300）×50％－300×15％＝155（万元）。

通过比较可以看出，合并核算对公司是有利的，合并核算比分开核算能节税20万元。

[分析评价]

从上例中我们可以看出，由于两类房产增值率相差很大，只要房地产开发公司将两处房产安排在一起开发、出售，并将两类房产的收入和扣除项目放在一起核算，一起申报纳税，就可以达到少缴税的目的。但是并不是所有的合并核算都可以节税，由于低增值率的房产的适用税率可能会提高，因此在实践中必须具体测算后才能作出选择。

四、房产销售中代收费用的筹划

[政策依据与筹划思路]

房地产开发企业在销售不动产时，经常要代其他部门收取一些诸如城建配套费、维修基金等费用。目前，纳税人有两种代收费用的收取方式：①将代收费用视为房产销售收入，并入房价向购买方一并收取；②在房价之外向购买方单独收取。从土地增值税的角度分析，两种方式的税收待遇是不一样的。

按规定，房地产开发企业在售房时按县级及县级以上人民政府要求代收的各项费用，如果代收费用未计入房价中，而是在房价之外单独收取的，可以不作为转让房地产的收入，在计算增值额时也不允许扣除代收费用；如果代收费用是计入房价中向购买方一并收取的，要作为转让房地产所取得的收入计税，在计算扣除项目金额时，可予以扣除，但不允许作为加计20％扣除的基数。① 以上规定显然为税收筹划创造了空间。

---

① 财政部、国家税务总局：《关于土地增值税一些具体问题规定的通知》，财税字［1995］48号。

[具体案例]

【案例6-3】某房地产开发公司出售一幢商品房,拟获得销售收入3000万元,按当地市政府的要求,在售房时需代收200万元的各项费用。房地产开发企业开发该商品房的支出如下:支付土地出让金200万元,房地产开发成本为600万元,其他允许税前扣除的项目合计200万元。请问该公司是否应将代收费用并入房价?

【案例解析】

(1) 如果公司未将代收费用并入房价,而是单独向购房者收取,则:

允许扣除的金额为:$200+600+200+(200+600)\times20\%=1160$(万元);

增值额为:$3000-1160=1840$(万元);

增值率为:$1840\div1160=158.62\%$;

应缴纳的土地增值税:$1840\times50\%-1160\times15\%=746$(万元)。

(2) 如果公司将代收费用并入房价向购买方一并收取,则:

允许扣除的金额为:$200+600+200+(200+600)\times20\%+200=1360$(万元);

增值额为:$3000+200-1360=1840$(万元);

增值率为:$1840\div1360=135.29\%$;

应缴纳的土地增值税为:$1840\times50\%-1360\times15\%=716$(万元)。

显然,该公司无论代收费用的方式如何,其销售该商品房的增值额均为1840万元,但是采用第二种代收方式,即将代收费用并入房价,会使得可扣除项目增加200万元,从而使纳税人的增值率降低,导致少缴纳土地增值税30万元。

[分析评价]

由于在计算土地增值税时,土地增值税=增值额×适用税率-可扣除项目×适用的速算扣除系数,无论代收方式如何,增值额都是不变的,如果将代收费用A并入房价,可扣除项目金额会相应增加A,使得应缴纳的土地增值税减少$A\times$适用的速算扣除系数;如果代收的费用较大时,可扣除项目增加,整体的增值率下降,还可能使纳税人适用的最高边际税率降低,给纳税人带来更大的节税效益。

当然,需要注意的一点是,单独收取代收费用时的增值率如果未超过50%,其适用的速算扣除系数为0,这时无论代收方式如何,纳税人的税负都是一样的。在这种情况下,筹划就没有什么意义了。

此外,如果房地产开发商将房屋装修后提高价格销售,也可达到同样的效果。

五、利用税收优惠政策进行筹划

[政策依据与筹划思路]

税法规定:纳税人建造、出售的是普通标准住宅,增值额未超过扣除项目金额的20%,免征土地增值税;增值额超过扣除项目金额的20%,应就其全部增值额按规定计税。① 因此我们可以充分利用 20% 这一临界点的税负效应进行筹划。筹划的方法有两种:利用合理定价进行筹划和增加扣除费用进行筹划。

假设某房地产开发企业建造一批商品房待售,除销售税金及附加外的全部允许扣除的项目金额为 A,销售的房价总额为 X,则企业应缴纳的营业税为 $5\%X$,销售税金及附加为: $5\%X(1+7\%+3\%)=5.5\%X(7\%、3\%$ 分别为城建税税率和教育费附加征收率)。

(1) 如果纳税人欲享受起征点的照顾,那么最高售价只能为

$X=(A+5.5\%X)\times(1+20\%)$,

解得

$X=1.2848A$。

企业在这一价格水平下,即可享受起征点的照顾。如果售价低于此数,虽也能享受起征点照顾,却只能获得较低的收益。

(2) 如果企业欲通过提高售价达到增加收益的目的,此时增值率略高于 20%,即按"增值率"在 50% 以下的税率 30% 缴纳土地增值税,只有当价格提高的部分超过缴纳的土地增值税和新增的销售税金及附加,提价才是有意义的。

设提高价格 Y 单位,即新的价格为 $X+Y$,则:

新增的销售税金及附加为: $5.5\%Y$;

允许扣除的项目金额为: $A+5.5\%X+5.5\%Y$;

房地产的增值额为: $X+Y-A-5.5\%X-5.5\%Y$;

缴纳的土地增值税为: $30\%\times(X+Y-A-5.5\%X-5.5\%Y)$。

企业欲使提价所带来的收益超过因突破起征点而新增的税负,就必须满足

$Y>30\%\times(X+Y-A-5.5\%X-5.5\%Y)+5.5\%Y$,

将 $X=1.2848A$ 代入上式,解得 $Y>0.0971A$,$X+Y>1.3819A$。

即当售价等于可扣除项目金额的 1.3819 倍时,企业获得的收益与售价等于可扣除项目金额的 1.2848 倍;当售价高于可扣除项目金额的 1.3819 倍时,提高售价可以增加收益;当售价介于可扣除项目金额的 1.2848 倍与 1.3819 倍之间时,提高售价企业的收益反而会下降。

(3) 当企业增值额超过扣除项目金额的 20% 时,我们可以通过增加可扣除项目金额达到增加收益的目的。只有当节省的税收高于或等于增加的可扣除项目金额时,企业才可获益。

企业节省的税收即是企业未增加可扣除项目时需要缴纳的土地增值税: $30\%\times(X-A-5.5\%X)$;

设增加的可扣除项目金额为 B,则 $30\%\times(X-A-5.5\%X)\geqslant B$。

---

① 《中华人民共和国土地增值税暂行条例》第 8 条;《中华人民共和国土地增值税暂行条例实施细则》第 11 条。

由于此时的 $X=1.2848(A+B)$，代入上式，解得 $B \leqslant 0.071\ 43X$。

即如果使增值率等于 20% 的可扣除项目金额数与原可扣除项目金额的差额小于售价的 7.143% 时，可通过增加可扣除项目金额使企业增加收益。

[具体案例]

【案例 6-4】某房地产开发公司建成并待售一幢商品房，同行业房价为 1800 万～1900 万元，已知为开发该商品房，支付的土地出让金为 200 万元，房地产开发成本为 900 万元，利息支出不能按房地产开发项目分摊也不能提供金融机构的证明，假设城建税税率为 7%，教育费附加为 3%，当地政府规定允许房地产开发费用的扣除比例为 10%，①如何为该公司筹划，使其房价在同行业中较低，又能获得最佳利润？②如果企业拟将房价定于 1850 元，企业如何筹划才能增加利润？

【筹划思路】

(1) 使房价在同行业中较低，又能获得最佳利润的筹划方法如下：

① 计算除销售税金及附加外的可扣除的项目金额为

$200+900+(200+900) \times 10\% + (200+900) \times 20\% = 1430$（万元）。

② 如公司要享受起征点优惠，则最高售价应为

$1430 \times 1.2848 = 1837.264$（万元）。

此时企业获利

$1837.264 - 1430 - 1837.264 \times 5.5\% = 306.2$（万元）。

因此，当价格定在 1800～1837.264 之间时，获利将逐渐增加，但都要小于 306.2 万元。

③ 如果公司要适当提高售价，则提高后的总房价至少要超过 1976.117 万元（$1430 \times 0.0971 + 1837.264$），提价才会增加总收益，否则提价就没有意义，甚至会导致总收益的减少。

所以，当同行业的房价处于 1800 万～1900 万时，公司应选择 1837.264 万元作为自己的销售价格，使自身的房价较低，增强竞争力，而且能给公司带来较大的利润。当然，如果公司能以高于 1976.117 万元的价格出售商品房的话，所获利润将会进一步增加。

(2) 在既定房价的前提下，增加企业利润的筹划方法是：

如能将企业的增值额限制在 20% 以内，企业可免征土地增值税，此时企业的可扣除项目金额应为

$(1850-A)/A \times 100\% = 20\%$，

解得

$A = 1541.67$（万元）。

企业可增加的扣除项目金额为

$1541.67 - 1430 = 111.67$（万元）。

由于 $111.67/1850 = 0.060\ 36 < 0.071\ 43$，企业可通过增加扣除项目金额的方

式增加收益。

[分析评价]

通过本案例进一步说明,在出售普通标准住宅问题上,企业有两种筹划方法可以使用:

(1) 利用合理定价的方法,既使自己保持较高的竞争力,又可使自己获得较佳利润。但千万不可盲目地提价,有时较高的价格所带来的利润反而会低于较低价格所带来的利润。例如:在该案例中 1830 万元的售价,能获利 299.35 万元(1830－1430－1830×5.5%);而 1840 万元的售价,只能获利 216.16 万元[(1840－1430－1840×5.5%)×(1－30%)],虽然售价提高了 10 万元,利润却减少了 83.19 万元。

(2) 增加可扣除项目金额的方法。企业可以通过增加房地产开发成本或房地产开发费用等方式,将普通住宅的增值率限制在 20% 以内,这样一方面可能会降低税负,增加企业收益,另一方面又可以提高房屋质量,改善房屋配套措施,增强开发商的竞争力。但如果是通过增加房地产开发费用的方法增加可扣除项目金额,应注意税法规定的比例限制。税法规定,开发费用的扣除比例不得超过取得土地使用权支付的金额和房地产开发成本金额总和的 10%,具体比例由省级人民政府规定[①],纳税人要注意把握。

此外,我国税法还对土地增值税规定了优惠政策,直接利用土地增值税中有关的减免税优惠政策,是一种最简单的筹划方法,不需要详细的筹划考虑。

对土地增值税的优惠政策主要应掌握下列几点:

(1) 因国家建设需要而被政府征用、收回的房产,免税。[②]

(2) 对个人转让自用住房的税收优惠。个人因工作调动或改善居住条件而转让原自用住房,经向税务机关申报核准,凡居住满 5 年或 5 年以上的,免予征收土地增值税;凡居住满 3 年未满 5 年的,减半征收土地增值税;居住未满 3 年的,按规定计征土地增值税。[③]

第二节　资源税的税收筹划

一、资源税筹划的政策要点

资源税是指对在我国境内开采应税矿产品或者生产盐的单位和个人,就其销

---

① 《中华人民共和国土地增值税暂行条例实施细则》第 7 条。

② 《中华人民共和国土地增值税暂行条例》第 8 条。

③ 《中华人民共和国土地增值税暂行条例实施细则》第 12 条。

售或自用的数量为计税依据,采用从量定额的办法征收的一种税。现行资源税的税目及子目主要是根据资源税应税产品和纳税人开采资源的行业特点设置的。因而在筹划的时候要充分考虑不同行业的生产经营特点,资源税的筹划主要可以围绕以下几方面进行:

(1) 利用折算比进行筹划;

(2) 不同应税产品要分开核算;

(3) 有关液体盐加工成固体盐的征税规定;

(4) 充分利用税收优惠政策。

二、利用折算比进行筹划

[政策依据与筹划思路]

税法规定:纳税人不能准确提供应税产品销售数量或移送使用数量的,以应税产品的产量或主管税务机关确定的折算比换算成的数量为课税数量。[①] 具体规定如下:

(1) 对于连续加工前无法正确计算原煤移送使用数量的煤炭,可按加工产品的综合回收率,将加工产品实际销量和自用量折算成原煤数量,作为课税数量;

(2) 金属和非金属矿原矿,因无法准确掌握纳税人移送使用原矿数量的,可将其精矿按选矿比折算成原矿数量(耗用的原矿数量＝精矿数量÷选矿比),作为课税数量。[②]

这些规定给纳税人提供了筹划空间:由于税务机关确定折算比一般是按同行业的平均水平确定的,如果纳税人的加工技术相对落后,估算的实际综合回收率或选矿比相对同行业平均水平略低,就无须准确核算并提供应税产品的销售数量或移送使用数量,反之就要准确核算,这样可以达到节税的目的。

[具体案例]

【案例 6-5】某煤炭企业本月对外销售原煤 1000 万吨,用企业的原煤加工洗煤 420 万吨销售,已知该企业加工的矿产品的综合回收率为 70%,税务机关确定的综合回收率为 60%,原煤适用单位税额为 2 元/吨。问该企业应如何计算本月的应纳税额?

【案例解析】

(1) 按企业实际的综合回收率计算本月应缴纳的资源税税额为

$1000 \times 2 + 420 \div 70\% \times 2 = 3200$(万元);

(2) 按税务机关确定的综合回收率计算应缴纳的资源税税额为

---

① 《中华人民共和国资源税暂行条例实施细则》第 5 条。

② 国家税务总局:《资源税若干问题的规定》,国税发 [1994]15 号。

$1000 \times 2 + 420 \div 60\% \times 2 = 3400$(万元)。

显然,按实际综合回收率计算可以为企业节税 200 万元。

【案例 6-6】某铜矿企业,1 月份销售铜矿石原矿 40 万吨,移送入选 20 万吨,假定该铜矿企业的实际选矿比为 20%,税务机关确定的选矿比为 25%,铜矿石原矿适用单位税额为 1.2 元/吨,问如何计算应缴纳的资源税?

【案例解析】

(1) 按实际选矿比计算的资源税税额为

$40 \times 1.2 + 20 \div 20\% \times 1.2 = 168$(万元)。

(2) 按税务机关确定的选矿比计算的税额为

$40 \times 1.2 + 20 \div 25\% \times 1.2 = 144$(万元)。

由此可见,纳税人选择税务机关确定的选矿比计算就可以节税 24 万元。

[分析评价]

从上述两个案例可以看出,利用折算比进行筹划,主要是通过企业自身估计的实际综合回收率或选矿比与税务机关确定的综合回收率或选矿比进行比较,哪一方确定的比例高就选择哪一方的比例核算应缴纳的资源税。案例 6-5 中,税务机关确定的综合回收率低,所以同量洗煤折算出的所耗用的原煤就多,所缴纳的资源税就多,在这种情况下,企业准确核算应税产品的数量,就可以达到节税的目的。而在案例 6-6 中,税务机关确定的选矿比高于本企业实际的选矿比,同量精矿折算出所耗用的原矿数量就较少,因此,企业只有不准确核算实际的使用数量而选择税务机关确定的选矿比折算出使用数量才能降低税负。

三、实行分别核算进行筹划

[政策依据与筹划思路]

《中华人民共和国资源税暂行条例》进行了如下规定:①纳税人开采或生产不同应税产品的,应当分别核算不同税目的应税产品数量;未分别核算或不能准确提供不同应税产品课税数量的,从高适用税额计税。[①] ②纳税人的减、免税项目,应单独核算;未单独核算或不能准确提供减、免税产品数量,不予减税或免税。[②]

所以,纳税人有减免税项目的一定要单独且准确核算,对兼营不同税目的产品要准确地进行分别核算,以避免承受不必要的税收负担,从而达到"不该交的一分不交"的筹划目的。

[具体案例]

【案例 6-7】新疆某油田 1 月份生产原油 30 万吨,其中用于加热、修井的为 2

[①]《中华人民共和国资源税暂行条例》第 4 条。

[②]《中华人民共和国资源税暂行条例》第 8 条。

万吨,其余全部对外销售;另外,在采油过程中,回收天然气 3 千万立方米。试计算该油田 1 月份应纳的资源税。(原油单位税额为 8 元/吨,天然气单位税额为 12 元/千立方米)

【案例解析】

(1)该油田如未对对外销售的原油,用于加热、修井的原油及回收的天然气分别核算时,应纳的资源税＝(30＋3)×12＝396(万元)。

(2)该油田如对原油及回收的天然气分别核算,但未对用于加热、修井的原油单独核算,所以纳税人开采的原油用于加热、修井的部分是不可以免税的,用于对外销售的部分照章纳税,因此油田应纳的资源税＝30×8＋3×12＝276(万元)。

(3)该油田如能对所有不同项目分开核算,应纳的资源税＝(30－2)×8＋3×12＝260(万元)。

由此可见,纳税人不仅要将不同税目的产品分别核算,还应单独核算同一税目下有减免税的产品,这样才能给企业带来最大节税的利益。

[分析评价]

上述案例说明,利用分别核算进行筹划,是完全可以给企业带来节税利益的,而且这种筹划方法相对来说比较简单。要学会充分利用该方法,就要求纳税人熟悉资源税税法中有关不同的应税项目、适用税率(税额)及其免税项目的规定,否则很容易使自己的税收负担增加。

四、关于液体盐加工成固体盐的筹划

[政策依据与筹划思路]

税法规定:纳税人以自产的液体盐加工成固体盐,按固体盐适用的税额,以加工的固体盐数量为课税数量;纳税人以外购的液体盐加工固体盐,其加工固体盐所耗用的液体盐的已纳税额准予扣除。[①]因而纳税人对其外购的液体盐应与自产的液体盐分开核算,同时要准确核算用于加工固体盐所耗用的外购液体盐的数量,以备抵扣。避免将外购液体盐混同自产液体盐,导致抵扣税额减少,增加税负。

[具体案例]

【案例 6-8】某盐场全年生产液体盐 50 万吨,其中 10 万吨对外销售,40 万吨用于生产固体盐。当年共生产固体盐 100 万吨,全部对外销售,耗用液体盐 120 万吨,除本企业自产的 40 万吨液体盐外,另外 80 万吨是外购的。已知液体盐单位税额为 2 元/吨,[②]固体盐单位税额为 25 元/吨,盐场财务人员核算出全年应纳的资源税为 2520 万元。请问这一数据是否有误?

---

① 国家税务总局:《资源税若干问题的规定》,国税发[1994]15 号。
② 财政部、国家税务总局:《关于调整盐资源税适用税额标准的通知》,财税[2007]5 号。

【案例解析】

盐场财务人员核算出的资源税数额是有误的,具体计算过程如下:

(1) 自产液体盐对外销售 10 万吨应纳资源税=10×2=20(万元);

(2) 生产的固体盐对外销售 100 万吨应纳资源税=100×25=2500(万元);

(3) 外购液体盐加工固体盐准予抵扣的资源税=80×2=160(万元)。

所以全年合计应纳的资源数为 20+2500-160=2360(万元)。

[分析评价]

从本案例中可以看出,用自产液体盐加工固体盐,按固体盐及其适用税额征收资源税,所耗用的自产液体盐 40 万吨是不征资源税的,也更谈不上这部分自产液体盐的抵扣,但是用外购液体盐 80 万吨加工固体盐,这部分液体盐已纳的资源税 160 万元,税法是准予抵扣的。财务人员由于不了解这一点,将外购液体盐混同自产液体盐,因而少抵扣 160 万元,造成盐场多缴纳税款 160 万元。

五、利用税收优惠政策进行筹划

[政策依据与筹划思路]

税法规定:从 2002 年 4 月 1 日,对冶金联合企业矿山石资源,减按规定税额标准的 40%征收;对有色金属矿的资源税在规定税额基础上减征 30%,即按规定税额标准的 70%征收[①]。对税法中有明确规定优惠的,纳税人就必须充分的加以运用,这样才能避免给自己增加不必要的税负。

[具体案例]

【案例 6-9】 某冶金联合企业 2008 年 1 月份开采铁矿石 8 万吨,全部对外销售,铁矿石适用单位税额 10 元/吨,请计算该企业 1 月份应纳资源税数额。

【案例解析】

(1) 未利用税收优惠:1 月份应缴的资源税=8×10=80(万元);

(2) 利用税收优惠:1 月份应缴的资源税=8×10×40%=32(万元);

因此企业只要利用税收优惠就能少缴纳 48 万元(80-32)的税款。

【案例 6-10】 某采矿企业 6 月份共开采锡矿石 50 000 吨,销售锡矿石 40 000 万吨,适用的单位税额为 6 元/吨,计算该企业 6 月份应缴纳的资源税。

【案例解析】

(1) 未利用税收优惠:6 月份应纳的资源税=40 000×6=24 000(元);

(2) 利用税收优惠:6 月份应纳的资源税=40 000×6×70%=16 800(元);

---

① 财政部、国家税务总局:《关于减征冶金独立矿山铁矿石和有色金属矿资源税的通知》,财税字[1996]82 号;财政部、国家税务总局:《关于调整冶金联合企业矿山铁矿石资源税适用税额的通知》,财税字[2002] 17 号。

企业利用税收优惠就能少缴 7200 元(24 000－16 800)税款。

[分析评价]

从案例 6-9 和案例 6-10 可以看出,利用税收优惠的方法筹划是较为简单的,纳税人无须作出详细的筹划方案。只要了解并利用税法有关减免项目的规定,就能达到节税的目的,这里不再详细分析评价,但需要注意的是,纳税人享受减免税优惠的项目必须要单独核算,否则就不能享受优惠。

第三节 印花税的税收筹划

一、印花税筹划的政策要点

印花税是指对经济活动和经济交往中书立、使用、领受具有法律效力凭证的单位和个人征收的一种税。其性质属于行为税,纳税人只要发生书立、使用、领受应税凭证的行为,就须履行纳税义务。其特点为覆盖面广、税率低、纳税人自行完税等。印花税的筹划主要可从以下几个方面进行:

(1) 减少流转环节的税收筹划;

(2) 有关加工承揽合同的征税规定;

(3) 利用递延纳税进行筹划;

(4) 利用税收优惠政策的规定进行筹划。

二、减少流转环节进行筹划

[政策依据与筹划思路]

税法规定:施工单位将自己承包的建筑项目分包或转包给其他施工单位所签订的分包合同或转包合同,应按照新的分包或转包合同上记载的金额再次计算应纳税额。[①] 尽管总承包合同已依法计税贴花,但新的分包或转包合同又是一种新的应税凭证,属于新的纳税义务,这一硬性规定也为纳税人提供了筹划空间。如果纳税人事先能够确定下一个流转环节,人为地减少分包或转包行为的流转环节,从而使分包或转包行为避免本环节的纳税义务,就可以达到节税的目的。

[具体案例]

【案例 6-11】某工程建筑公司甲与某商场要签订一份建筑合同,总的计税金额为 1 亿元,甲因业务需要又打算将其中 2000 万元工程分包给乙公司,将 3000 万元工程分包给丙公司,那么,应如何筹划使该建筑公司甲缴纳的印花税最少呢?

---

① 《中华人民共和国印花税暂行条例施行细则》第 3 条。

【筹划思路】

筹划前各当事人应纳的印花税如下：

（1）商场应纳的印花税＝10 000×0.03％＝3(万元)；

（2）甲公司应纳的印花税＝10 000×0.03％＋2000×0.03％＋3000×0.03％＝4.5(万元)；

（3）乙公司应纳的印花税＝2000×0.03％＝0.6(万元)；

（4）丙公司应纳的印花税＝3000×0.03％＝0.9(万元)。

如果甲公司与商场协商,让商场直接与乙公司和丙公司分别签订 2000 万元和 3000 万元的合同,剩余 5000 万元的合同由商场和甲签订,这样商场与其他两个公司的应纳印花税税额都不变,而使甲公司的应纳印花税的金额发生很大的变化。此时甲公司应纳的印花税为 5000×0.03％＝1.5 万元,比原来节税 3 万元。

[分析评价]

从上例可以看出,在建筑安装工程承包合同中,利用减少流转环节的方法是有很大的节税空间的。当然在该案例中,商场与其他两个公司签订的工程量必须与甲公司原来打算分包给他们的工程量相同,否则,甲公司将由此损失两笔分包工程的转包利润。因此,还要求甲纳税人事先能说服商场同意后再进行操作。

三、加工承揽合同的筹划

[政策依据与筹划思路]

我国税法规定：加工承揽合同按 0.05％ 的税率计税贴花,购销合同按 0.03％ 的税率计税贴花。税法对加工承揽合同征印花税的具体规定如下：

（1）对于受托方提供原材料的加工、定做合同,凡在合同分别记载加工费金额和原材料金额的,应分别按"加工承揽合同"、"购销合同"计税,两项税额相加数即为合同应贴花；未分别记载的,就全部金额依照加工承揽合同计税贴花。[①]

（2）对于由委托方提供原材料或主要材料,受托方只是提供辅助材料的加工合同,均以辅助材料与加工费的合计数,依照加工承揽合同计税贴花,对委托方提供的主要材料或原材料不计税贴花。

依据上述规定,纳税人在订立由受托方提供原材料的加工承揽合同时,应将原材料金额与加工费金额明确分开；对于第二种情况,如果委托方能自己提供辅助材料或虽不能自己提供但先与受托方就辅助材料签订购销合同,然后再签订加工承揽合同,也能达到节税的目的。当然,如果节税的金额很小,还不足以弥补额外签订合同所花费的成本,节税也就没有意义了。

---

① 国家税务总局：《关于印花税若干具体问题的规定》,国税地［1988］25 号。

[具体案例]

【案例6-12】某电子企业与某工厂签订加工承揽合同,受托加工一批电子部件,由电子企业提供原材料3000万元,同时收取加工费150万元,请问如何计算双方应缴纳的印花税金额?

【案例解析】

(1) 如果合同中未分别记载加工费金额和原材料金额,则双方应缴纳的印花税均为:(3000+150)×0.05%=1.575(万元);

(2) 如果合同中分别记载加工费金额和原材料金额,则双方应缴纳的印花税均为:3000×0.03%+150×0.05%=0.975(万元)。

显然,如果合同分别记载加工费金额和原材料金额,那么原材料金额部分将适用0.03%的税率,而不是0.05%的税率,双方都可以节约0.6万元(1.575-0.975)税款。

[分析评价]

通过对加工承揽合同筹划案例的分析可知:同一应税项目,凡是能分解成另一个较低税率的应税项目,就应当分解以减轻税负。这一筹划方法还可以进一步扩大到同一凭证载有两个以上经济事项的贴花问题。税法规定,同一凭证因载有两个或两个以上经济事项而适用不同税率的,应分别计算应纳税额,相加后合计税额贴花;如未分别记载金额,则从高适用税率贴花。[①] 因此,纳税人对载有两个或两个以上经济事项的合同,一定要将不同的金额明确分开,然后分别核算。

四、利用递延纳税筹划法

[政策依据与筹划思路]

纳税人在订立应税合同时,应按规定贴花。但对于某些合同,在签订时无法确定计税金额,如技术转让合同中的转让收入是按销售合同的一定比例收取或是按实现利润分成金额计税的;财产租赁合同只是规定了月(天)租金标准而无租赁期限的等。对这类合同的征税问题,税法规定:在签订合同时先按定额5元贴花,以后结算时再按实际金额计税补贴印花。[②] 这一规定为纳税人递延缴纳印花税提供了筹划空间。

[具体案例]

【案例6-13】A公司将一项技术转让给B公司,双方签订一份技术转让合同,合同规定每年A公司收取转让收入500万元,已知B公司每年利用该技术开发商

---

① 《中华人民共和国印花税暂行条例施行细则》第17条。

② 《中华人民共和国印花税暂行条例》第7条;国家税务总局:《关于印花税若干具体问题的规定》,国税地〔1988〕25号。

品的销售收入约为 5000 万元,请计算双方各应缴纳的印花税。

【案例解析】

(1) 按合同规定,A 公司每年从 B 公司获得 500 万元的技术转让收入,则双方在签订合同时就必须各缴纳印花税:500×0.1‰＝0.5(万元)。

(2) 通过简单计算可知,A 公司获得的 500 万元转让收入大约占 B 公司每年利用该技术开发商品销售收入的 10％,这样双方就可以进行如下筹划:在签订转让合同时,只规定按开发产品销售收入的 10％提取转让收入,同时并不明确规定 B 公司年开发商品的销售收入。由于合同中没有明确的计税依据,因此双方在签订合同的时候应各贴 5 元印花,剩余的税额等双方实际结算时再补缴,这样双方都可以利用货币时间价值达到节税的目的。

[分析评价]

采用递延纳税进行筹划是比较简单的,主要利用的是货币的时间价值。在案例中这笔税款在以后还是要上缴的,但如果目前企业资金短缺,利用该方法进行筹划,无疑对纳税人有利无弊。当然,当应税金额不大时,对纳税人的节税效果是不太明显的。

五、利用税收优惠政策进行筹划

[政策依据与筹划思路]

印花税税法规定了一系列的优惠政策,纳税人应充分了解,并结合自身的特点加以充分利用。

(1) 对已缴纳印花税凭证的副本或者抄本免税;

(2) 对财产所有人将财产赠给政府、社会福利单位、学校所书立的书据免税;

(3) 对国家指定的收购部门与村民居委会、农民个人书立的农副产品收购合同免税;

(4) 对无息、贴息贷款合同免税;

(5) 对外国政府或在国际金融组织中向我国政府及国家金融机构提供优惠贷款所书立的合同免税;

(6) 对房地产管理部门与个人签订的用于生活居住的租赁合同免税;

(7) 对农牧业保险合同免税;

(8) 对特殊货运凭证免税,具体包括军事物资运输凭证;抢险救灾物资运输凭证;新建铁路的工程临管线运输凭证;

(9) 对个人出租、承租住房签订的租赁合同,免征印花税。[①]

---

① 《中华人民共和国印花税暂行条例》第 4 条;《中华人民共和国印花税暂行条例施行细则》第 13 条;国家税务总局:《关于印花税若干具体问题的规定》,国税地[1988]25 号;国家税务局:《关于货运凭证征收印花税几个具体问题的通知》,国税发[1990]173 号;财政部、国家税务局:《关于廉租住房经济适用住房和住房租赁有关税收政策的通知》,财税[2008]24 号。

■第四节　房产税的税收筹划

一、房产税筹划的政策要点

房产税是指以房产为征税对象,依据房产余值或房产租金收入向房产所有人或经营人征收的一种财产税。该税的主要特点是:征税对象只限于城镇的经营性房屋;区别房屋的经营使用方式规定征税,即对于经营用房按房产余值征税,对出租房屋按租金收入征税。房产税的筹划主要可以从以下几方面进行:

(1) 利用选址进行筹划;

(2) 合理确定房产原值进行筹划;

(3) 投资联营和融资租赁房产的筹划;

(4) 用足税收优惠政策。

二、利用选址进行筹划

[政策依据与筹划思路]

税法规定:房产税仅就位于城市、县城、建制镇、工矿区的房产,依据房产余值或房产租金收入征收。① 除上述范围外的房产,无论是经营自用还是对外出租,均不征房产税。这一征税规定显然为纳税人的税收筹划提供了空间。如果企业在设立时(一般来说,经营性的企业都会有一定量的房产)能考虑到这一点的话,就会给企业带来较多的节税效益。另外,按现行税法规定,上述范围以外的房产除不必缴纳房产税外,也不需缴纳城镇土地使用税,城建税虽然仍需缴纳,但可按最低档的税率1‰计算征税。因此,考虑后面两个税种后,利用选址进行筹划,对企业的节税意义就更大。

[具体案例]

【案例 6-14】某服装厂兴建于 2008 年初,在工厂筹建时,该厂负责人就考虑到房产税、城镇土地使用税等的税收筹划问题,将厂址选在离镇不远的农村,该厂拥有土地面积 3 万平方米,房产原值 40 万元,2008 年缴纳的增值税为 36 万元,请计算由于将厂址定在农村,给企业带来的节税额。(该镇土地使用税的征收标准为 1元/平方米,房产原值减除比例为 30%)

【案例解析】

由于该厂将厂址选在农村,该企业就无须缴纳房产税、城镇土地使用税、城建

---

① 《中华人民共和国房产税暂行条例》第 1 条、第 3 条。

税按最低税率 1% 征收。所以,

节省的房产税:400 000×(1－30%)×1.2%＝3360(元);

节省的城镇土地使用税:30 000×1＝30 000(元);

节省的城建税:360 000×(5%－1%)＝14 400(元);

合计节税 47 760 元(3360＋14 400＋30 000)。

[分析评价]

由于房产税是按年征收的,只要企业设立在房产税的征收范围内,无论企业是赢利还是亏损,每年都要缴纳房产税。在该案例中,将厂址选在农村而不是城镇,仅房产税每年就可以节税 3360 元,再考虑其他的两个税种,2008 年共可节税47 760元,对企业来说筹划的意义是很大的。另外将厂址设在农村,也有利于该厂今后的扩建和发展,随着该厂规模的扩大,产值增多,节税的效益将越来越多。从该环节的筹划可以看出,城镇土地使用税的筹划是完全可以充分利用这种方法的。

三、合理确定房产原值进行筹划

[政策依据与筹划思路]

自有房产以房产余值计税,房产余值是房产原值一次减除 10%～30% 后的余额(减除比例由各省、自治区、直辖市人民政府自行确定)。[①] 房产原值指房屋的造价,包括与房屋不可分割的各种附属设备或一般不单独计算价值的配套设施。[②] 可见,房产原值的大小直接决定房产税的多少,合理地减少房产原值是房产税筹划的关键。

[具体案例]

【案例 6-15】某企业欲兴建一座花园式工厂,除厂房、办公用房外,还包括厂区围墙、水塔、变电塔、停车场、露天凉亭、喷泉设施等建筑物,总计造价为 1.5 亿元。如果 1.5 亿元都作为房产原值的话,该企业自工厂建成的次月就应缴纳房产税,每年应纳房产税(扣除比例假设为 30%)为:15 000×(1－30%)×1.2%＝126(万元),即只要该工厂存在,每年就要缴纳 126 万元的房产税。该企业感到税负沉重,请问能否为该企业进行适当的筹划,降低其税负呢?

【筹划思路】

由于房产税中的房产是以房屋形态表现的财产,房屋是指有房屋结构,可供人们在其中生产、工作、居住或储藏物资的场所,不包括独立于房屋之外的建筑物,如围墙、水塔、露天停车场等。因此,如果该企业将除厂房、办公用房以外的建筑物,

---

① 《中华人民共和国房产税暂行条例》第 3 条。

② 财政部、国家税务总局:《关于房产税和车船使用税几个业务问题的解释与规定》,财税地[1987]3 号。

如停车场、喷泉设施等建成露天的,并且把这些独立建筑物的造价同厂房、办公用房的造价分开,在会计账簿上单独记载,那么这部分建筑物的造价就可以不计入房产原值,不缴纳房产税。

经估算,除厂房、办公用房外的建筑物的造价为 3000 万元左右,独立出来后,每年可以少缴房产税 3000×(1−30%)×1.2%=25.2(万元)。

[分析评价]

显然,利用合理确定房产原值进行筹划,给纳税人带来的节税效益是很大的,有条件的纳税人应充分利用这一点,将可以独立于房屋之外的建筑物与房屋在会计核算上分离,以降低房产原值,从而减少房产税的应纳税额。

四、投资联营和融资租赁房产的筹划

[政策依据与筹划思路]

税法规定,对投资联营房产,如果投资者参与投资利润分红、共担风险,按房产余值作为计税依据计征房产税,以房产投资收取固定收入,不承担联营风险的,由出租方按租金收入作为计税依据计征房产税;对融资租赁房屋计征房产税时,以房屋余值而不是以租金收入作为计税依据。[①] 因此,纳税人要明确对这两种投资联营房产计征房产税的区别以及融资租赁与一般租赁房产计征房产税的区别。

[具体案例]

【案例 6-16】东方制药有限公司,2007 年初将自己拥有的原值为 150 万元的 A 厂房以融资租赁的方式租给一家制药公司,租赁期为 1 年,每月租赁费为 3 万元;将另一厂房 B 原值 150 万元与建南制药公司投资联营,双方在合同中明确规定投资者每月可取得收入 3 万元,不参与投资利润分红、共担风险。据此,计算东方制药公司全年应纳的房产税。

【案例解析】

(1) 融资租赁厂房,应按厂房的余值(扣除比例假设为 30%)从价计征,所以该部分应纳的房产税为:150×(1−30%)×1.2%=1.26(万元);

(2) 将厂房用于投资联营,但收取固定收入,不参与投资利润分红、共担风险的,以固定收入按租金计征房产税,应纳房产税为:3×12%×12=4.32(万元)。

合计两项应纳的房产税总额为 5.58 万元。

[分析评价]

其一,在本案例中,如果将融资租赁的厂房等同一般出租厂房,实行从租计征房产税,则应纳税额为:(3×12×12%)=4.32 万元,就会导致纳税人多缴纳 3.06

---

① 国家税务总局:《关于安徽省若干房产税业务问题的批复》,国税函发〔1993〕368 号。

万元(4.32-1.26)的房产税。因此需要纳税人能熟识房产税中有关这部分计税依据的规定,如果把握不准确,就可能给企业带来额外的税收负担。

其二,如果将厂房用于投资联营,参与投资利润分红、共担风险,而不是收取固定收入,则企业应纳的房产税为:150×(1-30%)×1.2%=1.26(万元),企业每年可节约税收3.06万元。因此,只要企业预计平均每年的投资利润不少于32.94万元(3×12-3.06),就应参与投资利润分红,并共担风险。

五、用足税收优惠政策

[政策依据与筹划思路]

可以说房产税的税收筹划中,用足税收优惠是关键。在房产税的税法中规定了一系列的免税项目,纳税人可以结合自身的特点最大限度加以利用。但需要注意的一点是:符合条件的纳税人一定要向税务机关申请,如果疏忽,则可能给自己带来不必要的负担。关于减免房产税的规定主要有:

(1) 国家机关、人民团体、军队自用的房产免纳房产税;

(2) 由国家财政拨付事业经费的单位自用的房产免纳房产税(企业所办的各类学校、托儿所、幼儿园自用的房产可以比照执行);

(3) 宗教寺庙、公园、名胜古迹自用的房产免纳房产税;

(4) 非营利性医疗机构、疾病控制机构和妇幼保健机构等卫生机构自用的房产,免纳房产税;

(5) 有关部门鉴定停止使用的毁损房屋和危险房屋;

(6) 个人所有非营业用的房产免纳房产税;

(7) 房屋大修停用半年以上的,在大修理期间可以暂免纳房产税;

(8) 企业停产、撤销后其房产闲置不用的,可以暂免纳房产税;

(9) 按照政府规定价格出租的公有住房和廉价住房暂免纳房产税;

(10) 在基建工地建造的为工地服务的各种临时性房屋,在施工期间可以免纳房产税;

(11) 对国家拨付事业经费和企业办的各类学校、托儿所、幼儿园自用的房产、土地,免纳房产税;

(12) 对个人按市场价格出租的居民住房,暂减按4%的税率征收房产税;

(13) 从2001年起,对按政府规定价格出租的公有住房和廉租住房,包括企业和自收自支事业单位向职工出租的单位自有住房、房管部门向居民出租的公有住房、落实私房政策中带户发还产权并以政府规定租金标准向居民出租的私有住房等,暂免征收房产税;

(14) 对企事业单位、社会团体以及其他组织按市场价格向个人出租用于居住的住房,减按 4% 的税率征收房产税。[①]

第五节　车船税的税收筹划

一、车船税筹划的政策要点

车船税是在我国境内对拥有或者管理车辆、船舶的纳税人,依法征收的一种财产税。车船税的筹划可以从以下几个方面进行:

(1) 利用临界点筹划;

(2) 分别核算筹划法;

(3) 利用税收优惠筹划。

二、利用临界点筹划

[政策依据与筹划思路]

我国税法对船舶税额采取分类分级、全国统一的固定税额。由船舶税额表可以看出,实际上税法对船舶采用的是全额累进税额,即应纳车船税的税额会随着其"净吨位"或"载重吨位"的增加而增加,因而产生了应纳车船税相对吨位数变化的临界点,在临界点上下,吨位数相差不大,但临界点两边的税额却有很大变化,这种现象的存在便使税收筹划成为必要。

[具体案例]

【案例 6-17】某海洋运输公司欲添置一艘机动船,有两种机动船可供选择,一种净吨位数 2000 吨,适用单位数额为 4 元/吨,另一种净吨位数 2010 吨,适用单位数额为 5 元/吨(这种现象比较少见,但采用临界点周围的数据只是为了更好地说明问题),请计算该公司为了购置一艘机动船,每年应纳的车船税。

【案例解析】

如果该公司购买的是第一艘船,则每年应纳的车船税为:2000×4=8000(元);

如果购买的是第二艘船,则每年应纳的车船税为:2010×5=10 050(元)。

可见,虽然第一艘船的净吨位数仅比第二艘船少 10 吨,但由于其税额的全额累进功能,致使其每年应纳的车船税的税额有急剧的变化,购买第一艘船每年能使

---

① 《中华人民共和国房产税暂行条例》第 5 条;财政部、国家税务总局:《关于房产税若干具体问题的解释和暂行规定》,财税地字[1986]8 号;财政部、国家税务总局:《关于房产税和车船使用税几个业务问题的解释与规定》,财税地字[1987]3 号;财政部、国家税务总局:《关于教育税收政策的通知》,财税字[2004]39 号;财政部、国家税务总局:《关于调整住房租赁市场税收政策的通知》,财税字[2000]125 号;财政部、国家税务局:《关于廉租住房经济适用住房和住房租赁有关税收政策的通知》,财税字[2008]24 号。

公司节省车船税 2050 元。

[分析评价]

此例所举的数据虽然比较极端,但很能说明问题。当然,在运用临界点进行筹划时,不能单从节税的绝对额角度看,还要求纳税人在购买车船时一定要考虑该种吨位的船只所能带来的收益和因吨位发生变化所引起的税负变化之间的数量对比关系,然后再选择最佳吨位的船只。

三、分别核算筹划法

[政策依据与筹划思路]

我国税法对车船税作了如下规定:

(1) 免税单位与纳税单位合并办公,所用车辆能划分者分别征免车船税,不能划分者,应一律照章征收车船税;[①]

(2) 企业办的各类学校、医院、托儿所、幼儿园自用的车船,如果能够明确划分清楚是完全自用的,可免征车船税;划分不清的,应照征车船税;[②]

(3) 企业内部行驶的车辆,不领取行驶执照,也不上公路行驶的,可免征车船税。[③]

纳税人最好能充分利用上述税法的政策规定,以便最大限度节省税款。

[具体案例]

【案例 6-18】假设某企业自己创办一所学校,企业(包括学校)共有 8 辆各 3 吨额载货汽车(适用税率每年 60 元/吨),5 辆乘人汽车,每车可载 25 人(适用税率每年 500 元/辆),其中有 2 辆载货汽车经常在学校里使用,2 辆载货汽车不领取行驶执照,仅用于内部行驶,3 辆乘人汽车也基本用于学校师生组织活动,据此,企业应如何计算每年应纳的车船税呢?

【案例解析】

(1) 如果企业没有准确将企业与学校所用车辆划分清楚,分别核算,每年应纳的税额:$8 \times 3 \times 60 + 5 \times 500 = 3940$(元);

(2) 如果企业能准确划分核算,每年应纳的税额为:$4 \times 3 \times 60 + 2 \times 500 = 1720$(元)。

显然,企业应该将不领取执照仅供内部使用的汽车,以及自己创办的学校自用的汽车与企业所有的其他汽车划分开来核算,每年可以节省税款 2220 元。

---

① 财政部、国家税务总局:《关于车船使用税若干具体问题的解释和暂行规定》,财税地字[1986]8 号。
② 财政部、国家税务总局:《关于车船使用税几个问题的批复》,财税地字[1986]11 号。
③ 财政部、国家税务总局:《关于车船使用税若干具体问题的解释和暂行规定》,财税地字[1986]8 号。

[分析评价]

由于在本案例中,税法对企业创办的学校、医院、托儿所、幼儿园自用的车辆以及对不领取执照在企业内部使用而不上公路行驶的车辆是不征税的,因此企业明智的选择是将减税项目、免税项目和应税项目分开核算,这样才能享受车船税的税收优惠。企业应结合前面流转税中有关分别核算的知识,更熟练地运用这种方法。

四、利用税收优惠筹划

[政策依据与筹划思路]

充分利用税收优惠政策,也是车船税筹划的主要方法,但要恰当地运用税收优惠,除了熟识税法的有关优惠政策规定外,还必须在核算时将免税项目与应税项目分开核算。如果能做到这一点,本环节的筹划目的即能达到。在此不再赘述,只简单地列出税法中主要的免税项目①:

(1) 非机动车船(不包括非机动驳船);

(2) 拖拉机;

(3) 捕捞、养殖渔船;

(4) 军队、武警专用的车船;

(5) 警用车船;

(6) 按照有关规定已经缴纳船舶吨税的船舶;

(7) 依照我国有关法律和我国缔结或者参加的国际条约的规定应当予以免税的外国驻华使馆、领事馆和国际组织驻华机构及其有关人员的车船。

另外,免税单位与纳税单位合并办公,所用的车船能划分者,分别免税和征税,不能划分者,一律照章纳税。

[本章小结、概念术语及思考练习题]

【本章小结】

1. 土地增值税是指对转让国有土地使用权、地上建筑物及其附着物并取得增值性收入的单位和个人征收的一种税。从土地增值税本身的特点出发,该税种的筹划主要围绕以下几个方面进行:

· 利用利息支出扣除进行筹划:通过实际可扣除利息与利息支出节税点的比较,选择最佳方案;

· 不同增值率的房产是否合并的筹划:通过具体测算分开核算与合并核算的相应税额,选择低税负的核算方法,达到节税的目的;

---

① 《中华人民共和国车船税暂行条例》第3条;财政部、国家税务总局:《关于车船使用税几个问题的批复》,财税地字[1986]11号;财政部、国家税务总局:《关于车船使用税若干具体问题的解释和暂行规定》,财税地字[1986]8号;财政部、国家税务总局:《关于医疗卫生机构有关税收政策的通知》,财税字[2000]42号。

· 有关房产销售中代收费用的筹划：将代收费用并入房价，使可扣除项目金额相应增加，从而减少应缴纳的土地增值税，甚至还可能使纳税人适用的最高边际税率降低，给纳税人带来更大的节税效益；

· 利用税收优惠政策进行筹划：利用土地增值税对增值额未超过扣除项目金额20％的普通标准住宅免税的优惠政策，企业可以合理定价，或增加可扣除项目金额，使企业既保持较高的竞争力，同时获得较高利润。

2. 资源税是指对在我国境内开采应税资源的矿产品或者生产盐的单位和个人，就其销售或自用的数量为计税依据，采用从量定额的办法征收的一种税。资源税的筹划具体包括：

· 利用折算比进行筹划：通过企业自身估计的实际综合回收率或选矿比与税务机关确定的综合回收率或选矿比进行比较，选择比例高的核算方式，可以少缴纳资源税；

· 实行分别核算进行筹划：纳税人如有减免税项目一定要单独且准确核算，对兼营不同税目的产品要准确地进行分别核算，以避免承受不必要的税收负担；

· 关于液体盐加工成固体盐的筹划：纳税人对外购的液体盐应与自产的液体盐分开核算，同时准确核算用于加工固体盐所耗用的外购液体盐的数量，从而可以减轻税负；

· 利用税收优惠政策进行筹划：纳税人应充分了解并运用税法中的优惠政策。

3. 印花税是指对经济活动和经济交往中书立、使用、领受具有法律效力凭证的单位和个人征收的一种税。印花税的筹划主要包括：

· 减少流转环节进行筹划：通过人为减少分包或转包行为的流转环节，使分包或转包行为避免纳税义务，少缴印花税；

· 加工承揽合同的筹划：订立由受托方提供原材料的加工承揽合同时，应将原材料金额与加工费金额明确分开；对于辅助材料，应尽量由委托方自己提供，如由受托方提供则应先签订购销合同，然后再签订加工承揽合同，从而可以达到节税目的；

· 利用递延纳税筹划法：通过订立不确定金额合同可递延纳税，获得延期支付税款的货币时间价值；

· 利用税收优惠政策：纳税人应结合自身的特点，充分了解并利用税法中的优惠政策。

4. 房产税是指以房产为征税对象，依据房产余值或房产租金收入向房产所有人或经营人征收的一种财产税。房产税的税收筹划中，用足税收优惠是关键，其他的筹划方法主要包括：

· 利用选址进行筹划：利用选址于房产税应税范围以外地区进行筹划，可以免缴房产税；

· 合理确定房产原值进行筹划：将可以独立于房屋之外的建筑物与房屋在会

计核算上相分离,以降低房产原值从而减少房产税的应纳税额;

·投资联营和融资租赁房产的筹划:避免将投资联营和融资租赁房产按一般租赁缴纳房产税;

5.车船税是指国家对行驶于境内公共道路的车辆和航行于境内河流、湖泊或者领海的船舶,依法征收的一种行为税。充分利用税收优惠政策,也是车船税筹划的主要方法,其他方法主要包括:

·利用临界点筹划:利用船舶税的全额累进税额进行筹划;

·分别核算筹划法:企业应将减税项目、免税项目和应税项目分开核算,以享受车船税的税收优惠。

【概念与术语】

土地增值税　　　利息支出节税点　　　资源税　　　综合回收率

折算比　　　　　选矿比　　　　　　　印花税　　　房产税房产余值

车船税

【思考题】

1.土地增值税对房地产开发费用如何确定扣除标准?纳税人应如何利用这一点进行筹划?

2.在土地增值税中如何利用合理定价进行筹划?

3.纳税人应怎样灵活运用折算比进行资源税筹划?

4.企业对外投资联营房产应如何进行税收筹划?

5.印花税对加工承揽合同的计税依据如何规定?纳税人该如何筹划?

【练习题】

1.某煤矿厂2008年10月与铁路部门签订了一份运输合同,所载运输费用及保管费用共计200万元。请问该煤矿应缴纳多少印花税,可否通过筹划减少应纳税款?

2.某房地产开发公司开发一批商业用房,共支付土地价款500万元,开发成本800万元,假设实际应当分摊的利息为100万元,企业应该如何筹划节税?

3.某城建公司A与某商城签订一份建筑合同,总计金额为1亿元,该城建公司因业务需要又分别与B和C建筑公司签订承包合同,两合同记载金额均为4000万元,B和C又分别将2000万元的工程转包给D和E。问能否进行适当的筹划,使纳税人应缴的印花税减少?

4.某房地产开发公司拟销售一幢即将完工的商品房,同行业房价为3620万~3780万元,已知为开发该商品房,支付的土地出让金为400万元,房地产开发成本为1800万元,利息支出不能按房地产开发项目分摊也不能提供金融机构的证明。假设城建税税率为7%,教育费附加为3%,当地政府规定允许扣除的房地产开发费用的扣除比例为10%。①如何为该公司筹划,确定其最适房价?②如果企业拟将房价定于3700元,企业应如何筹划?

第七章

企业经济活动中的税收筹划

[本章提要]

本章从企业的设立、融资、日常经营活动以及资产重组的整体性等视角阐述税收筹划的方法及其在企业经济活动中的具体运用。主要内容包括：企业设立的税收筹划，企业融资的税收筹划，企业生产经营活动中的税收筹划，企业财务成果分配的税收筹划以及企业重组活动的税收筹划。

税收筹划是一项系统工程，它贯穿于企业经济活动的各环节，包括企业的设立、融资、生产经营及企业的合并、分立、重组等。专业性的税收筹划涉及对企业自身情况的分析、对各地区税收优惠政策的分析以及投资形式、注册地点、财务核算形式的确定、税收负担的测算、纳税方案的拟订和最佳方案的选择等，涉及政策面广、实务性强。鉴于税收筹划的系统性和复杂性，在本章我们将结合国内企业经济活动不同阶段的筹划案例来具体说明。

第一节 企业设立的税收筹划

俗话说："好的开始是成功的一半。"由于我国税法对纳税主体、纳税地区以及部门行业的区别对待，对于一个拟设立的企业来说，投资地点、企业组织形式和投资方向等方面的选择，不仅直接影响企业的当期收益，而且还将影响企业今后收益的高低。因此，设立企业时，从这几方面进行周密的税收筹划很有实际意义。

一、投资行业及地点的税收筹划

[政策依据与筹划思路]

为了扶植特定地区和特定行业发展、促进民族团结、稳定和鼓励相关产业发展,我国制订了一系列针对不同地区和不同行业的税收优惠政策。这些税收待遇上的地区性和行业性差异,为企业选择投资地点和投资行业提供了较好的筹划空间。

新税法统一了内外资企业的优惠政策,企业所得税优惠政策也从以区域性优惠为主转变为以产业性优惠为主,重点向高科技、环保、综合利用资源等产业倾斜,同时保留了一些地区性税收优惠政策,具体如下:

(1)企业从事农、林、牧、渔业项目的所得可以免征、减征企业所得税;企业从事国家重点扶持的公共基础设施项目投资经营的所得可以免征、减征企业所得税。[①]

(2)企业从事符合条件的环境保护、节能节水项目(公共污水处理、公共垃圾处理、沼气综合开发利用、节能减排技术改造、海水淡化等项目),自项目取得第一笔生产经营收入所属纳税年度起,将享受"三免三减半"的税收优惠。此外,企业购置并实际使用符合规定的环境保护、节能节水、安全生产等专用设备的,该专用设备的投资额的10%可以从企业当年的应纳税额中抵免;当年不足抵免的,可以在以后5个纳税年度结转抵免。企业综合利用资源,以规定资源作为主要原材料并且该原材料占生产产品材料的比例符合相关规定,生产国家非限制和禁止并符合国家和行业相关标准的产品取得的收入,减按90%计入收入总额。

(3)创业投资企业采取股权投资方式投资于未上市的中小高新技术企业2年以上的,可以按照其投资额的70%在股权持有满2年的当年抵扣该创业投资企业的应纳税所得额;当年不足抵扣的,可以在以后纳税年度结转抵扣。

(4)对于国家需要重点扶持的高新技术企业,减按15%的税率征收企业所得税。高新技术企业的界定按高新技术领域来划分,强化以研发比例为核心的标准,税收优惠重点向自主创新型企业倾斜。

(5)2008年1月1日之后在"五特一新"地区(深圳、珠海、汕头、厦门、海南经济特区,上海浦东新区)新设立的国家需要重点扶持的高新技术企业,自取得第一笔生产经营收入所属纳税年度起,第1年至第2年免征企业所得税,第3年至第5年按照25%的法定税率减半征收企业所得税。[②]

---

① 相关内容详见第五章第一节新企业所得税法及《实施条例》解读中的税收优惠。
② 国务院:《关于经济特区和上海浦东新区新设立高新技术企业实行过渡性税收优惠的通知》,国发[2007]40号。

（6）继续执行西部大开发优惠政策。主要优惠内容有：对设在西部地区国家鼓励类产业的内资企业和外商投资企业，2001～2010 年期间，减按 15％的税率征收企业所得税；对在西部地区新办交通、电力、水利、邮政、广播电视企业，上述项目业务收入占企业总收入 70％以上的，可以享受企业所得税如下优惠政策：内资企业自开始生产经营之日起，第 1 年至第 2 年免征企业所得税，第 3 年至第 5 年减半征收企业所得税；外商投资企业经营期在 10 年以上的，自获利年度起，第 1 年至第 2 年免征企业所得税，第 3 年至第 5 年减半征收企业所得税等。①

（7）民族自治地方的自治机关对本民族自治地方的企业应缴纳的企业所得税中属于地方分享的部分，可以决定减征或者免征。② 民族自治地方是指依照《中华人民共和国民族区域自治法》的规定，实行民族区域自治的自治区、自治州、自治县。对民族自治地方内国家限制和禁止行业的企业，不得减征或者免征企业所得税。③

（8）企业按照原税收法律、行政法规和具有行政法规效力文件规定享受的企业所得税优惠政策，按以下办法实施过渡：自 2008 年 1 月 1 日起，原享受低税率优惠政策的企业，在新税法施行后 5 年内逐步过渡到法定税率。其中：享受企业所得税 15％税率的企业，2008 年按 18％税率执行，2009 年按 20％税率执行，2010 年按 22％税率执行，2011 年按 24％税率执行，2012 年按 25％税率执行；原执行 24％税率的企业，2008 年起按 25％税率执行。自 2008 年 1 月 1 日起，原享受企业所得税"两免三减半"、"五免五减半"等定期减免税优惠的企业，新税法施行后继续按原税收法律、行政法规及相关文件规定的优惠办法及年限享受至期满为止，但因未获利而尚未享受税收优惠的，其优惠期限从 2008 年度起计算。享受上述过渡优惠政策的企业，是指 2007 年 3 月 16 日以前经工商等登记管理机关登记设立的企业。④

筹划思路：企业应根据自身具体情况，尽可能考虑各种综合条件，寻求税率较低的地区或行业进行投资以降低税负。

[具体案例]

【案例 7-1】地处广州市某公司的内部研发部门，享有较强的科技攻坚实力。2008 年该公司通过将其研发部门分离出来创建了一个子公司，符合国家规定的高新技术企业认定标准，可以享受相关税收优惠政策，预计子公司成立后会有大量经营利润。

如果把子公司设立在广州市，子公司将享受国家重点扶持的高新技术企业税

---

① 财政部、税务总局：《财政部、国家税务总局、海关总署关于西部大开发税收优惠政策问题的通知》，财税〔2001〕202 号。

②《中华人民共和国企业所得税法》第 29 条。

③《中华人民共和国企业所得税法实施条例》第 94 条。

④ 国务院：《关于实施企业所得税过渡优惠政策的通知》，国发〔2007〕39 号。

收优惠,按 15％的税率缴纳企业所得税。

如果把子公司设立在深圳市,子公司前两年所得免征企业所得税,后 3 年按照 25％的法定税率减半征收企业所得税,该优惠期满后,还可以继续享受国家重点扶持的高新技术企业适用 15％税率的税收优惠政策。

可以看到,子公司经营利润越大,筹划的利益也就越大。

[分析评价]

企业投资于合适的投资地区,特别是有税收优惠的地区,不仅可以使企业减轻税收负担,增加企业的利润,而且,这些税率优惠的地区一般都是国家利用倾斜的经济、税收政策之地,投资于这些地区,既响应国家的经济政策,又顺应经济发展的方向。当然在具体筹划中还应注意从分散风险的角度出发,投资者不可能也不应该把资金全部投资于某一地区某个行业。这里就有一个投资结构的优化组合问题。而不同的投资结构必然形成不同的应税收益构成,最终影响投资者的纳税负担。

新税法颁布后,对企业所得税的税收优惠政策有较大调整,主要体现在朝"产业优惠为主、区域优惠为辅"的新税收优惠体系发展。企业可根据自身实际情况投资于国家鼓励发展的产业,既符合国家优惠政策的市场导向作用,又可以使企业获得更多经营效益。

在案例中,广州某公司结合税法关于投资地点和投资行业的优惠政策进行筹划,取得了较大的收益。关于其他地区性和行业性的优惠政策也可藉此进行类似筹划。该类筹划要重点注意调整企业生产经营性质和其他相关条件以切实符合税法规定的优惠标准,并对筹划进行全面的成本、收益分析来明确筹划的可行性,切不可盲目筹划。

二、组织形式的税收筹划

企业组织形式依分类标准的多样化而不同。目前,国际上通常依据财产组织形式和法律责任权限,把企业组织形式分为三类:个人独资企业、合伙企业和公司企业(有限责任公司和股份有限公司)。个人独资企业是指由一个自然人单独出资,亲自或雇佣职员进行经营,具有一定规模,出资人对企业财产和赢利享有全部支配权,并单独对企业债务负无限清偿责任的企业组织形式。合伙企业是指依照法律设立的由各合伙人订立合伙协议,共同出资、合伙经营、共享收益、共担风险,并对合伙企业债务承担有限或无限连带责任的营利性组织。公司企业则是指依据公司法组建并登记的,以赢利为目的的企业法人,在我国主要是指在我国境内设立的有限责任公司和股份有限公司。企业组织形式还可以按照公司内部组织结构分为总分公司和母子公司。现代市场经济的高度发展产生了一些大型集团公司,其内部组织结构极其复杂,组织形式多样,有的甚至呈现金字塔结构,即一个公司下设众多子公司或分公司,子公司下又设子公司或分公司等。

根据组织的基本经济学原理:企业组织形式的选择从根本上讲是为了获得一种有效的协调机制,它的存在旨在引导人、财、物的合理流动,以最低的成本达到企业的生产经营目标。在经济高速发展的今天,企业设立日趋频繁,企业的组织形式也日趋多样化,税法对不同组织形式的企业实行不同的征税办法,这些征税办法造成的税负差异,为企业组织形式的税收筹划提供了可能。基于上述两种划分标准,企业组织形式的税收筹划主要有以下几种情况:

（一）个人独资企业、合伙企业与公司企业的选择

[政策依据与筹划思路]

个人独资企业以投资者为纳税义务人,合伙企业以每一个合伙人为纳税义务人(以下简称投资者),比照个人所得税法的"个体工商户的生产经营所得"应税项目,适用5%～35%的五级超额累进税率,计算缴纳个人所得税。

个人独资企业的投资者以全部生产经营所得为应纳税所得额;合伙企业的投资者按照合伙企业的全部生产经营所得和合伙协议约定的分配比例确定应纳税所得额,合伙协议没有约定分配比例的,以全部生产经营所得和合伙人数量平均计算每个投资者的应纳税所得额。

而公司制企业是法人,适用企业所得税法的相关规定。

许多国家包括我国都对个人独资企业、合伙企业和公司实行了差别税制:公司的营业利润应被课征企业所得税,税后利润作为股息分配给投资者后,投资者个人还需缴纳个人所得税;而个人独资企业、合伙企业则不需缴纳企业所得税,国家仅就其投资者的经营所得征收个人所得税。这里就存在灵活的筹划空间:通过公司组织形式的合理转化来达到节税的目的。

筹划思路:在其他情况相同的条件下,不同的企业组织形式会导致不同的税负,从而产生了筹划激励。

[具体案例]

【案例7-2】假定有三人合资创办一企业,该企业年收益70 000元(假定应纳税所得额也为70 000元,符合小型微利企业的标准,适用税率为20%),企业将可支配收益的1/5发放现金股利,请分析企业及个人的纳税情况并为企业选择合适的组织形式。

【案例解析】

企业在选择不同的组织形式下税负是不同的:

方案一:选择公司企业的组织形式设立

由于企业的应纳税所得额为70 000元,则

企业应纳的企业所得税=70 000×20%＝14 000(元);

企业税后收益＝70 000－14 000＝56 000(元)；

公司把净收益的 1/5 发放现金股利,每人可得股利:56 000×1/5×1/3＝3733.3(元)；

每一投资者应纳的个人所得税＝3733.3×20％＝746.7(元)；

合计应纳的所得税税额＝14 000＋746.7×3＝16 240(元)。

方案二:选择合伙制企业的组织形式设立

个人投资者应纳税所得额＝70 000×1/5＝14 000(元)；

个人投资者应纳个人所得税税额＝14 000×20％－1250＝1550(元)；

合计应纳所得税税额＝1550×3＝4650(元)；

合伙制企业的税负比公司制企业的税负减少:16 240－4650＝11 590(元)。

因此,在这个案例中选择合伙制企业节税效果非常明显。

[分析评价]

从总体税负上看,合伙制一般要低于公司制。合伙制不存在重复征税问题,即只缴纳一次所得税,而公司制则要对同一所得既缴纳企业所得税又缴纳个人所得税。但是,在比较两种不同组织形式下所承担税负的大小时,还要着重分析实际税负上的差别,要结合税基、税率结构和税收优惠等因素综合考虑。例如,在上述案例中,如果该企业正好处于企业所得税的免税期间,今年企业又决定不发放现金股利,那么选择公司制的企业组织形式设立,投资者当年应缴纳的所得税额为 0,而如果选择了合伙制组织形式就不能享受企业所得税的优惠规定了,投资者所负担的所得税额不变,仍为 4650 元。可见,设立合伙制企业的税负并不是在任何情况下都比公司制企业的税负轻。

一般而言,下列因素会影响合伙制企业与公司制企业相对税收负担的差异。

1. 股利分配政策

在公司制企业组织形式下,只有在发放现金(或实物)股利时,投资者才需缴纳个人所得税,送股、配股及留存收益都不需缴纳个人所得税。而合伙制企业则不论是否发放红利,税负都不变。这使得发放现金或实物股利很少的公司制企业的投资者税负相对较轻,而如果倾向于发放现金或实物股利的企业,设立合伙制组织形式的税负则会更轻。

2. 税收优惠政策

如前所述,我国对某些地区、某些行业实行税收优惠待遇,尤其体现在企业所得税方面。相对而言,个人所得税的优惠政策较少。尤其对个人投资实业的经营所得,几乎没有优惠措施。因此,对于能享受较多税收优惠的企业,如高新技术企业,国家支持和鼓励发展的残疾人员、下岗失业人员就业企业,相关文化企业,相关农产品企业,采用公司制企业组织形式,实际税负会相对较轻。

3. 合伙人任职的工资、薪金水平

公司制组织形式下,投资者的工资、薪金所得和分得的现金股利,分别按九级超额累进税率和20%的比例税率计算个人所得税。合伙制企业下,合伙人的工资薪金所得和其他投资所得合并一起确定所得税税率,这会使适用的税率提高。

4. 投资者所办企业的数目

按照规定,投资者兴办两个或两个以上企业的,应汇总应税所得额确定税率。[①] 因此,如果是举办多家企业,则该投资者的适用税率也会大大提高。例如,某投资者投资于4家企业,其投资收益都是30 000元(假定均为现金收益),若采用独资、合伙制企业,投资者应缴纳个人所得税额为:30 000×4×35%-6750=35 250(元)。若采用公司制企业形式,分得的现金股利税率为20%,与投资的企业数无关,个人所得税额为30 000×4×20%=24 000(元)。可见,汇总纳税的规定使合伙制形式下,投资者所办的企业数越多,税负可能越高。

综上所述,在选择企业组织形式时必须综合考虑上述问题。只有全面权衡,才能作出有利于投资者的最优决策。

(二) 有限责任公司与股份有限公司的选择

公司制的企业组织形式包括有限责任公司和股份有限公司两种类型。从税收负担的角度权衡,一般选择股份有限公司能享受更多的税收优惠政策。因为,世界上很多国家的税法中鼓励投资的相关条款所规定的企业各项税收减免,主要适用于股份有限公司。而且就股东而言,在这种形式下,个人所持资本公积转增股本数额,可不征收个人所得税。

(三) 子公司与分公司的选择

现代企业集约化经营的发展使得设立分支机构(包括独立核算和非独立核算的分支机构)的经营方式,不仅在大型企业得到长足的发展,而且也逐渐为许多中小企业所采纳。如何运用设立分支机构的方法进行税收筹划已经成为国内企业开始普遍关注的问题。子公司和分公司是现代大型企业设立分支机构常见的组织形式。子公司是相对母公司而言的,它受母公司控制,但它是独立的法人,其管理、生产经营活动、财务均独立于母公司。分公司是相对总公司而言的,它是总公司的一

---

① 财政部、国家税务总局:《关于个人独资企业和合伙企业投资者征收个人所得税的规定》,财税字[2000]91号。

个分支机构,是非独立法人,其管理、生产经营活动、财务与总公司是统一的。由于二者的法律地位不同,所以税收待遇也是不同的。这两种组织形式税收待遇上的具体差别包括:

1) 企业所得税纳税主体和税收优惠方面的差别

对于分公司,我国新企业所得税法规定,不论分公司是否独立核算,都要与总公司合并纳税。税法中规定由法人才能享受的税收优惠,如果总公司不符合优惠条件,分公司也不能享受。

对于子公司,我国税法遵照国际上通行的做法将子公司视为独立纳税人,除国务院另有规定外,应与母公司分别进行纳税。母子公司之间的关联交易若违背了正常交易价格,税务部门可以按市场价格予以调整,并按调整后的所得计算企业所得税。此外,新企业所得税法还规定,符合条件的居民企业之间的股息、红利等权益性投资收益,即居民企业直接投资于其他居民企业取得的投资收益为免税收入。企业从子公司汇回的投资所得不用再补缴企业所得税。

2) 流转税方面的差别

子公司作为独立法人,它与母公司之间的交易,应适时确认销售收入,计算缴纳相关的流转税;而分公司和总公司之间的交易为公司内部交易,除了对增值税的规定——不设在同一县(市)并实行统一核算的两个以上机构将货物从一个机构移送其他机构用于销售的,应视同货物销售,征收增值税外,一般没有纳税义务,不需缴纳其他流转税。

两种企业分支机构的组织形式在税收上的优缺点,如表7-1所示。

表7-1 两种企业分支机构的组织形式在税收上的优缺点

	优点	缺点
分公司	合并纳税,亏损可冲减总公司当年的应税所得 总分公司之间的交易为公司内部交易	不是法人,许多税收优惠不能单独享受
子公司	是法人,可享受法人才能享受的税收优惠	分别纳税,子公司亏损不能冲减母公司的应税所得 母子公司之间的交易为公司之间的交易

充分利用税收的这种"差别待遇",能为企业获取更大的利润。

1. 企业所得税的税收筹划

[政策依据与筹划思路]

新成立的公司前期往往出现亏损,此时宜设立分公司。因为分公司的亏损可冲减总公司当年的应纳税所得额,减少当年的应纳所得税,而设立子公司,其亏损只能向后结转,用子公司以后年度的赢利弥补,所以,设立分公司能提前抵补亏损,更早地发挥亏损的抵税作用。当企业经营一段时间转为赢利并趋于稳定,建立子公司将更具优势时,可把分公司分立出去,成为子公司。企业分立面临着被分立资产的转让所得缴纳企业所得税的问题,若因此纳税,则会增加企业税收支出,从而使前面的筹划失去意义。但我国税法规定,分立企业支付给被分立企业或其股东的交换价款中,除分立企业的股权以外的非股权支付额,不高于支付的股权票面价值(或支付的股本的账面价值)20%,经税务机关审核确认,企业分立当事各方也可选择按下列规定进行分立业务的企业所得税处理:①被分立企业可不确认分离资产的转让所得或损失,不计算所得税;②被分立企业已分离资产相对应的纳税事项由接受资产的分立企业承继,被分立企业的未超过法定弥补期限的亏损额可按分离资产占全部资产的比例进行分配,由接受分离资产的分立企业继续弥补;③分立企业接受被分立企业的全部资产和负债的成本,须以被分立企业的账面净值为基础结转确定,不得按经评估确认的价值进行调整。① 因此,分公司分立出去成为子分司时可不纳税,前面的筹划在实际中切实可行。

[具体案例]

【案例 7-3】厦门某外资汽车总公司,2000 年拟在某地投资兴建一家汽车零配件生产修理企业。该集团考虑到汽车零配件的商品价值开发成熟期大约需 8～10年,这使企业开办初期就面临巨大的亏损,于是他们考虑采用中外合作经营企业形式,在 2000 年成立了分公司,而且大量投入基础设施费、广告费和科研费,该分公司 2000 年亏损额高达 2000 万美元。该集团当年应纳税所得额为 10 亿美元,假设适用的企业所得税税率为 33%,通过分公司亏损额的冲减,为其节税 660 万美元。2001～2007 年,分公司持续亏损,亏损额分别为 2500 万美元、1800 万美元、1250万美元、850 万美元、350 万美元和 50 万美元,期间共为总公司节税 2244 万美元。2008 年该公司开始赢利,于是当年该集团便将其改设为一独立的零配件子公司。分立的子公司除额外支付少量现金及资产外,基本以股权形式向总公司支付所有的价款,分立企业支付给被分立企业的非股权支付额不高于支付的股权票面价值(或支付的股本的账面价值)的 20%,符合我国税法中相关的免税规定,被分立企业(总公司)不确认分离资产的转让所得或损失,不计算所得税。如果该总公司在2000 年就设立子公司,由于我国税法规定的最长亏损弥补期限为 5 年,该子公司就有大量亏损不能弥补。该集团通过有效的税收筹划,获得了巨大的节税效益,收益是十分可观的。

---

① 国家税务总局:《关于企业合并分立业务有关所得税问题的通知》,国税发[2000]119 号。

[分析评价]

一般情况下,我们都可以构想如上例所示的先设分公司后设子公司,但这并不是绝对的。对于一些资金规模不大且产品生产周期较短的企业,在经营初期不妨先设子公司,这样可以最快地利用税收优惠政策少缴税款,同时取得货币资金时间价值的最大化和投资机会与效益的最大化。当产品进入衰退期时,再改设为分公司,用分公司的亏损冲减总公司的应税所得,从而达到节税的目的。

【案例7-4】重庆市一自来水总公司于1991年创办,该公司充分利用其人才优势和环境优势,综合利用本公司生产中产生的废水、废气、废渣等废弃物研制了一种新型实用产品,并利用其有限的资金于1994年兴办了一子公司。由于该产品在当地市场上处于绝对"垄断"地位,加上内部管理科学和政府社会的大力支持,子公司连续6年赢利,税前利润1995～2000年分别为50万元、80万元、100万元、120万元、100万元和30万元。根据《中华人民共和国企业所得税暂行条例》规定,该公司可享受自生产经营之日起5年免征所得税的优惠政策,由此为自来水公司节税(50+80+100+120+100)×33%=148.5万元。但是好景不长,由于市场的激烈竞争和新型产品的出现,该子公司迅速陷入被动地位,并于2001年开始亏损,到2005年底累计亏损达105万元,甚至连工资都无力支付。于是,2005年自来水公司为子公司支付了10万元的工资福利费,并在"管理费"中予以列支。没想到此行为遭到了税务部门的查处,责令补交所得税3.3万元(10×33%)——因为子公司作为独立的法人,总公司不能列支为子公司支付的管理费等有关费用。倘若自来水公司作如下筹划,效果就大相径庭了:2001年将该子公司在法律上予以撤销,并改设为自己的一个分公司,这样子公司的亏损就转化为分公司的亏损,在法律上允许用总公司的利润予以弥补(假定总公司实现的利润足以弥补)。从2001～2005年累计可为自来水公司节税(105+10)×33%=37.95(万元)。这两次筹划可为一个资金规模不大的自来水公司节税近190万元。

[分析评价]

如果新设立的子公司能享受税收优惠,并且子公司能立即获利此时宜设立子公司。由此,子公司作为独立法人,能享受到税收优惠,而分公司是总公司的一部分,若总公司无法享受税收优惠,分公司也不能享受。

目前,我国税法中对新办企业的税收优惠主要在以下领域:①高新技术产业;②国家鼓励的公共基础设施建设产业;③大量吸收城镇待业人员的企业;④对共生、伴生矿产资源,废水(液)、废气、废渣,再生资源的综合利用。企业在以上领域的投资,往往可得到大量的减免税优惠,此时企业投资时应考虑设立子公司,以获得巨额节税利益。

2. 流转税方面的筹划

设立子公司时,母公司与子公司之间的交易属于公司之间的交易,应按照税法规定缴纳相应的流转税;而设立分公司时,总公司与分公司之间的交易为公司内部交易,除依增值税法规定——设有两个以上机构并实行统一核算的纳税人,将货物从一个机构移送同一县(市)以外的其他机构用于销售,视同货物销售,应缴纳增值税外,其他情况均不需缴纳流转税。因此,企业可借此进行相应的税收筹划。

若公司产品为应纳消费税的商品,且消费税从价定率征收,则公司设立销售机构时,宜设立子公司。因为根据我国税法规定,消费税一般在应税消费品的生产、委托加工和进口环节缴纳,在以后的批发、零售环节不再缴纳消费税。当设立的销售机构为子公司时,母公司产品转移到子公司视作销售,并缴纳消费税。当子公司在市场上销售时,不再缴纳消费税。若设立的是分公司,则总公司产品转移到分公司时不纳税,分公司对外销售时再缴纳消费税,所以消费税税基是分公司在市场上的销售价格。相比之下,设立子公司时消费税税基更小,因为母公司销售给子公司的价格一般会低于子公司在市场上的销售价。

如果酒厂新设立分支机构,分支机构生产的酒作为酒厂的原料或分支机构以酒厂的酒为原料进行深加工。此时分支机构设为分公司能节省大量消费税支出,因为根据《财政部、国家税务总局关于调整酒类产品消费税政策的通知》(财税[2001]84号)的精神,从2001年5月1日起,停止执行外购或委托加工已税酒和酒精生产的酒、外购酒及酒精已纳税款或受托方代收代缴税款准予抵扣政策。

需要着重说明的是,投资设立子公司或分公司,其公司节税利润有无、高低,均受到诸如国家税制、纳税人经营状况(盈、亏)及企业内部利润分配规定等多种因素的影响。对此,投资人应予以综合考虑。

[具体案例]

【案例7-5】[①]某建筑公司下辖9个施工单位,混凝土搅拌机在公司运营中占重要地位,所以由该公司统一购置。2008年该公司作为固定资产管理的混凝土搅拌机账面原值150万元,累计折旧50万元,净值100万元,年折旧额15万元(按10年计提折旧,残值假设为0),不考虑其他经营业务、资金时间价值和印花税对税负的影响。该企业适用城建税税率7%,教育费附加3%。

方案一:该建筑公司把9个施工单位以分公司的形式设立,对他们具有绝对控股权,在管理与物资分配上作为内部单位对待。

方案二:该建筑公司把9个施工单位以子公司的形式设立,各子公司需要使

① 该案例摘自赵秀云、史兆海、徐键:《集团公司大型设备购用节税方略》,2005年8月10日,http://www.ccpan.com/html/ss/zgsschsjk/chll/2006/0218/518249.php。

用时向集团公司办理经营租赁手续,向集团公司支付租赁费。

【案例解析】

根据税法规定,总公司与分公司之间的交易为公司内部交易,本案例中如果采用方案一以分公司的形式,那么建筑公司可以对需要设备的施工单位实行无偿调拨,并且设备在划拨使用时无须缴纳流转税。

如果采用方案二采用子公司的形式,那么建筑公司收到租赁费作为其他业务收入,计缴营业税、城建税、教育费附加;各子公司凭集团公司开具的发票将租赁费计入施工成本。这就在各成员企业之间提供设备无形中增加了一道流转税,增加了企业成本。该建筑公司租赁混凝土搅拌机收入为 $15 \div (1-5.5\%) = 15.87$(万元),缴纳营业税及附加:$15.87 \times 5.5\% = 0.87$(万元),利润:$15.87 - 0.87 - 15 = 0$(万元)。如果由各子公司单独购置混凝土搅拌机,虽然可以避免缴纳流转税,但却会重复占用大量营运资金,资金的机会成本也会因此提高。

[分析评价]

在流转税方面,子公司、分公司既有相同点,也存在明显区别。根据税法规定,总公司与分公司之间的交易为公司内部交易,除增值税法规定——设有两个以上机构并实行统一核算的纳税人,将货物从一个机构移送同一县(市)以外的其他机构用于销售,视同货物销售,应缴纳增值税外,其他情况均不需缴纳流转税,这是税收筹划的一个关键点。对于那些固定资产所占比重大,为了提高效率需要由集团公司统一购买并进行管理的情况,采用分公司的形式可以在流转税方面获取一定的利益。

三、投资的税收筹划

(一)直接投资与间接投资的筹划

[政策依据与筹划思路]

根据投资者对被投资企业的生产经营是否实际参与控制和管理,投资方式可分为直接投资和间接投资两大类。直接投资指对经营资产的投资,即通过购买经营资本物,兴办企业,掌握被投资企业的实际控制权,并从经营活动中取得赢利。间接投资是指对股票或债券等金融资产的投资,以期从持有和转让中获取投资收益和转让增值。间接投资依据具体投资对象的不同,可分为股票投资、债券投资及其他金融资产的投资;上述各项间接投资又可依据证券的具体品种作进一步划分,比如,债券投资又可细分为国库券投资、金融债券投资、公司(企业)债券投资等。

不同投资方式下取得投资收益的税收待遇不同。直接投资下产生的生产经营成果既要被课征流转税,如增值税,其纯收益还要被课征企业所得税。因为直接投资关系到企业生产经营活动的直接管理和控制,所以有时还涉及财产税、行为税的课征等。对直接投资的综合评估,主要考虑投资回收期、会计收益率、投资方案的净现值以及方案的内含报酬率等财务指标。但在作出合理的投资决策前,还须充分考虑税收对这些指标的影响,因为税收因素将直接影响企业投资的税后净收益。间接投资一般只涉及所收取股息或利息的所得税,股票、债券资本增益需缴纳的资本利得税以及买卖证券征收的印花税,相对比较简单。

[具体案例]

【案例 7-6】A 企业现有闲置资金 1000 万元,考虑两种投资方案:①直接投资于 B 企业(B 是高新技术企业,适用所得税率 15%),占有股份 30%,预计每年 B 企业可获得税前利润 350 万元(假定企业所得税应纳税所得额也为 350 万元),全部分配;②A 企业把 1000 万元用于购买国库券,每年可获得利息收入 80 万元。哪一种投资方式对企业更为有利呢?

【案例解析】

方案一:根据我国现行税法规定,符合条件的居民企业之间支付的股息、红利免缴企业所得税。则:

A 企业投资实际获利:$(350 \times 30\%) \times (1-15\%) = 89.25$(万元)。

方案二:根据我国现行税法规定,国库券利息收入免纳企业所得税,所以 A 企业投资国库券实际获利 80 万元。

因此,企业直接投资更为有利。

如果 B 企业不符合税法规定的高新技术企业认定标准,其适用的税率为 25%,此时 A 企业投资实际获利:$(350 \times 30\%) \times (1-25\%) = 78.75$(万元),则 A 企业购买国库券更为有利。

【案例 7-7】[①] 某内资企业准备与某外国企业联合投资设立中外合资企业,投资总额为 6000 万元,注册资本为 3000 万元,其中中方 1200 万元,占 40%,外方 1800 万元,占 60%。中方准备以自己使用过的机器设备 1200 万元和房屋建筑物 1200 万元投入,投入方式有两种:

(1) 以机器设备作价 1200 万元作为注册资本投入,房屋、建筑物作价 1200 万元作为其他投入。

(2) 以房屋、建筑物作价 1200 万元作为注册资本投入,机器设备作价 1200 万元作为其他投入。

请问该内资企业应选择哪种投入方式?

【案例解析】

方案一:按照税法规定,企业以设备作为注册资本投入,参与合资企业利润分

---

① 该案例摘自安信:《扩大生产规模,你考虑过纳税筹划吗?》http://finance.asiaec.com/zh_cn/banshui/chouhua/qiye/11015719/20031209/17493.html

配,同时承担投资风险,不征增值税和相关税金及附加。但把房屋、建筑物直接作价给另一企业,作为新企业的负债,不共享利润、共担风险,应视同房产转让,需要缴纳营业税、城建税及教育费附加。

营业税＝1200×5％＝60(万元);

城建税、教育费附加＝60×(7％＋3％)＝6(万元)。

方案二:如将房屋、建筑物作为注册资本投资入股,参与利润分配,承担投资风险,按国家税收政策规定,可以不征营业税、城建税及教育费附加。[①] 同时,税法又规定,企业出售自己使用过的固定资产,其售价不超过原值的,不征收增值税。[②] 按照方案二,企业把自己使用过的机器设备直接作价给另一企业,视同转让固定资产,且其售价一般不及设备原价,按政策规定可以免征增值税。因此,企业不需缴纳任何税收。

[分析评价]

在企业有暂时闲置资产拟对外进行投资时,可以选择购买股票、债券或直接对某企业进行投资。根据税法规定:购买国库券取得的利息收入可以免缴企业所得税,购买企业债券取得收入和对外直接投资取得的收益要缴所得税,购买股票取得的股利为税后收入不需缴税,但风险较大。这就需要企业进行权衡选择。

当企业选择直接投资时,则还要在固定资产、无形资产和货币资金等投资方式上进行权衡。不同的投资方式应缴纳的税种往往不同(如案例二),因此,税负也相差甚远。由于企业以固定资产和无形资产对外投资时,必须进行资产评估,这样企业选择固定资产或无形资产对外进行投资,就可以通过选择有利的资产评估方法,使被评估资产合理增值,从而多列固定资产折旧费和无形资产摊销费,减少当期应纳税利润,相应缩小所得税税基,达到税收筹划的目标。

直接投资更重要的是要考虑企业所得税的税收待遇。我国企业所得税制度规定了很多税收优惠待遇,包括税率优惠和税额扣除等方面的优惠。例如,设在国务院批准的高新技术产业开发区内的高新技术企业,其企业所得税的税率为15％。其他诸如节能环保企业、"三废"利用企业、下岗失业人员再就业企业等企业都享有一定的企业所得税的优惠待遇。投资者应该在综合考虑目标投资项目各种税收待遇的基础上,进行项目评估和选择,以期获得最大的投资税后收益。企业的间接投资相对要简单一些。由于我国国债利息免征企业所得税,故企业在间接投资时要充分考虑税后收益。例如,有两种长期债券,其一是国家重点建设债券,其利率为4.2％;另一种为国债,利率为3％。企业应该投资于哪一种债券呢? 表面看起来

---

① 国家税务总局:《营业税税目注释(试行稿)》,国税发[1993]149号。

②《中华人民共和国增值税暂行条例》第16条;国家税务总局:《增值税问题解答》,国税函发[1995]288号。

国家重点建设债券的利率要高于国债利率,但是由于前者要被征收25％的企业所得税,而后者不用缴纳企业所得税,因此实际的税后收益应该通过计算来评价和比较。

　　(二)股息所得与投资转让所得的筹划

[政策依据与筹划思路]

　　居民企业直接投资于其他居民企业,或者采用股权投资,连续持有居民企业公开发行并上市流通的股票满12个月的所得免缴企业所得税。企业在一般的股权(包括转让股票和股份)买卖中,股权转让人应分享的被投资方累计未分配利润或累计盈余公积应确认为股权转让所得,不得确认为股息性质的所得;但当企业进行清算或转让全资子公司以及持股95％以上的企业时,投资方应分享的被投资方累计未分配利润和累计盈余公积应确认为投资方的股息性质的所得。为避免对税后利润重复征税,影响企业改组活动,在计算投资方的股权转让所得时,允许从转让收入中扣除上述股息性质的所得。[①] 根据新《中华人民共和国企业所得税法实施条例》第11条规定,投资方企业从被清算企业分得的剩余资产,其中相当于从被清算企业累计未分配利润和累计盈余公积中应当分得的部分,应当确认为股息所得;剩余资产减除上述股息所得后的余额,超过或者低于投资成本的部分,应当确认为投资资产转让所得或者损失。

　　在对企业股权转让行为进行纳税筹划时,一个重要的筹划点就是合理划分股息所得和股权转让所得。按新的企业所得税法规定,符合条件的居民企业之间支付的股息、红利等权益性投资所得免税;而股权转让所得则要按转让收入减去投资成本后的差额作为应纳税所得计缴企业所得税,这种不同的计税方法为股权转让行为提供了一定的筹划空间。如果被投资企业是母公司的全资子公司,母公司意欲转让子公司的整体资产,为了避免承受过重税负,还要注意使非股权支付额不高于所支付的股权票面价值(或股本账面价值)的20％,这样就可以不确认分离资产的转让所得或损失,不计算所得税。

[具体案例]

　　【案例7-8】2006年,A企业投资1600万元与其他企业联合设立B公司。B公司注册资本为2000万,A企业持股比例为80％。截至2007年末,B公司所有者权益总额为4000万,其中实收资本为2000万,盈余公积为800万元,未分配利润1200万元。2008年初,A企业欲将其持有的B公司的股权全部转让,已和受让方议定转让价款为4000万元。(假定A公司和B公司适用的企业所得税税率均

---

　　① 国家税务总局:《国家税务总局关于企业股权转让有关所得税问题的补充通知》,国税函[2004]390号。

为 25%）

方案一：A 企业直接转让股权。由于 A 企业持有 B 企业的股权份额（80%）未达到 95%，A 企业须就其投资转让所得全额缴纳企业所得税。

企业应缴纳的企业所得税＝（4000－1600）×25%＝600（万元）；

方案二：A 企业先对 B 企业进行利润分配，然后再转让股权。A 企业是 B 企业的控股股东，可以决定 B 公司的利润分配事项。需要注意，按照《公司法》的规定，盈余公积的余额不得少于注册资本的 25%。筹划结果如下：

B 企业将未分配利润 1200 万元全部进行利润分配，并将盈余公积的 300 万元转增资本。税法规定，不论企业会计账务中对投资采取何种方法核算，被投资企业会计账务上实际作利润分配处理（包括以盈余公积和未分配利润转增资本）时，投资方企业应确认投资所得的实现。A 公司的所得税测算为：

股息所得＝1200×80%＋300×80%＝1200（万元）（股息所得不用缴纳企业所得税）；

投资转让收入＝4000－1200＝2800（万元）；

投资转让所得＝2800－1600＝1200（万元）；

企业应纳所得税＝1200×25%＝300（万元）；

与未进行利润分配相比，本方案节税 600－300＝300（万元）。

[分析评价]

税法在有关股息性质的所得和资本利得性质的投资转让所得方面不同的政策差异，纳税人可以充分利用，进行筹划。正确的做法是，企业意欲转让持有的被投资企业的股权时，在转让之前须将未分配利润进行分配，以避免免税性质的股息所得转化为资本利得性质的所得并承担相关税负。

总之，投资方向、企业组织方式、投资规模、筹资方式和投资结构虽然都会对投资决策中的税收筹划产生影响，但是它们并非都是同向的。由于考虑问题的侧重点不同，投资者的同一经济行为可以有若干个不同的行动方案。可能单纯从投资方向上看甲方案是最优的，但考虑企业组织方式后可能乙方案的收益大于甲方案。如果再考虑投资规模、投资结构、筹资方式后可能方案的排序又会发生变化。因此投资者不能孤立地看问题，必须在综合权衡各方面因素后，从中选择最有利的方案。

第二节　企业融资活动的税收筹划

融资是企业发展过程中不可避免的问题。企业要在一定时间内发展壮大，必须要能筹集到足够的资金。融资过程的税收筹划是指利用一定的筹资技巧使企业达到获利水平最大和税负最小的方法。企业筹资的方式主要有向银行借款、向非金融机构或企业借款、向社会发行债券、股票、融资租赁以及企业内部集资、企业自我资金积累等。每种筹资方式都要涉及一定的条件,需付出一定的成本,而且不同的融资渠道取得资金的成本列支方式及优惠政策不同,形成的企业税收负担也不同。企业借款就涉及抵押、利息等问题,发行债券和股票则对企业自身的要求更严格。选择哪种或哪几种组合的筹资方式,既要考虑企业的实际情况,同时还须考虑到企业必须支付的税收成本。此外,选择合适的融资时间也是很重要的。例如,在企业筹办期间发生的筹资利息计入开办费,在企业投产后摊销;在生产经营期间发生的利息,计入财务费用,可以在所得税税前扣除,二者承担的税负就有较大的差别。因此,企业如何通过少缴税的途径来降低融资成本,获取更多的融资收益,是企业在融资阶段必须进行事前考虑和全面权衡的问题。

一、不同融资方式的资金成本与税负

(一) 不同筹资方式的资金成本

公司从不同融资渠道,采用不同的融资方法所筹集到的资金,其资金成本各不相同。所谓资金成本是指公司为筹集资金所付出的代价,它是公司为取得和使用资金而支付的各种费用,包括资金占用费和资金筹集费两部分。前者是因为公司使用资金而向资金提供者支付的报酬,如公司支付给股东的股息和红利,支付给债权人的利息及支付给出租人的租金等。这部分费用主要包括资金时间价值和投资者要求的投资风险报酬。后者是指公司在筹集资金过程中发生的各种费用,如发行股票、债券支付的印刷费、发行手续费、评估费、公证费、广告费等。筹资决策的目标不仅是要筹集到足够数额的资金,而且要使资金成本最低。正确计量资金成本,是公司选择资金来源和筹资方案、拟定筹资决策方案的客观依据,也是评价投资项目可行性的主要标准之一。由于不同筹资方案的资金成本对税负的影响存在差异,这便为企业在筹资决策中进行税收筹划提供了可能。下面简单比较分析各种筹资方式的筹资成本,为企业选择筹资方案提供参考。

1. 优先股的资金成本

公司发行优先股股票时,需要支付一定的筹资费,如广告费、代销费等。其股息也要定期从公司的税收利润中支付。因此,优先股资金成本率计算公式为

$$K_p = \frac{D_p}{P_p(1-f)} \times 100\%$$

其中:K_p——优先股成本率;

D_p——优先股每年股息;

P_p——发行优先股总额；

f——筹资费率。

【例 7-1】某公司发行 100 万元优先股，筹资费率为 3%，每年支付 9% 的股利，则优先股成本率 $= \dfrac{100 \times 9\%}{100 \times (1 - 3\%)} = 9.28\%$。

因为优先股股息是从税后利润中支付的，不减少公司应缴的所得税，所以优先股成本率会明显地高于债券的成本率。

2. 普通股的资金成本

普通股资金成本的确定方法基本和优先股相同，只是普通股的股利是不固定的，且通常要求逐年增长。假设每年以固定比率增长，则普通股资金成本率计算公式为

$$K_s = \frac{D_s}{P_s(1 - f)} + G$$

其中：K_s——普通股成本率；

D_s——每年发放的普通股股利；

P_s——普通股发行金额；

G——普通股股利每年增长率。

【例 7-2】某公司发行的普通股发行价为 1000 万元，筹资费率为 6%，第一年末发放股利 80 万元，以后每年增长 3%，则

$$普通股成本率 = \frac{80}{1000(1 - 6\%)} + 3\% = 11.51\%$$

普通股股东的索取权仅次于优先股股东，其投资风险最大，相应的普通股股东所要求的投资报酬率也最高。而且随着股利逐年增加，普通股的资金成本率也会随之逐年提高。

3. 留存收益的资金成本

留存收益是公司内部的一种资金来源，这部分资金相当于普通股股东对公司所进行的追加投资。如同最初投入资本一样，股东也要求给予其相同比率的报酬，留存收益不需支付筹资费用，除此之外，其资金成本率的计算和普通股相同。由于留存收益是企业所得税后形成的，因此企业使用留存收益不能起到抵税作用，也就没有节税金额。

$$K_e = D_s/P_s + G$$

其中：K_e——留存收益成本率。

承接例 7-2 有关资料，该公司留存收益的资金成本率为

留存收益成本率 $= 80/1000 + 3\% = 11\%$。

4. 债券的资金成本

公司发行债券所得资金等于发行总额减去筹资费用。债券利息支出作为费用在税前利润中扣除，相当于少缴了一部分所得税。因此，公司实际负担的债券利息等于按票面利率计算的债券利息减去相应少缴的所得税。债券资金成本为

$$K_b = \frac{I(1-T)}{Q(1-f)} \times 100\%$$

其中：K_b——债券成本率；

I——债券年利息额；

T——所得税税率；

Q——债券发行总额。

【例 7-3】某公司发行长期债券 500 万元，筹资费率为 3%，债券年利率为 7%，所得税率为 25%，则

$$债券成本率 = \frac{500 \times 7\% \times (1-25\%)}{500 \times (1-3\%)} = 5.41\%。$$

5. 银行借款的资金成本

银行借款的利息同债券利息一样，也是在税前利润中扣除。银行借款的筹资费用较少，只有比例很小的手续费，一般可以忽略不计。因此，银行借款的资金成本率为

$$K_l = R(1-T)$$

其中：K_l——银行借款成本率；

R——银行借款年利率；

T——所得税税率。

【例 7-4】某公司向银行借款 600 万元，年利率为 6%，所得税税率为 25%，则银行借款成本率 $= 6\% \times (1-25\%) = 4.5\%$。

可见，银行借款的资金成本率低于借款的利息率。但是，有时银行在借款契约中，可能要求公司在借款总额中保留一定额度存放在贷款银行作为补偿性余额，以保证贷款银行的权益。在这种情况下，公司实际使用借款的资金成本率就会提高，为

$$K_l = I(1-T)/M - C$$

其中：I——银行借款年利息额；

M——银行借款总额；

C——补偿性余额。

6. 租赁的资金成本

公司租入固定资产,要定期支付租金。由于租金计入公司管理费,可以减少应缴所得税,所以租赁成本率为

$$K_m = E(1 - T)/P$$

其中:K_m——租赁成本率;

　　P——租赁资产价值;

　　E——年租金额。

如果是融资租入固定资产,式中 E 包括年租金额、利息额、手续费、保险费等。

筹资活动还不可避免地要涉及还本付息的问题。利用利息摊入成本的不同方法和资金往来双方的关系,往往是节税的关键所在。金融机构贷款,其核算利息的方法和利率比较稳定、幅度变化较小,企业灵活处理的选择余地不大。而企业与经济组织的资金拆借在利息计算和资金回收期限方面均有较大的弹性和回旋余地,从而为筹资提供了有利条件,如关联企业间常常在资金拆借过程中通过变动利息支付数额来调整企业利润,以达到降低税负的目的。

[**具体案例**]

【**案例 7-9**】企业甲、乙各有 1000 万的自有资金可以用于各自项目的投资,它们可以采用相互拆借的形式进行投资。假设两个项目的投资报酬率都是 20%,甲企业所在地适用的所得税税率为 25%,要求的资金利息率为 6%;乙企业适用的所得税税率为 15%,要求的资金利息率为 10%。再假定银行利率是 10%。这样,甲乙之间的利息费用由于不超过同期的银行利率可以在税前全部扣除。

方案一:不拆借资金

甲企业应缴所得税税额 = 1000×20%×25% = 50(万元);

乙企业应缴所得税税额 = 1000×20%×15% = 30(万元);

甲、乙两企业共缴所得税 = 50 + 30 = 80(万元)。

方案二:乙企业向甲企业拆借 500 万元资金

甲企业应缴所得税税额 = [(1000 - 500)×20% + 30]×25% = 32.5(万元);

乙企业应缴所得税税额 = [(1000 + 500)×20% - 30]×15% = 40.5(万元);

甲、乙两企业共缴所得税 = 40.5 + 32.5 = 73(万元)。

如此一来,甲、乙作为一个利益共同体,所得税比筹划前少缴 7 万元。

(二) 不同融资方式下税收效果差异的比较

企业筹集的资金,按资金来源性质的不同,可以分为债务资本与权益资本。债务资本需要偿还,而权益资本不需要偿还,只需要在有赢利时进行分配。通过贷款、发行债券、租赁等方式筹集的资金属于债务资本,发行股票筹集的资金和留存

收益属于权益资本。从纳税角度来看,不同的筹资方式所产生的税负不尽相同,取得的税后利润也有差异。

(1) 自我积累的筹资方法对企业来说,是企业实力的表现,但需要经过很长时间才能完成,而且从税负上看也不尽如人意。因为这一筹资方式只涉及企业自身,由这笔投资所带来的利润,没有任何办法加以分解,故企业只能承受这笔利润所带来的相应的税收负担,企业投入生产经营活动之后,产生的全部税负由企业自行负担。

(2) 向金融机构贷款的筹资方式,一般不需要很长时间就可以筹集到所需资金,而且投资产生收益后,出资机构事实上也要承担一定税收,企业归还利息后,其利润的数量有所降低,实际税负比未支付利息时要小。因此,利用贷款从事生产经营活动是减轻税负的一个有效途径。这种筹资方式在减轻税负的效果上要优于企业自我积累方式。

(3) 企业间拆借资金从减轻税负的效果上看,要次于企业内部集资方式,但要优于上面两种。这是因为采用企业间融资方式进行筹资的企业,一般相互间具有关联性,这时双方必然要从各自利益角度出发,来分摊投资带来的利润,使税负达到最小。

(4) 企业的内部集资方式,如发行债券、股票,可以使企业的税负最轻。这是因为,当企业发行股票后,企业的股东是很多的,它涉及许多公司和个人,这样有利于企业利润的平均分摊,从而使企业的税收负担最小。

纳税人进行筹资筹划,除了考虑企业的节税金额和税后利润外,还要对企业资本结构进行通盘考虑,如过高的资产负债率除了会带来高收益外,还会相应加大企业的经营风险。而在权益资本筹集过程中,企业应更多的利用留存收益,因为留存收益所受限制较少,具有更大的灵活性,财务负担和风险也较小。

二、资本结构的税收筹划

[政策依据与筹划思路]

企业的资金来源除了权益资本外,主要就是负债,包括长期负债和短期负债两种基本形式。其中长期负债与权益资本的构成关系为资本结构。资本结构不仅制约着企业的风险、成本的大小,而且在相当程度上影响着企业的税收负担以及企业权益资本税收收益的水平。利息费用随着负债比例的提高而增加,在所得税率一定的情况下,企业的所得税额减少,企业的权益资本收益率最初随着负债比例的提高而提高,但超过某一临界点后,就会呈相反方向变动。所以如何合理地确定资本结构成了税收筹划的一个重要内容。

1. 负债筹资的上限

设某企业既有负债为 B,权益资本为 S,负债利率为 I,息税前利润为 EBIT,预

计追加负债利率为 J ,现需筹资 ΔK ,考虑追加负债或追加资本方式进行筹资。

追加资本后权益资本收益率为

$$(\text{EBIT} - B \times I)/(S + \Delta K) \tag{7-1}$$

追加负债后权益资本收益率为

$$(\text{EBIT} - B \times I - \Delta K \times J)/S \tag{7-2}$$

令(7-1)=(7-2),得 $\text{EBIT} = B \times I + S \times J + \Delta K \times J$,即

$$\Delta K \times J = \text{EBIT} - B \times I - S \times J,\text{所以}$$

当 $\text{EBIT} - B \times I - S \times J \geqslant \Delta K \times J$ 时,方可追加负债规模,则追加负债的最高限额为: $\Delta K \leqslant [(\text{EBIT} - B \times I)/J] - S$,相应负债比例上限为

$$(B + \Delta K)/S \leqslant (\text{EBIT} - B \times I - S \times J + B \times J)/(S \times J)$$

2. 负债筹资的下限

设实际权益资本收益率为 Q ,权益资本目标收益率 Q' ,息税前投资收益率为 R ,则权益资本收益率的计算公式为

$$Q = R + [B \times (R - I) + \Delta K \times (R - J)]/S$$

当 $Q \geqslant Q'$,即 $R + [B \times (R - I) + \Delta K \times (R - J)]/S \geqslant Q'$ 时

企业可以达到甚至超过预期权益资本收益率目标。根据上述公式得

$\Delta K \geqslant [S \times (Q' - R) - B \times (R - I)]/(R - J)$,此时企业负债筹资比例的下限为

$$(B + \Delta K)/S \geqslant [S \times (Q' - R) + B \times (I - J)]/[S \times (R - J)]$$

3. 最佳税收筹划绩效的资本结构衡量

1) 财务杠杆在企业融资税收筹划中的运用

公司筹资决策的核心是资本结构决策。选择最佳资本结构,能使公司综合资金成本最低,财务风险最小。而要达到资本结构最佳,就要把握财务杠杆利益和财务风险之间的关系,只有这样才能明确资本结构优化的方向,正确选择各种筹资方式,实现公司理财的目标。一般而言,公司在经营中总会发生借入资金。公司负债经营,不论利润多少,债务利息是不变的。所以,当利润增大时,每一元利润所负担的利息就会相对减少,从而使投资者利益有更大幅度的提高。这种债务对投资者收益的影响就称为财务杠杆。负债融资的财务杠杆效应主要体现在节税及提高权益资本收益率等方面。其中节税功能反映为负债利息计入财务费用抵减应税所得额,从而相对减少应纳税额。在息税前收益(支付利息和所得税前的收益)不低于负债成本总额的前提下,负债比率越高,额度越大,其节税效果就越显著。当然,负债最重要的杠杆作用在于提高权益资本的收益水平及普通股的每股盈余方面。这可以从以下例子看出:

[具体案例]

【案例 7-10】三家公司的资本总额都是 100 万元，息税前利润都是 10 万元。其中 A 公司没有负债，全部资本均为权益资本，B 公司负债占全部资本的 50%（500 000/1 000 000），C 公司负债占全部资本的 80%（800 000/1 000 000）（表 7-2）。

表 7-2 负债对普通股每股收益的影响

项目	A公司	B公司	C公司
股本(普通股,面值10元)	1 000 000	500 000	200 000
发行在外股数	100 000	50 000	20 000
债务(利率为8%)	0	500 000	800 000
资本总额	1 000 000	1 000 000	1 000 000
息税前利润	100 000	100 000	100 000
利息	0	40 000	64 000
税前利润	100 000	60 000	36 000
所得税(税率25%)	25 000	15 000	9 000
税后利润	75 000	45 000	27 000
普通股每股收益	0.75	0.9	1.35
息税前利润变动率	+50%	+50%	−50%
变动后息税前利润	150 000	150 000	50 000
利息	0	40 000	64 000
税前利润	150 000	110 000	−14 000
所得税(税率25%)	37 500	27 500	0
税后利润	112 500	82 500	−14 000
普通股每股收益	1.125	1.65	−0.7

上述计算结果显示，B 公司每股收益 0.9 元，大于 A 公司每股收益 0.75 元，C 公司每股收益 1.35 元，大于 B 公司每股收益 0.9 元。因此，合理利用负债，能给普通股股东带来增加收益的好处，而且负债比例越高，增加的收益也越多。但是值得注意的是财务杠杆要有效发挥作用，必须具备一个前提，就是息税前资本利润率必须要大于负债利息率。否则，公司会因为不恰当的利用财务杠杆进行负债经营而产生负作用，给股东造成损失。例如，本例中的 C 公司变动后的资本利润率仅为 5%，小于负债利息率 8%，此时负债不仅没有增加收益，反而给公司带来更大的损失。

【案例 7-11】某外国母公司在我国新设立一个子公司，注册资本 500 万元，并提供贷款 500 万元，利息率 10%，子公司每年息税前利润 150 万元。若子公司适用正常的税率,其居住国对非居民企业的利息、股息所得征收较低的预提所得税,这种转换安排就非常有利。假定子公司向母公司上交全部税后利润;我国所得税税率25%,预提所得税税率10%。(不考虑母公司在其居住国应缴纳的税收)

【案例解析】

方案一:不贷款时,

子公司应缴纳所得税=150×25%=37.5(万元);

税后利润=150-37.5=112.5(万元);

母公司应缴纳预提税=112.5×10%=11.25(万元);

母、子公司在我国共应缴纳税额=37.5+11.25=48.75(万元)。

方案二:贷款后,则

子公司应缴纳所得税=100×25%=25(万元);

税后利润=100-25=75(万元);

母公司应缴纳预提税=(50+75)×10%=12.5(万元);

母、子公司共应缴纳税额=25+12.5=37.5(万元);

母、子公司共少缴纳税额=48.75-37.5=11.05(万元);

税收负担降低幅度:11.05/48.75=22.67%。

[分析评价]

新创办的企业与其投资者(企业或者金融机构或者其他)之间可以通过把注册资本转换成借款的方法,得到节税的收益。创立之初,登记的注册资本较低,投资者把部分的"注册资本"以贷款的形式提供给企业,满足其生产经营的资金需求,并收取较高的利息,增加新企业的成本费用,努力降低利润。

这种转换方式倘若发生在母公司居住国,则实行单一的地域管辖权,对居民企业的境外所得不征收所得税,或仅仅象征性地征收较低的税额,如此一来,整个利益集团的全球税负将得以规避,筹划效果可见一斑。但企业须注意,我国企业所得税法规定:企业从其关联方接受的债权性投资与权益性投资的比例超过规定标准而发生的利息支出,不得在计算应纳税所得额时扣除。① 因此,企业应掌握好投资转换为贷款的比例,如果此转换的比例超过规定标准,则超过部分的利息无法在税前扣除。

2) 最佳税收筹划绩效的资本结构衡量

人们对资本结构有若干不同的认识,主要有净收入理论、净营运收入理论、传统理论和权衡理论(MM理论)等。其中较贴近实际情况且被广为接受的是MM理论。所谓MM理论是指两位美国学者莫迪格利尼(Franco Modigliani)和米勒(Mertor Miller)提出的学说。最初的MM理论认为,由于所得税法允许债务利息

---

① 《中华人民共和国企业所得税法》第46条。

费用在税前扣除,在某些严格的假设下,负债越多,企业的价值就越大。但是在现实生活中,有的假设是不能成立的,因此,早期 MM 理论推导出的结论并不完全符合实际,只能作为该理论研究的起点。此后,MM 理论有所发展,提出了税负利益-破产成本的权衡理论,如图 7-1 所示:

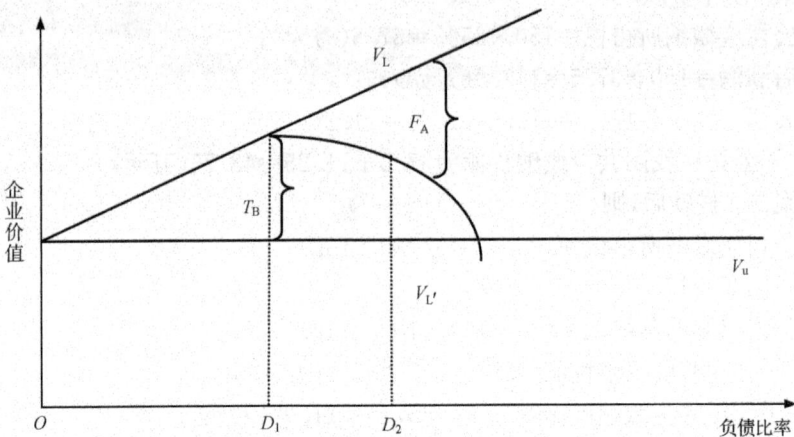

图 7-1 税负收益-破产成本的权衡理论

图中:V_L——只有负债税额庇护而没有破产成本的企业价值;

  V_u——无负债时的企业价值;

  $V_{L'}$——同时存在负债税额庇护、破产成本的企业价值;

  T_B——负债税额庇护利益的现值;

  F_A——破产成本;

  D_1——破产成本变得重要时的负债水平;

  D_2——最佳资本结构。

图中说明:①负债可以为企业带来税额庇护的利益;②现实中各种负债成本会随着负债比例的增大而上升,当负债比率达到某一程度时,息税前盈余会下降,同时企业负担破产成本的概率也会增加;③当负债比率未超过 D_1 点时,破产成本不明显;当负债比率达到 D_1 点时,破产成本开始变得重要,负债税额庇护利益开始被破产成本所抵消;当负债比率达到 D_2 点时,边际负债税额庇护利益恰好与边际破产成本相等,企业价值最大,达到最佳资本结构;而负债比率超过 D_2 后,破产成本大于负债税额庇护利益,导致企业价值下降。

上述资本结构理论为企业融资税收筹划决策提供了有价值的参考,可以用来指导决策行为。在实践中判断资本结构合理与否(即 D_2 的选择),可以借助普通股每股盈余进行分析。在每股盈余不受融资方式影响时,即为最合适的资本结构。也就是当无论是采用负债融资,还是采用权益融资,普通股的每股盈余都是相等

的。每股收益 EPS 的计算为

$$EPS = (K \times r - B \times i)(1-t) - D_{PS}/N$$

其中：K——投资总额；

　　　r——预计纳税前投资收益率；

　　　B——负债总额；

　　　i——负债利息率；

　　　N——流通在外的普通股股数；

　　　D_{PS}——优先股利支付额；

　　　t——所得税税率。

[具体案例]

【案例 7-12】D 公司投资总额为 4 000 000 元，预计纳税前投资收益率为 10%，负债利息率为 8%，已发普通股 6000 股，固定应发放优先股利 40 000 元，所得税税率为 25%。期望每股普通股税后盈余 12 元，请问公司的最佳负债规模是多少？

【案例解析】

由每股收益的计算公式可得

$$\frac{(4\,000\,000 \times 10\% - B \times 8\%)(1-25\%) - 40\,000}{6000} = 12$$

解得：B=3 133 333.33（元），即 D 公司的负债规模应为 3 133 333.33 元。

此外，还可以依据获利能力预期，通过比较负债和资本抑减税负功能的差异，利用上述公式，进行追增资本或扩大负债的优选决策。

【案例 7-13】某企业为国家重点扶持的高新技术企业，适用的企业所得税税率为 15%，该企业为扩大规模拟筹集资金 8000 万元，假设该公司原有股本 9.2 亿元，增资后的所有者权益为 10 亿元。现该公司有下述 5 种方案可供选择：

方案一：增发普遍股票 8000 万元，每股 1 元；

方案二：增发普通股票 6000 万元，每股 1 元，发行可转换债券 2000 万元，年利率 7%；

方案三：增发普通股票 4000 万元，每股 1 元，发行可转换债券 4000 万元，年利率 7%；

方案四：增发普通股票 2000 万元，每股 1 元，发行可转换债券 6000 万元，年利率 7%；

方案五：发行可转换债券 8000 万元，年利率 7%。

假定该企业当年的投资回报率为 10%，请问企业应选择哪一种方案？

【案例解析】

计算各方案的相关指标，得出结果，如表 7-3 所示。

表 7-3　各方案指标明细表　　　　　　　　单位:万元

项目＼方案	方案一	方案二	方案三	方案四	方案五
股本	100 000	98 000	96 000	94 000	92 000
其中:新增股本	8 000	6 000	4 000	2 000	0
债务总额(利率7%)	0	2 000	4 000	6 000	8 000
资本总额	100 000	100 000	100 000	100 000	100 000
息税前利润	10 000	10 000	10 000	10 000	10 000
利息	0	140	280	420	560
税前利润	10 000	9 860	9 720	9 580	9 440
所得税(15%)	1 500	1 479	1 458	1 437	1 416
净利润	8 500	8 381	8 262	8 143	8 024
增资后息税前利润增长率(20%)	20%	20%	20%	20%	20%
增长后息税前利润	12 000	12 000	12 000	12 000	12 000
增长后债务利息	0	140	280	420	560
增长后税前利润	12 000	11 860	11 720	11 580	11 440
增长后所得税	1 800	1 779	1 758	1 737	1 716
增长后净利润	10 200	10 081	9 962	9 843	9 724
增长后净利润增长率	20%	20.28%	20.6%	20.88%	21.19%
增长后净资产利润率	10.2%	10.08%	9.96%	9.84%	9.72%

从表中可以看出,在投资收益中离子负债利率的前提下,由负债所取得的一部分利润转移给了权盗资本,从而使得权益资本收益平上升负债比例越高,权益资本收益率上升越多,同时企业的经营风险也在增加。应该注意的是,当企业投资收益率低于负债利率的时候会产生类似的负面效应。

[分析评价]

由于发行股票和债券有较为严格的条件限制和审批程序,因此,不是所有企业都能使用的。上市公司在这方面具有得天独厚的条件。大多数上市公司都采用发行股票和债券相结合的方法,既筹集到所需要的资金,又保证股东的收益。从上述案例可以看出,随着债券的增加,利息相应增加,企业缴纳的所得税依次减少,普通股利润增长率也依次升高,但这并不意味着最高就是最好。因为企业对发行股票和债券的选择受到资金运作情况、还本付息等多种因素的影响。但无论如何企业在筹资中通过税收筹划达到"节税"增利是至关重要的。

三、企业集团融资的税收筹划

[政策依据与筹划思路]

企业为了方便融资,常常在关联方之间发生借贷款业务。关联企业之间的资金融通在其利息计算和回收期限上具有较大的可操作性,企业常常借此提高或减少利息支付,达到转移利润至低税率企业以避税的目的。因此,税法规定,非金融企业向非金融企业借款的利息支出,不超过按照金融企业同期同类贷款利率计算的数额的部分,准予扣除;超过部分要调增应纳税所得额。[①] 税法还规定,企业从其关联方接受的债权性投资与权益性投资的比应例超过规额定标准而发生的利息支出,不得在计算应纳税所得额时扣除。[②]

关联企业间往往有大量业务往来,且常常涉及巨额现金流,其可以通过转移定价或提前支付或赊销等许多方法来融通资金,同时还可以达到转移利润以避税的目的。

近年来,部分金融机构为减少和防止不良贷款,确保信贷资金安全,有时出现不愿受理中小企业贷款申请的情况。中小企业为解决融资困难,往往由其主管部门或所在企业集团的核心企业统一向金融机构贷款并统一归还。营业税法规定,对企业主管部门或企业集团中的核心企业等单位(以下简称统借方)向金融机构借款后,将所借资金分拨给下属单位(包括独立核算单位和非独立核算单位),并按支付给金融机构的借款利率水平向下属单位收取用于归还金融机构的利息不征收营业税;统借方将资金分拨给下属单位,不得按高于支付给金融机构的借款利率水平向下属单位收取利息,否则,将视为具有从事贷款业务的性质,应对其向下属单位收取的利息全额征收营业税。[③] 企业集团或集团内的核心企业(以下简称企业集团)委托企业集团所属财务公司代理统借统还贷款业务,从财务公司取得的用于归还金融机构的利息不征收营业税;财务公司承担此项统借统还委托贷款业务,从贷款企业收取贷款利息不代扣代缴营业税。[④] 要注意的是,以上所称企业集团委托企业集团所属财务公司代理统借统还业务,是指企业集团从金融机构取得统借统还贷款后,由集团所属财务公司与企业集团或集团内下属企业签订统借统还贷款合同并分拨借款,按支付给金融机构的借款利率向企业集团或集团内下属企业收取用于归还金融机构借款的利息,再转付企业集团,由企业集团统一归还金融机构的业务。

---

① 国务院:《中华人民共和国企业所得税法实施条例》第 38 条。
②《中华人民共和国企业所得税法》第 46 条。
③ 财政部、国家税务总局:《财政部、国家税务总局关于非金融机构统借统还业务征收营业税问题的通知》,财税字[2000]7 号。
④ 国家税务总局:《国家税务总局关于贷款业务征收营业税问题的通知》,国税发[2002]13 号。

　　成立集团财务公司,可以提高企业内部资金的使用效率,而且相对较大的贷款信用和贷款金额往往可以降低集团融资成本,避免单个企业直接向金融机构申请贷款的烦琐步骤与较高的费用。

[具体案例]①

　　【案例7-14】A公司(母公司)和B公司(全资子公司)、C公司(全资子公司)是关联公司。由于子公司B、C单独向银行借款存在信贷审批困难,审批时间长、手续烦琐等原因,B公司于2008年1月1日向A公司借款500万元,双方协议规定,借款期限一年,年利率10%,B公司于2008年12月到期时一次性还本付息550万元。此前,B公司曾于2007年7月1日向C公司贷款200万元,双方协议规定,借款期限一年,年利率5%,C公司于2008年6月底到期时一次性还本付息210万元。B公司注册资本总额1000万元,C公司注册资本总额800万元。已知同期同类银行贷款利率为8%,金融保险业营业税税率5%,城市维护建设税税率7%,教育费附加征收率3%。B公司2008年"财务费用"账户列支支付A公司利息费用50万元,"利息收入"账户记录从C公司利息收入5万元。税法允许税前扣除的利息为:$500 \times 8\% = 40$(万元),②应调增应纳税所得额10万元(50-40)。B公司向C公司贷款的利息收入应缴纳营业税及城建税和教育费附加为:$5 \times 5\% \times (1 + 7\% + 3\%) = 0.275$(万元)。假设B公司2008年主营业务利润总额200万元,所得税税率25%,不考虑其他纳税调整因素,B公司当年应纳企业所得税额=$(200 + 10 + 5 - 0.275) \times 25\% = 53.68125$(万元)。

　　在此例经济业务中,2008年度B公司取得利息5万元,C公司支付属于该年度的利息费用5万元;B公司然后支付利息50万元,A公司得到利息50万元,由于都是内部交易,对A、B公司的整个利益集团来说,既无收益又无损失。但是,因为A、B、C公司均是独立的企业所得税纳税人,出于税法对关联企业利息费用的限制,虽然B、C公司间的贷款利息费用可以在C公司财务费用里全额扣除,但A、B公司间的贷款超过规定的利息费用不能扣除,B公司额外支付了2.5万元($10 \times 25\%$)的企业所得税税款。此外,B公司就2008年从C公司取得的利息收入缴纳营业税、城建税和教育费并由此带来的企业所得税等税费增加共0.20625万元[$5 \times 5\% \times (1 + 7\% + 3\%) \times 75\%$];而A企业收取的50万元利息还须按照"金融

---

　　① 该案例改编自中华会计网校:关联企业间借款利息的纳税筹划 http://www.chinaacc.com/new/2005_2/5021610415672.htm。

　　② 由于企业所得税法实施条例未对关联企业间债权性投资与权益性投资的比例标准作出明确规定,本书暂按原《企业所得税税前扣除办法》第36条(国税发［2000］84号)规定处理,即纳税人从关联方取得的借款金额超过其注册资本50%的,超过部分的利息支出,以及超过金融机构同期同类贷款利率部分的利息支出,不得在税前扣除。

保险业"税目缴纳 5% 的营业税和相应的城市维护建设税以及教育费附加并由此带来的企业所得税的变化,合计金额 2.0625 万元[50×5%×(1+7%+3%)×75%]。对整个企业集团来说,合计多缴纳税费 2.5＋0.206 25＋2.0625＝6.768 75(万元)。

为节省集团的税款,增加集团的可用资金,可尝试以下方案。

方案一:可以通过吸收投资的方式筹资,将 A 公司借款 500 万元给 B 公司,改成 A 公司向 B 公司增加投资 500 万元。这样,B 公司就无需向 A 公司支付利息,A 公司从 B 公司分回的利润也无需缴纳企业所得税。但 B 公司应缴纳 500 万元实收资本的印花税 0.25 万元(500×0.5%)。如果条件允许,B、C 公司间的贷款也可以参照该方案执行。

方案二:可以由 A 公司(母公司)按照统借统还贷款业务进行操作。具体做法是,A 公司分别于 2007 年 7 月、2008 年 1 月从金融机构取得统借统还贷款 200 万元、300 万元后,与 B、C 公司分别签订统借统还贷款合同,将相应贷款划拨给 B、C 公司(假设 B 公司原有的 200 万元闲余资金 2008 年 6 月时可供自由支配)。A 公司按支付给金融机构的借款利率向 B、C 公司收取用于归还金融机构借款的利息。A 公司从 B、C 公司取得的用于归还金融机构的利息不征收营业税;B、C 公司支付的利息费用也可以在所得税前全额扣除;不存在诸如 B 公司的纳税调整事项,C 公司在获得相同贷款的情况下,甚至还可以获得更多的税前利息费用扣除(从银行贷款利息费用更多)。而同时集团公司的闲余资金也至少可以获得同期银行存款利息收入。

方案三:如果 A、B 公司存在购销关系,可以通过商业信用的方式筹资,具体分为以下两种情形:

情形一:B 公司生产的产品作为 A 公司的原材料。那么,当 B 公司需要借款时,A 公司可以支付预付账款 500 万元给 B 公司,让 B 公司获得一笔"无息"贷款,从而排除了关联企业借款利息扣除的限制。

情形二:A 公司生产的产品作为 B 公司的原材料。那么,当 B 公司需要借款时,A 公司可以采取赊销方式销售产品,将 B 公司需要支付的应付账款由 A 公司作为"应收账款"长期挂账,这样 B 公司同样可以获得一笔"无息"贷款。

B、C 公司的贷款也可以参照执行。

[分析评价]

企业筹资渠道有很多种类,如:向金融机构取得信贷资金,企业间拆借,吸收投资,企业内部集资,发行债券和股票,商业信用、租赁等形式。因此,要排除关联企业间借款利息扣除的限制,完全可以绕其道而行之。

■第三节　企业生产经营活动的税收筹划

一、采购活动的税收筹划

(一) 企业采购活动税收筹划的要点

采购活动和整个企业的生产经营过程密切相关,采购成本(通常是企业开支中最大的部分)对一个企业的经营业绩具有很大的影响。通过合理的税收筹划降低采购成本,可以使企业的产品成本下降,企业利润增加,从而提高企业竞争力。关于企业采购活动中的税收筹划在流转税的税收筹划中已有涉及,如企业采购结算方式不同会影响进项税额抵扣时间等,本节不再重复,这里我们从以下几方面着手:

(1) 采购规模和结构的税收筹划;

(2) 采购来源的选择;

(3) 购货合同的税收筹划。

(二) 企业采购活动的税收筹划

1. 采购规模和结构的税收筹划

[政策依据与筹划思路]

企业的采购规模与结构存在一个大小及合理与否的问题。企业往往根据产销结构决定自身的采购规模与结构。由于不同的采购规模和结构会产生不同的税收负担,因此,对采购的筹划很有必要。在筹划时通常可以遵循以下步骤:

(1) 确定产销结构和规模。市场需求决定了企业的产销规模与结构,而产销结构又制约了企业的采购规模与结构。所以先确定产销结构和规模是进行采购规模与结构筹划的前期必不可少的步骤。

(2) 通过与其他企业的横向比较,同时对不同时期本企业的采购状况进行纵向比较,结合企业当前的形势,着眼长远发展,参照现行税法,制定出一个最佳的采购规模与结构框架。

(3) 确定每个具体的筹划对象。合理采购规模与结构的实现离不开具体对象的筹划。只有力求做到用最少的资本控制最大的资产,保证购进的产品不闲置且能被高效地使用,才能真正做到采购规模与结构的合理有效。例如,比较典型的是关于固定资产比例的合理确定。固定资产的采购规模不仅对企业的生产有着极大影响,而且对企业所承受的税负也有着重要影响。

2. 采购来源的选择

[政策依据与筹划思路]

企业采购物品的来源主要有两个:一是增值税一般纳税人,二是增值税小规模纳税人。作为小规模纳税人的企业在采购物品时,由于不能抵扣进项税额,只要直接比较进货价格,选择价格较低者即可。而一般纳税人采购货物时,根据现行税法规定,小规模纳税人自身不得出具增值税专用发票,因此企业从小规模纳税人处购进材料承担的税款很难作为进项税额从销项税额中抵扣。据此,很多企业在选择采购来源时往往倾向于增值税一般纳税人。其实,这是一个筹划的误区。因为增值税是一个中性的税种,小规模纳税人如果管理科学、核算精确,其专用发票可由税务机关核准后代开。所以,盲目的一律选择增值税一般纳税人作为购货来源不一定能够节税。

例如:企业向一般纳税人采购价值 2000 元的材料,增值税进项税额为 340 元,企业以该材料生产的产品不含税销售价为 2200 元,则增值税销项税额为 374 元,企业该笔业务的税前利润为:2200－2000＝200(元)。而企业向小规模纳税人采购时,价格浮动可能更大一些,如含税采购价为 1850 元,且未委托税务机关代开增值税发票,则无法抵扣增值税进项税额,若该企业生产的产品同样以 2200 元的销售价出售,企业的税前利润为:2200－1850＝350(元)。可见,从小规模纳税人处采购的产品的税前利润比向一般纳税人采购还多了 150 元。(此处暂忽略城建税与教育费附加)

因此,在对采购单位进行筹划时,不能只偏向于一般纳税人,而要比较从哪类单位采购能更多的获得税后利润。

筹划思路:增值税一般纳税人采购货物涉及的税收主要有:增值税、城建税、教育费附加和企业所得税。采购货物涉及的增值税,在销项税额一定的情况下,能够索取 17% 基本税率的专用发票时,抵扣的进项税额最大,则应纳税额最小;能索取 3% 征收率专用发票时,应纳税额次之;不能索取专用发票时,应纳税额最大。同理,与增值税紧密相关的城建税、教育费附加随增值税的增减而增减。至于企业所得税,则与企业税前利润的大小相关。不能索取 17% 基本税率的专用发票时,因多缴纳了增值税、城建税、教育费附加,企业税前可扣除的税费增加,企业所得税会相应减少。但是,能索取 17%、3% 的专用发票和不能索取专用发票时的税费总额是依次递增的。

增值税一般纳税人企业在向小规模纳税人采购时如果没办法获得 17% 基本税率的专用发票,通常就会要求供货的小规模纳税人降价供货。而这种情况下的因"票"降价,折价幅度定多少合适呢? 定高了,供货方承受不起;定低了,采购方又抵消不了税负上亏损的数额。所以这里存在一个让双方都能接受的折价幅度——价格折让临界点。

设任意一个增值税一般纳税人,当某货物的不含税销售额为 Q(适用 17% 税率)时,该货物的采购情况分别为索取税率为 17% 和征收率为 3% 的专用发票,含税购进额分别为 A 和 B,城建税为 7%,教育费附加为 3%,企业所得税率 25%,另外,两种情况的采购费用、供货质量都相同(即不考虑采购费用对所得税的影响)。那么,

企业净利润=不含税销售额-(不含税购进货物成本+应纳城建税+应纳教育费附加+应纳所得税)

(1) 当索取税率为 17% 的专用发票时,

企业净利润=$Q-\{A\div1.17+(Q\times17\%-A\div1.17\times17\%)\times(7\%+3\%)+[Q-A\div1.17-(Q\times17\%-A\div1.17\times17\%)\times(7\%+3\%)]\times25\%\}$。　　　(7-1)

(2) 当索取征收率为 3% 的专用发票时,

企业净利润=$Q-\{B\div1.03+(Q\times17\%-B\div1.03\times3\%)\times(7\%+3\%)+[Q-B\div1.03-(Q\times17\%-B\div1.03\times3\%)\times(7\%+3\%)]\times25\%\}$。　　　(7-2)

当式(7-1)=式(7-2)时,可得:$B=A\times86.8\%$。

也就是说,当采购企业向小规模企业索取 3% 的专用发票购货时,只要供货方给予一般纳税人含税价 13.2% 的价格折让,采购企业所取得的净利润就不会减少。同样的方法,能够计算出采购企业适用 13% 税率情况下的价格折让临界点(表 7-4)。

表 7-4　不同抵扣率下的含税价格折让临界点

一般纳税人的抵扣率/%	小规模纳税人的抵扣率/%	价格折让临界点/%
17	3	86.8
17	0	84.02
13	3	90.23
13	0	87.35

[具体案例]

【案例 7-15】某服装生产企业(增值税一般纳税人),每年要外购棉布 500 吨。如果从外省市棉纺厂(一般纳税人)购入,每吨价格需 3 万元(含税价)。当地有几家规模较小的棉纺企业(小规模纳税人),所生产棉布的质量可与该外省市棉纺厂生产的棉布相媲美。假定当地棉纺企业能从税务局开出 3% 的增值税专用发票,那么,该服装生产企业以什么价格从小规模纳税人那里购进才不会吃亏呢?

【案例解析】

按照以上的分析,企业索取 3% 专用发票时的价格折让临界点为 86.8%,即该服装生产企业只要以每吨 26 040 元(30 000×86.8%)的价格购入,就不会吃亏。

此外,以这个价格购入还能节省运输等相关费用。

[分析评价]

对于增值税一般纳税人来说,在购货时运用价格折让临界点原理,就可以放心地向小规模纳税人采购,只要所购货物的质量符合要求,价格折让能够达到相应的临界点,增值税一般纳税人完全应当弃远求近,从身边周围的小规模纳税人那里购货,以节省采购时间和采购费用,增加企业效益。

但是,需要注意的是,小规模纳税人的信誉往往不及一般纳税人,因而从小规模纳税人采购货物往往存在更大的风险,如货物的质量是否过关、供货是否及时、售后服务是否到位等。因此,纳税人在购货时不能仅仅借助价格折让点进行判断,而应综合考虑、全面衡量。

3. 订立购销合同的税收筹划①

[筹划思路]

企业在采购货物的过程中,需要签订各种各样的合同。在签订合同时,交易双方往往比较注重合同的格式,着重研究法律文书的表述方式,以避免引起法律纠纷,但交易双方却经常忽略合同与税收的关系。购货合同的筹划是企业整个采购筹划的落脚点,因为采购规模、采购对象、采购时间、结算方式等最后都会反映在购货合同上,合同一旦签订,一般就意味着其他筹划和活动的结束。如果合同出错,就意味着前面的筹划成果化为乌有。因此,在进行购货合同筹划时,应注意以下几个问题:①弄清楚合同的性质,是属于商业性质合同还是其他类型的合同;②对合同的任何环节都应分析清楚,使筹划的内容能够对号入座;③文字规范,用词准确;④充分利用合同保障己方的权益。在现实生活中,因为合同的原因垫付或多缴税款的问题时有发生,因而企业在生产经营过程中应引起重视。交易双方在订立合同时应选择合适的交易方式,事先筹划,以达到节税的目的。

企业生产经营活动中的筹划一般都是为了赢利减负而开展的,合同是这些筹划文字形式的客观载体。企业采购规模的大小、购货单位的确定、购货时间的早晚、结算方式的选择等都应在合同中得到具体的反映,任何一项内容的差错都可能会导致整个采购筹划的失败。对于销售合同,一般约定将发出商品全额作为销售处理。但有些商品发出后许多年才能够收回货款,甚至出现坏账、呆账,这样销货方就白白地垫付了税款。所以,对于销货方来说,签署合同时应注意以下几点:将合同条款写为"根据实际付款金额,由销货方开具发票"。入账时以实际支付数额作为销售收入,开具增值税专用发票,未支付部分作为借款,要求购买方按期支付利息。同时,还应该将包装物押金,运费和货物销售款项分开签订合同,这样可以

---

① 合同中的买方和卖方、购买和销售是相对的概念,这是一并分析。

适当降低税负。对于购买方来说,筹划方式正好相反。合同条款应尽量避免写为"付完全款,由销货方开具发票",否则在实际分期付款时会延迟增值税进项税额的抵扣时间,损失相应资金的时间价值。此外,还应尽量将包装物押金、运费和货物销售款项一起签订合同,在支付购买金额相同的情况下获得尽可能多的增值税进项税额抵扣。另外,根据我国现行税法规定,对已履行并贴花的合同,所载金额与合同履行金额不一致时,只要双方未修改合同金额,一般不再办理完税手续,这也为纳税筹划提供了空间。在合同签订后,如果双方由于业务的原因增加了交易的金额,只要不重新签订合同,就可以免交印花税。

二、市场营销的税收筹划

(一)销售方式下的税收筹划

[政策依据与筹划思路]

在销售活动中,为了达到促销的目的,有多种销售方式,税法中主要规定了折扣、以旧换新、还本销售和以物易物几种销售方式税务处理方式。不同销售方式下,销售者取得的销售额会有所不同(销售额的确定见增值税的相关规定),承担的税负也不同。我国现行税法规定:

(1)纳税人采取折扣方式销售货物,如果销售额和折扣额在同一张发票上分别注明的,可按折扣后的销售额缴纳增值税;如果将折扣额另开发票,不论其在财务上如何处理,均不得从销售额中减除折扣额。

(2)纳税人销售货物给购货方的销售折扣,如果销售额和折扣额在同一张销售发票上注明的,可按折扣后的销售额计算缴纳所得税;如果将折扣额另开发票,则不得从销售额中减除折扣额。

(3)纳税人销售货物给购货方的回扣,其支出不得在所得税前列支。

(4)赠品需视同销售缴纳增值税。

企业在产品销售过程中对销售方式拥有选择权,这就为利用不同销售方式进行税务筹划提供了可能。

[具体案例]

【案例7-16】诚信百货商业广场有限公司为吸引顾客、争夺市场,2008年在南湖分店开业周年之际,决定对某款手机开展让利促销活动,其基本情况是:商场为增值税一般纳税人,购货均能取得增值税的专用发票,该款手机正常售价2000元,成本1400元,为促销欲采取三种方式(打折、赠送实物、返还现金),即一是手机九折销售;二是每购买一支该款手机赠送价值200元的特定商品(成本140元);三是每购买一支该款手机返还现金200元。问:该商场应选择哪种销售方式最为有利呢?(以上价格均为含税价;除增值税、个人所得税、企业所得税外,不考虑其他税种)

【筹划思路】

首先具体比较这三种促销方式的应纳税情况及利润情况：

第一，手机九折销售，价值 2000 元的手机售价为 1800 元，则

应缴纳的增值税：$1800÷(1+17\%)×17\%-1400÷(1+17\%)×17\%=58.12$（元）；

利润额：$1800÷(1+17\%)-1400÷(1+17\%)=341.88$(元)；

应缴企业所得税：$341.88×25\%=85.47$(元)；

税后净利：$341.88-85.47=256.41$(元)。

第二，每购买一支该款手机赠送价值 200 元的特定商品，则

销售一支该款手机应缴纳的增值税：$2000÷(1+17\%)×17\%-1400÷(1+17\%)×17\%=87.18$(元)；

赠送 200 元商品视同销售，应缴纳的增值税：$200÷(1+17\%)×17\%-140÷(1+17\%)×17\%=8.72$(元)；

合计应缴增值税$=87.18+8.72=95.9$(元)。

根据目前税法的有关规定，为其他单位和部门的有关人员发放现金、实物等应按规定代扣代缴个人所得税，税款由支付单位代扣代缴。为保证让利顾客 200 元，商场赠送的价值 200 元的商品应不含个人所得税额，该税应由商场承担，因此，商场需要为顾客支付的个人所得税为：$200÷(1-20\%)×20\%=50$(元)。

计算企业所得税税额：

利润额$=2000÷(1+17\%)-1400÷(1+17\%)-140÷(1+17\%)-50=343.16$(元)。

由于代顾客缴纳的个人所得税税款不允许税前扣除，因此，

商场应缴企业所得税：$(2000+200-1400-140)÷(1+17\%)×25\%=141.03$(元)。

税后净利：$343.16-141.03=202.13$(元)。

第三，每购买一支该款手机，返还现金 200 元，则：

销售一支该款手机应缴纳的增值税：$2000÷(1+17\%)×17\%-1400÷(1+17\%)×17\%=87.18$(元)；

代扣代缴个人所得税：$200÷(1-20\%)×20\%=50$(元)；

企业所得税税额：

利润额$=2000÷(1+17\%)-1400÷(1+17\%)-200-50=262.82$(元)；

商场应缴企业所得税：$(2000-1400)÷(1+17\%)×25\%=128.21$(元)；

税后净利：$262.82-128.21=134.61$(元)。

通过分析可以看出，在该款手机的促销活动中，顾客购买一支该款手机，商场同样是让利 200 元，但对于商场来说，税负和利润却是不同的。显然，方案一最优，

企业上缴的增值税最少,同时税后净利又是最大的。当然,如果前提条件发生变化,则方案的优劣也会改变。

[分析评价]

纳税人在选择销售方式时,除了考虑增值税的税负外,还应考虑其他相关税种的税负情况,譬如本案例中,商场赠送实物或现金,还要负责代扣代缴个人所得税,对其获得的利润还要上缴所得税等。只有进行综合全面地筹划,才能使企业降低税收成本,获得最大的经济利益。

(二) 代销方式的税收筹划

[政策依据与筹划思路]

我国现行税法规定:受托方销售代销货物属于视同销售,应缴纳增值税;同时,受托方向委托方收取的代销手续费,是在代销过程中提供的劳务,属于营业税征收范围。①

企业所从事的代销业务通常有两种方式:①收取手续费。即受托方根据所代销的商品数量向委托方收取手续费,这对受托方来说是一种劳务收入。②视同买断。即由委托方和受托方签订协议,委托方按协议价收取所代销的货款,实际售价可由双方在协议中明确规定,也可由受托方自定,实际售价和协议价之间的差额归受托方所有。这种销售由于商品的所有权尚未转移,所以仍是代销,委托方只是将商品交给受托方代销,并不是按协议价卖给受托方。

上述两种不同的代销方式,有着不同的税务处理方法,由此委托方与受托方也将承担不同的税收负担,这就为企业的税收筹划创造了契机。

[具体案例]

【案例 7-17】某电器公司和某商场拟签订一项代销协议,由该商场代销该电器公司的 A 产品 1 万件,不论采取何种销售方式,商场均以 1170 元/件的含税价格销售,并获得 200 元/件的代销收入。下面有两种方案供电器公司和商场进行选择(假设电器公司该批产品可抵扣的进项税额为 100 万元;所得税税率 25%,城建税税率 7%,教育费附加 3%;同时商场在月底就完成了合同销售任务):

方案一:采取收取手续费的代销方式,商场以 1170 元/件的含税价格对外销售电器公司的 A 产品,根据代销数量,向电器公司收取 20% 的代销手续费,即商场每代销一件 A 产品,收取 200 元手续费,支付电器公司不含税价 800 元。

方案二:采取视同买断的代销方式,商场每售出一件产品,电器公司按 800 元(不含税)的协议价收取货款,商场在市场上仍要以 1170 元的含税价格销售 A 产品,实际售价和协议价之间的差额,即 200 元/件归商场所有。

---

① 财政部、国家税务总局:《关于增值税、营业税若干政策规定的通知》,财税字[1994]26 号。

方案三：综合上述两种代销方式，商场以 1170 元/件的含税价格对外销售电器公司的 A 产品，商场每售出一件产品，电器公司按 900 元（不含税）的协议价收取货款，同时支付商场 100 元的手续费。

请问：电器公司和商场应选择哪种方案？

【案例解析】

电器公司与商场的纳税及收益情况如下：

方案一：

电器公司：

应缴增值税＝1170/(1＋17％)×17％－100＝70(万元)；

应缴城建税及教育费附加＝70×(7％＋3％)＝7(万元)；

税后收益＝(800－7)×(1－25％)＝594.75(万元)。

商场：

由于增值税销项税额与进项税额相等，相抵后，该项业务的应缴增值税为零，但该商场采取收取手续费的代销方式，属于营业税范围的代理业务，应缴纳营业税：200×5％＝10(万元)；

应缴城建税及教育费附加＝10×(7％＋3％)＝1(万元)；

税后收益＝(200－10－1)×(1－25％)＝141.75(万元)。

方案二：

电器公司

应缴增值税＝800×17％－100＝36(万元)；

应缴城建税及教育费附加＝36×(7％＋3％)＝3.6(万元)；

税后收益＝(800－3.6)×(1－25％)＝597.3(万元)。

商场

应缴增值税＝1170/(1＋17％)×17％－800×17％＝34(万元)；

应缴营业税＝[1170/(1＋17％)－800]×5％＝10(万元)；

应缴城建税及教育费附加＝(34＋10)×(7％＋3％)＝4.4(万元)；

税后收益＝(200－10－4.4)×(1－25％)＝139.2(万元)。

方案三：

电器公司

应缴增值税＝900×17％－100＝53(万元)；

应缴城建税及教育费附加＝53×(7％＋3％)＝5.3(万元)；

税后收益＝(800－5.3)×(1－25％)＝596.03(万元)。

商场

应缴增值税＝1170/(1＋17％)×17％－900×17％＝17(万元)；

应缴营业税＝[1170/(1＋17％)－900＋100]×5％＝10(万元)；

应缴城建税及教育费附加＝(17＋10)×(7％＋3％)＝2.7(万元)；

税后收益＝(200－10－2.7)×(1－25％)＝140.48(万元)。

[分析评价]

对比三种不同方案,在最终售价一定的情况下,双方合计缴纳的增值税是相同的,但在完全视同买断的代销方式下,委托方所需缴纳的增值税较少,相应缴纳的城建税及教育费附加也较少,因此委托方的税后收益会较大。

对于受托方而言,代销手续费既包括受托方直接向委托方收取的手续费,也包括受托方取得的商品差价(即受托方将代销货物加价出售,但仍与委托方按原价结算时所取得的商品差价),因此,对受托方获取的商品差价,不仅要作为销售收入的一部分缴纳增值税,同时还要作为代销的手续费缴纳营业税。① 这样,不论采取何种代销方式,受托方就代销手续费所需缴纳的营业税及其附加都是一样的。因此,直接收取手续费可使受托方不必缴纳增值税,同时避免了应缴纳的城建税和教育费附加,其税后收益最大;而采取视同买断方式则税后收益最小。

由此可见,委托方与受托方在不同的代销方式下,税后收益呈现出此增彼减的状况。在实际运用中,代销双方可从各自的角度出发,综合各方面的条件,尽量争取有利于自己的代销方式。

（三）定价的税收筹划

[政策依据与筹划思路]

定价策略是企业经营决策中很重要的一部分,有些实力雄厚的企业往往利用价格战,抢占市场份额,获得超额利润。不可忽略的是,获得税收利益也是定价策略要实现的重要目标。定价中的税收筹划主要是通过与关联企业之间的合作定价,即转让定价来实现的,下面简单从货物、无形资产、劳务、租赁资产、贷款利息及管理费用等方面,介绍转让定价在税收筹划中的具体运用。

（1）关联企业间商品交易采取压低定价的策略,使企业少纳的流转税变为利润而转移。例如,适用基本税率17％的增值税企业,为减轻增值税税负,将自制半成品低价出售给适用低税率13％的联营企业,虽然减少了本企业的销售额,但却使联营企业多得了利润,企业也可以从中多分免税的联营利润,进而实现了减轻税负的目的。

（2）关联企业间商品交易采取抬高定价的策略转移收入,进行避税。有些适用增值税高税率的企业,在向其低税负的关联企业购进产品时,故意抬高进价,将利润转移给关联企业,从而既可以增加本企业增值税扣税额,减轻增值税税负,又

---

① 钱奕才:《税法流转税重点讲解》,安徽国税网。2005 年 1 月 31 日（http://www.ah-n-tax.gov.cn/wsxt/swsks/t20050131_108493.htm)

可以降低所得税税负。然后,通过其他方式从低税负的关联企业多留利中将本应属于该企业的利润转移回来,如新税法下居民企业间免税的股息分配。

（3）关联企业间通过增加或减少贷款利息的方式转移利润。作为关联企业间的一种投资形式,贷款比参股更灵活。关联企业中的子公司以股息形式偿还母公司的投资报酬,在纳税时不能作为费用扣除,而支付的利息则可以作为费用在征收所得税前扣除。因此,关联企业间可以通过贷款中的转让定价来转移利润。关联企业一方为了使关联企业另一方赢利,可以通过提供贷款,少收或不收利息,减少企业生产费用,以达到赢利的目的;相反,为了造成关联企业另一方亏损或微利,以达到少纳税的目的,则按较高的利率收取贷款利息,提高其产品成本。但同时,关联企业通过利息支付转移利润的做法还要受到税法中关联企业间利息费用税前扣除标准的限制。

（4）关联企业间劳务提供采取不计报酬或不合常规计收报酬的方式,转移收入避税。

（5）关联企业间通过有形或无形资产的转让或使用,采用不合常规的价格转移利润。比如,有些企业将更新闲置的固定资产以不合常规的低价销售或处理给关联企业,其损失部分由企业成本负担,从而减轻了所得税负。

（6）通过固定资产租赁来转让定价,影响利润。

（7）通过费用转让定价。例如,通过提取管理费的高低来影响企业成本;通过人为地制造呆账、损失赔偿,增加企业的费用支出;通过销售佣金、回扣来影响产品销售收入,利用控制的运输系统,收取较高或较低的运输装卸、保险费用来影响产品销售成本。

（8）连环定价法。即参与转让定价的关联企业不是单纯的一家境内公司与境外公司之间,而是延伸到境内两家或几家关联公司之间。后者经过多次交易,把最后环节因转让定价造成的避税成果分摊到各中间环节,从而掩饰转让定价的实质。

利用关联企业进行定价的筹划时,要注意关联交易应符合独立交易原则,否则税务机关有权进行特别纳税调整。对补征的税款,自税款所属纳税年度的次年6月1日起至补缴税款之日止的期间,按照税款所属纳税年度中国人民银行公布的与补税期间同期的人民币贷款基准利率加5个百分点计算按日加收利息。依照新企业所得税法第43条和实施条例的规定提供有关资料的,可以只按前款规定的人民币贷款基准利率计算利息。

上述这些转让定价的形式可以归纳总结为以下两条:

（1）当甲企业税率高,乙企业税率低时,甲降低对乙的产品售价或压低对乙的收费标准;以此还能减轻或规避预提所得税,减轻关税和进口环节流转税等。

（2）当甲企业税率低,乙企业税率高时,甲抬高对乙产品的售价或提高对乙的收费,以此减轻整体所得税负。

[具体案例]

【案例 7-18】某企业 M 公司年销售利润 100 万元,所得税税率 25%,应纳所得税额 25 万元。该公司于 2008 年 1 月设立了一家高新技术企业子公司 N 公司,将货物调拨到 N 公司销售,N 公司适用所得税税率 15%,假定两公司总体销售利润总额仍为 100 万元,其中 M 公司 40 万元,N 公司 60 万元,M 公司应纳所得税额为 10 万元(40×25%),N 公司应纳所得税额为 9 万元(60×15%),较未设立分支机构进行购销活动前减轻税负 6 万元。

【案例 7-19】①厦门市某一物资生产企业鸿远公司,专门制造防盗门,2008 年产量 1 万个,每个成本 300 元,加工利润 150 元,商业销售利润 60 元。该公司在全国各地有 8 个销售分公司,专门负责出售该企业生产的防盗门。这 8 个销售分公司分别独立经营、独立核算。2008 鸿远公司生产的防盗门全部售出,试根据现行企业所得税法的有关规定计算分析鸿远公司与各销售分公司的所得税额及利润水平?(假定各销售分公司获利水平相同,符合小型微利企业的认定标准。)

【案例解析】

鸿远公司的利润水平为:150×1=150(万元);

各销售分公司的平均利润为:60×1/8=7.5(万元);

鸿远公司应纳税额:150×25%=37.5(万元);

各销售分公司应纳税额:7.5×20%=1.5(万元);

鸿远公司与各销售分公司的利润总额:150+7.5×8=210(万元);

总应纳税额为:37.5+1.5×8=49.5(万元);

税负总水平为:49.5/210×100%=23.57%。

如果鸿远公司每个防盗门的加工利润由原来的 150 元降到 134 元(假设符合独立交易原则),相应的各销售分公司每个防盗门的销售利润上涨到 76 元。则:

鸿远公司的利润水平为:134×1=134(万元);

各销售分公司的平均利润水平为:76×1/8=9.5(万元);

鸿远公司应纳税额为:134×25%=33.5(万元);

各销售分公司应纳税额为:9.5×20%=1.9(万元);

鸿远公司与各销售分公司的利润总额为:134+9.5×8=210(万元);

总应纳税额为:33.5+1.9×8=48.7(万元);

总税负水平为:48.7/210×100%=23.19%。

综上利用关联交易后,可少缴纳税款 0.8 万元(49.5－48.7=0.8)。

---

① 该案例改编自正视财税网:http://www.zesee.com/showtopic-5200.aspx。

（四）销售地点的税收筹划

［政策依据与筹划思路］

企业销售活动的具体地点对企业的税收负担会产生很大的影响，因而销售地点的筹划对企业的生存发展具有重要意义。销售地点筹划的依据是地区性税负差别。国家为了推动某些地区的发展，一般会在税法上体现出地区性倾斜政策，从而为企业提供了税收筹划的空间。

比如，在两税合并以前，内地的某企业与深圳特区某公司共同投资在内地兴办一家合资企业。双方在合同中约定：合资企业产品的90％由特区公司销售，10％由内地企业负责销售。合资企业销给特区公司的产品价格低于市场正常价格，而销给内地企业的产品价格高于市场价格。这就是利用地区税负差异进行转让定价。合资企业将绝大部分产品低价销售给特区公司，由于经济特区的税率普遍低于内地，所以合资企业在一定量产品的销售中，将绝大部分产品运往低税负的经济特区，而把少量产品象征性的留给内地企业销售，这样就使企业所得税税基很小，增值额大大小于平均水平。利用销售地点进行纳税筹划往往要涉及其他企业或公司，关联企业之间的筹划往往会运用到销售地点这一因素。

两税合并以后，新税法大幅度调整了我国的税收优惠政策。政策体系上将以区域优惠为主转变为以产业优惠为主、区域优惠为辅，经济特区享有的税收优惠政策将逐渐过渡到一般水平，而国家重点扶持的高新技术企业则享受15％的企业所得税优惠税率。西部大开发税收优惠政策将继续执行，企业可借此进行相应的销售地点的筹划，但同时企业应紧跟税收优惠政策调整方向，重点加强优惠产业的筹划。

三、租赁活动的税收筹划

［政策依据与筹划思路］

所谓"租赁"就是由物件的所有者（出租人）按照合同的规定，在一定期限内将物件出租给使用者（承租人）使用，承租人按照合同向出租人交纳一定的租金。租赁过程中的税收筹划，对于减轻企业税负具有重要意义。租赁有两种基本形式：融资租赁和经营租赁。融资租赁不同于经营租赁，前者把"融资"与"融物"很好地结合在一起，企业在获得设备进行使用时，实际上也获得了购置设备所需的"资金"。运用租赁进行税收筹划主要可以从以下几个方面加以考虑：

1.同一利益集团内部，通过机器设备租赁进行避税

（1）利用自定租金来转移利润。这其实就是运用转让定价的避税原理，如在高税率地区的公司借入资金购买机器设备，以最低价格租给处于低税率地区的另一家关联公司，从而达到避税的目的。

（2）利用国家之间折旧规定的差异进行避税。利用国家之间的折旧规定差异进行避税，主要发生在跨国的经营活动中，有的国家如美国规定按机器设备的经营所有权计提折旧。两个处于不同税收规定的国家的关联公司之间，就可以利用设备租赁业务，重复计提两次折旧。

2. 利用融资租赁方式，通过支付利息转移利润

融资租赁作为一种特殊的筹资方式，融资租赁费用中由承租方支付的手续费及安装交付使用后支付的利息，可以在支付当期直接从应纳税所得额中扣除，因此筹资成本较权益资金成本要低。同时，对于融资租入设备的改建支出、大修理支出可以作为递延资产，按照合同约定的剩余租赁期限分期摊销。

当然，一般情况下，经营租赁同融资租赁相比，具有更大的避税空间。承租方利用经营租赁租入设备后，对资产及未来应付的租金无须作账务处理，仅在租入设备登记簿上予以登记，因而这种经济资源并没有反映在承租方的资产负债表中。但承租方为取得使用权支付的租金应以租赁费用反映在每期的损益表中，所以采用经营租赁的方法既达到了减轻税负的目的，又可以筹集到表外资金，从而满足投资或扩大生产能力的需要。而融资性租赁，由于其会计处理要求确认租赁资产和租赁负债，属于一种表内筹资方式，因此将直接导致企业债务金额上升，资产负债率上升，净利润率、资产收益率、股本收益率等指标相应下降，给承租人带来不利影响。因此，承租人一般不愿意租赁合同被认定为融资租赁。我国《企业会计准则——租赁》中规定，企业在对租赁进行分类时，应当全面考虑租赁期届满时租赁资产所有权是否转移给承租人、承租人是否有购买租赁资产的选择权、租赁期占租赁资产尚可使用年限的比例等因素。同时依据实质重于形式原则，考虑与租赁资产所有权有关的风险和报酬是否转移，来具体区分融资租赁与经营租赁。因此，如果企业在租赁合同中不涉及资产所有权的转移和廉价购买权问题，或将租赁期设定为比租赁资产有效经济年限的 75％ 稍短一些，即可避免被认定为融资租赁。

税法还专门规定，对经中国人民银行批准经营融资租赁业务的单位所从事的融资租赁业务，无论租赁的货物的所有权是否转让给承租方，均按《中华人民共和国营业税暂行条例》的有关规定征收营业税，不征收增值税。其他单位从事融资租赁业务，租赁的货物的所有权转让给承租方，征收增值税，不征营业税。租赁的货物的所有权未转让给承租方，征收营业税，不征增值税。[①] 该规定同样适用于对外贸易经济合作部批准经营融资租赁业务的外商投资企业和外国企业所从事的融资租赁业务。[②] 通过比较，我们不难发现，融资租赁方式不同，其税收负担也各不

---

① 国家税务总局：《国家税务总局关于融资租赁业务征收流转税问题的通知》，国税函[2000]514号。
② 国家税务总局：《国家税务总局关于融资租赁业务征收流转税问题的补充通知》，国税函[2000]909号。

相同。这就给企业进行经营融资租赁业务的税收筹划提供了契机。

[具体案例]

【案例7-20】乙企业是甲企业的全资子公司。甲企业拥有一条价值300万的生产流水线,该流水线每年可创利50万,其他项目的利润20万,所得税税率25%;乙企业其他利润100万,同时享受优惠税率15%。假定甲、乙企业的生产经营情况、赢利情况在将来一段时间内保持不变。若甲融资租赁该生产线给乙,乙企业每年需支付租金30万。由于该生产流水线的专用性,一般来说租赁期限会较长,租赁业务符合会计准则规定的融资租赁,预计租赁期(20年)满后乙企业会行使支付20万元优先购买设备的选择权。请问从税收筹划的角度出发,甲企业是否应将该流水线租赁给乙企业?(假设租金水平与出租给独立第三者的水平相一致,符合公开市场原则,税务机关无需调整。同期市场利率为7%,城建税和教育费附加、印花税忽略不计。)

【筹划思路】

方案一:不租赁

甲企业应缴所得税税额=70×25%=17.5(万元);

税后利润=70-17.5=52.5(万元)。

乙企业应缴所得税税额=100×15%=15(万元);

税后利润=100-15=85(万元)。

税后利润合计为137.5万元。

方案二:租赁

如果甲企业是经中国人民银行批准经营融资租赁业务的单位,则

每期应缴营业税税额=(30×20+20-300)÷20×5%=0.8(万元);

每期应缴所得税税额=(20+30-0.8)×25%=12.3(万元);

每期税后净利润=50-0.8-12.3=36.9(万元)。

如果甲企业不具有经中国人民银行批准经营融资租赁业务的资质(20年利率为7%的年金现值系数为10.594,现值系数为0.2584),则

甲企业在当期可抵扣的进项税额=300÷117%×17%=43.59(万元);

以后每期增值税销项税额=30÷117%×17%=4.359(万元);

租赁期满设备所有权转移增值税销项税额=20÷117%×17%=2.906(万元);

合计缴纳的增值税折现值=4.359×10.594+2.906×0.2584-43.59=3.34(万元);

每期应缴所得税税额=(20+30)×25%=12.5(万元);

本期税后净利润=50-3.34-12.5=34.16(万元);

此后每期税后利润=50-12.5=37.5(万元)。

为方便计算,假设乙企业按照会计准则规定可以在未来20年内逐年计提折旧

费用 28 万元。则

应缴所得税税额＝(100＋50－28)×15％＝18.3(万元)；

税后利润＝150－30－18.3＝101.7(万元)。

在第一种情况下,两企业税后利润合计为 138.6 万元;在第二种情况下本期税后净利润合计为 134.86 万元,以后每期税后利润合计为 139.2 万元,一般税后综合利润的现金流会大于不租赁时的现金流。

从本案例可以看出,如果甲、乙企业是关联企业,可以通过固定资产租赁在企业间转移利润以达到利用所得税税率差避税的目的。本案例中,筹划能否成功的关键因素有两个:一是甲企业是否具有经中国人民银行批准经营融资租赁业务的资质,如果没有,则甲、乙企业税后总利润可能会减少;二是乙企业融资租赁租入的固定资产按照会计准则每年可以计提的折旧费用,计提的折旧费用越多,避税效果越明显。计提费用减少会导致乙企业应纳所得税增加,抵消避税效果,有兴趣的读者可以仿照本案例计算在第一种情况下,当折旧费用为何值时租赁前后两企业税后总利润保持不变。此外,还要确保租赁价格与市场价格大概一致,否则税务机关有权调整租赁价格,可能导致筹划得不偿失。

[分析评价]

对承租人来说,租赁可获取双重好处:一是可以避免因长期拥有设备而占有资金并且承担风险;二是可以在经营活动中以支付租金的方式抵减企业利润从而减少应纳税额。而且企业直接购置设备时,其价款支付一般较为集中,而租赁支付租金的方式较为灵活,可由双方在签订合同时共同协商,这样,承租人易于从减轻税负的角度出发,通过租金的支付来调整企业各年的利润水平,以减轻税负。

尤其当出租人和承租人同属一个利益集团,即出租人和承租人属于关联企业时,利用租赁可以降低企业的总体税负,如上述案例所示。而且企业适用的税率差别越大,通过租赁可以转移的利润越多,税负降低的幅度就会越大,如果企业的利润处于所得税税率临界点上下,这种作用更加明显,税收筹划的效果也就越好。因此,对于集团公司而言,在采取租赁避税法时,应首先考察关联企业之间是否存在不同的应税税率,差距是否较大。判明这些情况后,再对企业的固定资产中的生产设备进行审核,查明其来源,看是否有合法避税的可能。在实际操作中,企业也应注意要按照公允价格进行筹划,否则税务机关可能会对租赁价格进行调整。

■第四节　企业财务成果分配的税收筹划

企业实现的利润在进行纳税调整、亏损抵补并依法缴纳所得税后是企业的净利润,可供企业分配。企业税后利润的分配,不仅关系到企业投资者利益和企业未来发展,而且会影响到企业及其投资者的税收负担。因此,加强对企业财务成果及其分配的税收筹划,对于降低企业和投资者的总体税负意义重大。

一、盈亏抵补的税收筹划

[政策依据与筹划思路]

盈亏抵补是准许企业在一定时期以某一年度的亏损,去抵补以后年度的盈余,以减少以后年度的应纳税额。这种优惠形式对扶持新办企业的发展有重要作用,对具有风险的投资也有相当大的激励作用。现行税法规定:企业发生的年度亏损,可以用下一年度的税前利润弥补;弥补不足的,可以在 5 年内用所得税前利润延续弥补;仍不够弥补的亏损,不能用 5 年后的税后利润弥补。盈亏抵补筹划主要有以下几点:

(1)提前确认收入。企业在前 5 年亏损可供抵补的年度,可以提前确认收入。

(2)延后列支费用。如呆账、坏账不计提坏账准备金,采用直接核销法处理,将可列为当期费用的项目予以资本化,或将某些可控费用,如广告费等延后支付。

(3)收购、兼并亏损企业。税法规定:企业以新设合并、吸收合并或兼并方式合并,被吸收或兼并企业已不具备独立纳税人资格的,各企业合并或兼并前尚未弥补的经营亏损,可在税法规定的弥补期限的剩余期间内以税法规定的弥补方式,由合并或兼并后的企业逐年弥补。

二、税后利润分配的税收筹划

由企业自主进行的净利润分配,不管利润分配政策如何,都不会对企业本身的所得税负产生影响,但却会影响到企业的投资者(股东)的税收负担。因此,企业税收筹划应侧重于使投资者(股东)分回的利润应补缴的税款减少,即最大限度地避免投资者(股东)分回利润的再纳税。

[政策依据与筹划思路]

被投资企业应选择合理的分配政策,使投资者(股东)尽量减少税收负担,其具体做法有:股份公司可以不直接分配股息,而使股票增值,从而避免投资者(股东)分回的利润(股息、红利)再缴纳税收。股份制企业可以把税后利润的大部分作为公司的追加投资,使公司的资产总额增加,在不增发股票的情况下,使公司的股票升值,为投资者带来更多的好处。对于法人股东来说,符合条件的居民企业之间投资性收益,如股息分配是免税的(不包括连续持有居民企业公开发行并上市流通的股票不足 12 个月取得的投资收益);对于个人股东来说,由于没有从股份公司分回股息,不需要缴纳股息部分的个人所得税,其股息部分所得可以通过股票价格的上涨得到补偿。

[具体案例]

【案例7-21】内地甲企业对高新技术企业乙进行投资,股权比例为100％(其中含持有时间小于12个月的股票投资30％)。2008年度甲企业税前利润为1000万元,适用所得税税率为25％,乙企业税前利润为500万元,适用所得税税率为15％。乙企业应如何进行税后利润的分配?

【案例解析】

方案一,该年度乙企业税后利润不进行分配:

甲企业应纳所得税额＝1000×25％＝250(万元);

乙企业应纳所得税额＝500×15％＝75(万元);

合计应纳所得税额＝250＋75＝325(万元)。

方案二,若该年度乙企业税后利润向股东分配60％:

乙企业应纳所得税额＝500×15％＝75(万元);

甲企业经营所得应纳所得税额＝1000×25％＝250(万元);

甲企业投资所得应纳所得税额＝500×(1−15％)×60％×30％×25％＝19.125(万元);

甲企业共应纳所得税额＝250＋19.125＝269.125(万元);

合计应纳所得税额＝75＋269.125＝344.125(万元)。

从上述两种方案的结果可以看出,采用对乙企业税后利润不进行分配的方案,比采用对乙企业税后利润进行分配的方案少缴纳所得税额 344.125−325＝19.125(万元)。

【案例7-22】北京兴华公司2007年初累计未弥补亏损700万。2007年,兴华公司控股子公司兴中实业公司8月召开股东会进行利润分配,兴华公司分得股利700万元,其他经营收支基本持平,则兴华公司2007年会计利润700万元,刚好全部弥补亏损。2008年,兴华公司经营实现利润良好,利润为600万元(无纳税调整),应缴纳企业所得税600×25％＝150(万元)。

如果兴华公司推迟子公司兴中实业公司利润分配时间至2008年,假设2008年兴华公司累计未补亏损仍为700万元,则2008年实现的利润600万元首先弥补亏损700万元,剩余100万元亏损再用分回利润100万元弥补,则分回利润还剩余600万元,根据新企业所得税法:居民企业从居民企业分回的股息,红利等权益性投资收益免税,所以这600万元不用缴纳企业所得税,相应地兴华公司也就少缴纳了150万元的税款。

从上例可以看出,公司应尽量用尚未纳税的自身生产经营所得弥补亏损,如果用免税收益弥补,生产经营所得就得缴纳企业所得税。

三、汇兑损益的税收筹划

[政策依据和筹划思路]

企业外币业务是指企业以记账本位币以外的其他货币进行款项的收付、往来核算和计价的经济业务。企业在对外币业务进行会计核算时,可以采用外币业务发生当日的市场汇率作为记账汇率,也可以选取外币业务发生当期期初的市场汇率作为记账汇率,一般是当月1日的市场汇率。在月份(或季度、年度)终了时,将各外币账户的期末余额按期末时市场汇率折合为记账本位币,其与相对应的记账本位币账户期末余额之间差额,确认为汇兑损益。[①]

对于汇兑损益,我国目前的会计制度规定:企业筹建期间以及固定资产购建期间所发生的汇兑损益应当予以资本化,把其作为原始成本的一部分计入相关的资本账户;而生产经营期间发生的汇兑损益则直接计入当期损益。汇兑损益无论是资本化还是直接计入当期损益,都将一次或分次地影响企业的应纳税所得额。

从税收筹划角度来看,如果汇兑损益是净汇兑收益,则予以资本化对企业较为有利,因为资本化可将汇兑收益应缴的税收向后递延;若汇兑损益为净汇兑损失,则直接计入企业当期损益,尽早抵减所得税较为有利。因此,在不同情况下,通过选取适当的记账汇率,使得核算出的净汇兑损失最大化或净汇兑收益最小化,从而尽量使企业当期的应纳税所得额最小化是进行外币业务税收筹划的关键。

[具体案例]

【案例7-23】外币兑换业务的税收筹划

某企业用人民币作为记账本位币,有美元外币账户。企业用5万美元到银行兑换为人民币。银行当日美元买入价为1美元=7.25元人民币,当月1日市场汇率为1美元=7.2元人民币,当日市场汇率为1美元=7.35元人民币。从税收筹划的角度进行分析,企业采用哪一种汇率作为记账汇率较为有利? 如果该企业用人民币到银行兑换5万美元,银行当日美元卖出价为1美元=7.45元人民币,企业采用哪一种汇率作为记账汇率较为有利?

【案例解析】

(1)企业用5万美元到银行兑换人民币时,如果选取当日市场汇率为记账汇率,则有汇兑损失 $50\ 000 \times (7.35 - 7.25) = 5000$(元);如果选取当月1日汇率为记账汇率,则有汇兑收益 $50\ 000 \times (7.25 - 7.2) = 2500$(元)。

所以在汇率上升时,此笔业务选取当日汇率为记账汇率较为有利,发生的汇率损失可抵减企业所得税,而汇率下降时则选取当月1日汇率较为有利。

(2)企业用人民币到银行兑换5万美元时,如果选取当日汇率为记账汇率,则

---

① 财政部:《企业会计制度》,财会字[2000]25号。

有汇兑损失 50 000×(7.45-7.35)=5000(元);如果选取当月 1 日汇率为记账汇率,则有汇兑损失 50 000×(7.45-7.2)=12 500(元)。

所以在汇率上升时,选取当月 1 日汇率为记账汇率有利;而在汇率下降时,则选取当日汇率较为有利。

[分析评价]

由此可见,在外币兑换业务中,如果外汇汇率持续上升,也就是外币升值时,企业卖出外币,应选取当日汇率为记账汇率,以使企业账面出现汇兑损失,抵减企业应缴的所得税;买入外币,应选取当期期初汇率,使汇兑损失最大化,最大限度地抵减企业所得税。而在外汇汇率持续下降,也就是外币贬值时,则采用相反的汇率为记账汇率较为有利,即企业卖出外币,选取当期期初汇率为记账汇率,买入外币,选取当日汇率。

【案例 7-24】外币调整业务的税收筹划

某企业用人民币作为记账本位币,有美元外币账户。当月 1 日市场汇率为 1 美元=7.2 元人民币,月底市场汇率为 1 美元=7.5 元人民币。企业出口产品一批,价款为 5 万美元,货款月底收到,当天市场汇率 1 美元=7.35 元人民币。从税收筹划的角度进行分析,企业采用哪一种汇率作为记账汇率较为有利?若企业进口原材料一批,价款 5 万美元,当天收到发票和提货单,货款尚未支付,企业采用哪一种汇率作为记账汇率较为有利?

【案例分析】

(1) 企业出口产品时,若选取当日汇率为记账汇率,则在月末调整时会有汇兑收益 50 000×(7.5-7.35)=7500(元),若选取当月 1 日汇率为记账汇率,则在期末调整时会有汇兑收益 50 000×(7.5-7.2)=15 000(元)。

因此在汇率持续上升时,这笔业务选取当日汇率有利;反之,在汇率持续下降时,选取当月 1 日汇率有利。

(2) 企业进口产品时,若企业选取当日汇率为记账汇率,则在期末调整时会有汇兑损失 50 000×(7.5-7.35)=7500(元),若选取当月 1 日汇率为记账汇率,则在期末调整时有汇兑损失 50 000×(7.5-7.2)=15 000(元)。

因此在汇率持续上升时,这笔业务选取当月 1 日汇率为记账汇率有利;反之,在汇率下降时,选取当日汇率有利。

[分析评价]

对于外币调整业务,由于月末需要调整的账户主要是外币账户,外币账户主要有外币现金、外币银行存款以及外币结算的债权债务账户,包括应收账款、应收票据、预付货款、短期借款、长期借款、应付账款、应付票据、应付工资、预付货款等。企业发生的外币业务如果只是引起上述账户间的增减变动,那么无论选取业务发生当日汇率还是当期期初汇率作为记账汇率,期末调整时核算出的汇兑损益结果都一样,因此没有筹划余地;但若企业发生的外币业务引起上述账户和期末不需调整的账户间增减变动,如用外币购买原材料或机器设备、发生外币销售等业务,则选取不同的记账汇率核算出的汇兑损益结果就会大不一样。以产品的进出口为例,在外币持续升值时,企业出口产品,应选取当日汇率为记账汇率,以使企业汇兑收益减少,计入企业应税所得及企业的应纳税款也就较少;进口产品,应选取当期期初汇率,使汇兑损失最大化,可以抵减更多的企业所得税;在外币贬值时,则采用相反的汇率为记账汇率比较有利。

【案例 7-25】利用汇率差进行税收筹划

假设某合资企业,账面利润是 30 万元人民币,外币结存是 20 万美元,假定2008 年 12 月 31 日该企业的账面汇率是 6.50 元/1 美元,当地外汇调剂价市场美元价格 7.00 元/1 美元,企业适用的所得税税率为 30%,请问企业是否应在当日卖出所持有的外币?

【案例解析】

(1) 如果企业不卖出外币,则

企业的利润总额即为 30 万元人民币;

企业应缴纳的所得税=30×20%=6(万元)。

(2) 如果企业卖出外币,则

企业卖出外币所获得的收益=20×(7.00−6.50)=10(万元);

企业的利润总额=30+10=40(万元);

企业应缴纳的所得税=40×25%=10(万元)。

很显然,企业不应卖出外币,因为如果卖出外币,企业将多缴纳所得税 4 万元。

[分析评价]

企业按调剂价卖出外币时,因调剂价高于外币账面汇率而发生的折合人民币差额,应当列为当期汇兑收益。[①] 因企业推迟卖出外币而少缴纳的税款称为"影子税收优惠"。可以获得"影子税收优惠"的企业不仅要拥有年度外币结存,还必须以外汇牌价作为外币折算的基准汇率,在满足这两个条件的前提下,如果企业账面汇率低于调剂汇率,企业就可以通过推迟卖出外币的方法获取"影子税收优惠"。

需要注意的是:企业外币货币性项目因汇率变动导致的计入当期损益的汇率差额部分,相当于公允价值变动,在未实际处置或结算时不计入当期应纳税所得额。在实际处置或结算时,处置或结算取得的价款扣除其历史成本后的差额,计入处置或结算期间的应纳税所得额。[②] 另外,在一个纳税年度中,企业常常会发生多笔的外币购销业务,因而企业在选择记账汇率时首先要对比本期销售发生的外币

① 财政部:《中外合资经营企业外币业务会计处理的补充规定》,财会字 [1987] 101 号。

② 国家税务总局:《关于做好 2007 年度企业所得税汇算清缴工作的补充通知》,国税函[2008]264 号。

债权和本期购买发生的外币债务大小：如果本期销售发生的外币债权大于本期购买发生的外币债务，在汇率持续上升时，选取当日汇率有利，而在汇率持续下降时，选取当月1日汇率有利；若本期销售发生的外币债权小于本期购买发生的外币债务，则在汇率持续上升时，选取当月1日汇率有利，而在汇率持续下降时，选取当日汇率有利。

四、套利的税收筹划

[政策依据与筹划思路]

由于税法对不同的课税事项，如不同的纳税人、不同类型的收益等规定了不同的税收待遇，以至部分纳税人利用这些税法的规定谋取税收利益，这样的行为就是税收套利。常见的税收套利行为有贷款购买免税国库券、资产的售出租回等。

企业贷款购买国库券是比较常见的税收套利办法。由于我国税法规定国库券的利息收益可以免缴所得税，[①]而贷款利息可以在所得税前扣除，[②]因此，如果企业用贷款购买国库券，当贷款利息节约的税收与国库券利息之和超过贷款利息时，企业就获得了一笔额外收益。

售出租回则是另外一种常见的税收套利行为。假设一个亏损企业拥有一批折旧额很大的固定资产，因为企业亏损，大笔的折旧额无法立即抵税，这时企业可以找一家效益较好的营利企业，由这家营利企业通过贷款购买这批资产，然后再出租给该亏损企业。假设该批资产的折旧额为 A，银行贷款利息为 B，租金收入为 C，适用的企业所得税税率为 25%，城建税税率为 7%，教育费附加率为 3%；对于营利企业，由于折旧额和银行利息均可以在企业的所得税前扣除，企业由此可获得的所得税抵减额为 $(A+B) \times 25\%$，出租资产的租金收入应缴纳的所得税为 $C \times (1-5.5\%) \times 25\%$，当 $(A+B) \times 25\% - C \times (1-5.5\%) \times 25\% - C \times 5.5\% > 0$ 时，企业就可以获得税收套利；对于亏损企业，资产的出售可以获得一大笔资金，用以发展生产，因此双方都可以从中受益。当然，在具体操作中还需要考虑：亏损企业出售固定资产，属于销售自己使用过的固定资产，应控制好销售价格，不要高于原值，否则要缴纳增值税；营利企业出租固定资产，其租金收入要缴纳营业税，所以在确定租金时应综合考虑相关税负，否则可能得不偿失。

[具体案例]

【案例 7-26】某企业当年应纳税所得额预计为 30 万元，符合小型微利企业标准，所得税税率 20%。请问企业如何获得税收套利？

---

① 《中华人民共和国企业所得税法》第 26 条。
② 《中华人民共和国企业所得税法实施条例》第 36 条。

【案例解析】

（1）如果企业不从事税收套利，则

企业应缴纳的所得税＝30×20％＝6（万元）；

税后净利润＝30－6＝24（万元）。

（2）如果企业从事税收套利，年初从银行按年利率10％借入300万元，并用该笔贷款购买年利率9％的政府债券，则

企业应支付的利息＝300×10％＝30（万元）；

企业获得的政府债券利息＝300×9％＝27（万元）。

由于企业该笔债券利息可以免缴企业所得税，于是

企业应纳税所得额＝30－30＝0（万元）；

企业应纳所得税为0；

企业税后净利润＝30＋27－30－0＝27（万元）。

对比企业不从事税收套利行为，企业可多获得净利润27－24＝3（万元）。

[分析评价]

进行税收套利要以税法对不同的课税事项规定不同的税收待遇为前提。如上述案例的税收套利交易就是由于税法对政府债券和银行贷款利息在税收待遇上的规定存在差别，即银行贷款利息应纳所得税，政府债券利息免缴所得税，从而使税收套利成为可能。因此，如果税法中规定，纳税人用于购买免税的政府债券的银行贷款利息不允许在所得税前扣除，则我们上面所述的税收套利办法就不能实施。一些国家为防止纳税人进行税收套利，在税法中专门规定了针对税收套利的反避税规则，纳税人筹划时应特别注意。

第五节 企业重组活动的税收筹划

随着经济全球化发展，各国经济保护壁垒纷纷被打破，各领域、各层次的竞争日趋激烈。企业为了在激烈的市场竞争中取得优势，纷纷采取各种形式的兼并重组。企业重组主要是为了实现自己的经济目标，但在此前提下，企业也要考虑税收因素，重视税收法规，通过合理筹划，降低税收成本，使企业重组的目的能更好地实现。

我国《企业会计制度》规定：资产是指过去的交易、事项形成并由企业拥有或者控制的资源，该资源预期会给企业带来经济利益。企业的资产按流动性分为流动资产、长期投资、固定资产、无形资产和其他资产。所谓流动性，就是指资产的变现能力和转让交易的速度。资产还有其他分类，如有形资产和无形资产，金融资产和非金融资产，单项资产和整体资产，不动产和动产等。资产重组是指通过不同法人

主体的法人财产权、出资人所有权及债权人债权,进行符合最大增值目的的相互调整与改变,通过对实业资本、金融资本、产权资本和无形资本的重新组合,达到对资产的重新组合,从而使财富增值。从产权经济学的角度看,资产重组的实质在于对企业边界进行调整;从会计学的角度看,资产重组是指企业与其他主体在资产、负债或所有者权益诸项目之间的调整,从而达到资源有效配置的交易行为。资产重组有很多种实现形式。根据我国产权制度改革的理论与实践,具体可分为以下9种:

1. 兼并

兼并是指一个企业购买其他企业的产权,使被兼并企业丧失法人资格或改变法人实体的一种行为。企业兼并是产权重组的主要形式,它是通过有偿方式来实现整体产权转让的。企业兼并的形式主要有4种:一种是承担债务式企业兼并,即在资产与债务等价的情况下,兼并方以承担被兼并方债务为条件接收其资产;二是购买式兼并,即兼并方出资购买被兼并方企业的资产;三是吸收股份式,即被兼并企业的所有者将企业的净资产作为股金投入兼并方,成为兼并方企业的一个股东;四是控股式兼并,即一个企业通过购买其他企业的股权,达到控股,实现兼并。

2. 出售

出售既可以是企业整体产权重组的途径,也可以是企业部分产权重组的途径。从企业产权出售价格的确定来看,有两种方式,一种是集中竞价交易,二是协议定价。集中竞价交易又有两种情况,一是企业整体产权在产权市场上集中竞价交易,二是企业部分产权主要是上市公司股权在证券市场上集中竞价交易。

3. 收购

收购是相对于企业产权的需求者而言的,即需求者通过出资购买的方式获得产权。从严格意义上讲,收购融于兼并、出售等各种方式中。因为收购是企业兼并的一种实现方式,而拍卖、出售和收购是同一次产权重组的两个方面,即对产权所有者来说是通过售出方式实施产权转让,对产权需求者来说是通过收购方式获得产权。收购有两种方式:现金收购和股票收购。

4. 授权

授权即授权经营,是政府作为国有产权的所有者(出资者)将其直接持有的产权(股权)授权给企业集团的集团公司或其他国有资产中介经营机构持有并经营的一种资产重组实现方式。

5. 划转

划转即行政划转,它是指政府依靠行政手段改变企业产权在部门之间、地区之间、不同政府级次之间的行政隶属关系。划转也是政府采取无偿形式在国有经济内部进行整体产权重组的方式。

6. 合并

合并是指两个或两个以上的企业合成一个新企业，原各方企业解散。合并有自愿合并和强行合并两种。前者是指合并各方为了共同利益经协商自愿进行的合并，后者是指企业产权所有者为了一定目的把所属企业强制合并。

7. 租赁（承包）

租赁（承包）是在所有制性质不变的情况下，企业产权所有者在一定时期内将企业资产的经营使用权有偿让渡给租赁者（承包者）的经济行为。租赁（承包）不同于其他产权重组方式，它不是终极所有权（出资者产权）的转让，而是法人财产权的暂时让渡，是所有权与经营权两权分离的形式。

8. 托管

托管是指企业资产所有者（出资者）将企业的整体或部分资产经营权以契约形式在一定条件和期限内，委托给其他法人或自然人进行管理。托管是以考核委托资产的增值率为核心的经营权让渡，租赁（承包）则是以确保租赁费（承包利润）为条件的经营权转让。前者关心的是委托资产的保值、增值，有利于保障所有者权益，后者则在交纳租赁费（承包利润）的同时经常出现短期行为，难免损害所有者权益。托管的形式主要有两种：一是整体托管，即把整个企业委托给受托方管理；二是部分托管，即把企业的分厂、车间委托给受托方管理。

9. 破产

破产是指债务人不能清偿到期债务，经债权人或债务人申请，法院审理，依法将债务人的全部财产按照清偿顺序公平地进行分配的制度。

在企业实施资产重组战略中，如何进行税收筹划，以期通过产权流动与整合，实现企业整体利益的最大化，已经成为企业理财中关注的焦点。这里仅就企业资产重组的主要形式：分立、合并与清算的税收筹划详加分析。

一、以企业分立为手段的税收筹划

企业分立是指一个企业依照有关法律、法规的规定，将部分或全部业务分离出去，分化成两个或两个以上独立企业的法律行为。它或者是原企业解散而成立两个或两个以上的独立企业（新设分立），或者是原企业将部分分公司、部门、产品生产线、资产等剥离出来,组成一个或几个新公司而原企业在法律上仍然存在(存续分立)。企业分立是资产重组的一个重要类型。企业无论采取何种方式分立,一般不须经清算程序。分立前企业的债权和债务,按法律规定的程序和分立协议的约定,由分立后的企业承继。

企业分立后,有关税务事项按以下规定处理:[①]

1. 纳税人的处理

分立后各企业符合企业所得税纳税人条件的,以各企业为纳税人。分立前企业的未了税务事宜,由分立后的企业承继。

2. 资产计价的税务处理

(1) 一般情况下,被分立企业应视为按公允价值转让其被分离出去的部分或全部资产,计算被分立资产的财产转让所得,依法缴纳所得税。分立企业接受被分立企业的资产,在计税时可按经评估确认的价值确定成本。

(2) 特殊情况下,分立企业支付给被分立企业或其股东的交换价款中,除分立企业的股权以外的非股权支付额,不高于支付的股权票面价值(或支付的股本的账面价值)20%的,经税务机关审核确认,企业分立当事各方也可选择按下列规定进行分立业务的所得税处理:被分立企业可不确认分离资产的转让所得或损失,不计算所得税;被分立企业已分离资产相对应的纳税事项由接受资产的分立企业承继。被分立企业的未超过法定弥补期限的亏损额可按分离资产占全部资产的比例进行分配,由接受分离资产的分立企业继续弥补;分立企业接受被分立企业的全部资产和负债的成本,须以被分立企业的账面净值为基础结转确定,不得按经评估确认的价值进行调整。

3. 减免税优惠的处理

(1) 企业分立不能视为新办企业,不得享受新办企业的税收优惠照顾;

(2) 分立前享受有关税收优惠尚未期满,分立后的企业符合减免税条件的,可继续享受减免税至期满;

(3) 分立前的企业符合税法规定的减免税条件,分立后已不再符合的,不得继续享受有关税收优惠。

4. 亏损弥补的处理

分立前企业尚未弥补的经营亏损,由分立后各企业分担的数额,经主管税务机

---

① 国家税务总局:《国家税务总局关于印发〈企业改组改制中若干所得税业务问题的暂行规定〉的通知》,国税发[1998]97号;国家税务总局:《关于企业合并分立业务有关所得税问题的通知》,国税发[2000]119号。

关审核认定后,可在税法规定的亏损弥补年限的剩余期限内,由分立后的各企业弥补。

企业为达到节税的目的,可以以企业分立为手段进行税收筹划,其具体内容主要包括以下几方面:一是在流转税中,一些特定产品是免税的,或者适用的税率较低,该类产品在税收核算上有独立核算的特殊要求,但企业却因某些原因不能满足这些要求,损失了一部分潜在的税收利益。如果将这些特定产品的生产部门分立,就可能获得流转税免税或税负降低的好处。二是当一般纳税人从事增值税与营业税的混合销售业务时,在满足一定的条件下,纳税人通过企业分立的方式将增值税应税业务和营业税应税业务分离,也可以达到减轻税负的目的;三是当企业所得税采用累进税率时,通过分立可以使原来适用高税率的企业,分化成两个或两个以上适用低税率的企业,从而降低企业的总体税负;四是通过企业分立能增加以企业销售(营业)额为依据计算的相关费用税前扣除标准,如广告费和业务宣传费、业务招待费等,避免超额列支而不能抵税。

(一)增值税应税项目与优惠项目或免税项目的分立筹划

[政策依据与筹划思路]

我国《增值税暂行条例》中规定,增值税的免税项目包括:农业生产者销售的自产农业产品、避孕药品和用具、古旧图书、由残疾人组织直接进口供残疾人专用的物品等8项。[①] 享受13%低税率的项目包括:粮食、食用植物油;自来水、暖气、冷气、热水、煤气、石油液化气、天然气、沼气、居民用煤炭制品;图书、报纸、杂志;饲料、化肥、农药、农机、农膜等。[②] 在满足一定的条件下,将经营优惠项目或免税项目的部门分立出去,可以实现节税的目的。

另外,税法还规定:购进农产品,除取得增值税专用发票或者海关进口增值税专用缴款书以外,按照农产品收购发票或者销售发票上注明的农产品买价和13%的扣除率计算抵扣进项税额;购进或者销售货物以及在生产经营过程中支付运输费用的,按照运输费用结算单据上注明的运输费用金额和7%的扣除率计算抵扣进项税额;自2001年5月1日起,对废旧物资回收经营单位销售其收购的废旧物资免征增值税,生产企业增值税一般纳税人购入废旧物资回收经营单位销售的废旧物资,可按照废旧物资回收经营单位开具的由税务机关监制的普通发票上注明的金额,按10%计算抵扣进项税额。[③] 该类筹划思路在于,企业可以通过创造条件

---

① 《增值税暂行条例》第15条。

② 《增值税暂行条例》第2条。

③ 财政部、国家税务总局:《财政部、国家税务总局关于废旧物资回收经营业务有关增值税政策的通知》,财税字[2001]78号。

来满足该进项税额抵扣条件。

[具体案例]

【案例7-27】

免税及非应税项目的分立:

A企业主要生产抗菌类药物,也生产K类药品(免增值税)。2007年该厂抗菌类药物的销售收入为80万元,K类药品的销售收入为20万元。全年购进货物的增值税进项税额为8万元。该厂是否应当把K类药品车间单独分离出去,设立一个B制药厂?

【案例解析】

我国现行税制对增值税纳税人兼营行为的规定为:纳税人兼营免税项目(不包括固定资产与在建工程)而无法划分不得抵扣的进项税额时,按下列公式计算不得抵扣的进项税额:

不得抵扣的进项税额＝当月全部进项税额×(当月免税项目销售额和非应税项目营业额合计÷当月全部销售额、营业额合计)[①]。

因此,A企业可抵扣的进项税额为 $80\ 000-80\ 000\times[20\div(20+80)]=64\ 000$ (元)。

A企业应缴纳的增值税: $800\ 000\times17\%-64\ 000=72\ 000$ (元)。

如果A企业分设一个独立企业单独生产K产品,

(1)如果新企业中K产品的进项税额为10 000元,则新企业有10 000元的进项税额不能抵扣,但原A企业可以抵扣70 000(80 000-10 000)元的进项税额。

由于此时的进项税额大于合并经营时的64 000元,可以多抵扣6000元,A企业应缴纳的增值税变为66 000元,此时分立经营较为有利。

(2)如果新企业中K产品的进项税额为20 000元,则新企业有20 000元的进项税额不能抵扣,原A企业可以抵扣的进项税额变为60 000元(80 000-20 000)。此时,分立经营可抵扣的进项税额较小,A企业应缴纳的增值税为76 000元,所以分立企业反而使A企业缴纳更多的税收。

[分析评价]

可见,免税产品进项税额的大小是决定企业分立能否节税的关键。现假设A企业免税产品的进项税额占全部进项税额的比重为 X ,则其平衡点为

$80\ 000\times[(1-X)\times100\%]=64\ 000$,

即 $X=20\%$ 。

也就是说,当免税产品的进项税额占全部进项税额的比例超过20%时,分立经营会使原企业可抵扣的进项税额减少,企业将缴纳更多的增值税,因而企业应保

---

① 《增值税暂行条例实施细则》第23条。

持原状。反之,如果免税产品的进项税额占全部进项税额的比例不足 20%,则分立一独立的 B 公司专门经营免税产品更为有利。

在以上计算的基础上,我们还可以把上述筹划思路一般化,即

全部进项税额×[(1－免税产品进项税额/全部进项税额)×100%]

＝全部进项税额×可抵扣比例。

得平衡点为:免税产品进项税额/全部进项税额＝免税产品销售额
/全部销售额。

当免税产品进项税额/全部进项税额＞免税产品销售额/全部销售额时,采用合并经营法较为有利;反之,当免税产品进项税额/全部进项税额＜免税产品销售额/全部销售额时,应将免税产品的经营分立为一个新的公司,实现税收筹划。

【案例 7-28】

以农产品为原料企业的分立:

某牛奶公司自己饲养奶牛并生产牛奶,将产出的新鲜牛奶再进行加工制成奶制品对外销售。饲养奶牛需要大量的草料,公司向当地农民个人收购的草料部分可以抵扣 13% 的进项税额。2008 年,牛奶公司从农民生产者手中购入的草料金额为 200 万元,允许抵扣的进项税额为 26 万元,其他进项税额 10 万元,全年奶制品销售收入 500 万元。

牛奶公司应纳增值税为

$500×17\%－(26＋10)＝49(万元)$。

如果牛奶公司根据生产销售流程分立为奶牛饲养场和牛奶制品加工两个独立核算的法人企业,就可以节约大量税负。因为,饲养场属于农产品生产单位,按规定可以免征增值税;奶制品加工公司从饲养场购入的牛奶可以抵扣 13% 的进项税额。假设按上述方案筹划,奶牛饲养场销售给牛奶制品公司的鲜奶售价为 400 万元,那么,牛奶公司应纳增值税为

$500×17\%－(400×13\%＋10)＝21(万元)$。

税负减轻 28 万元。

[分析评价]

上述筹划方案对于自产农产品再加工的一条龙生产企业普遍适用。需要注意的是,奶牛饲养场与牛奶加工企业存在关联关系,奶牛饲养场生产的牛奶必须按照独立企业之间的正常售价销售给牛奶加工企业,而不能为增加牛奶加工企业的进项税额随意抬高售价,否则税务机关有权进行纳税调整。

(二)增值税与营业税混合销售行为的分立筹划

[政策依据与筹划思路]

在第四章流转税的税收筹划中,我们已经对混合销售行为计算了节税点,即当混合销售的含税销售额增值率小于节税点时,缴纳增值税可以节税;当含税销售额

增值率大于节税点时,缴纳营业税能节税,纳税人可以借此通过控制应税货物和非应税劳务所占的比例,来达到选择承担低税负的目的。除此之外,在满足一定的条件下,纳税人通过企业分立的方式也可以达到减轻税负的目的。

当一般纳税人从事混合销售业务时,提供的劳务收入应缴纳增值税,同时劳务提供中发生的费用支出,可以抵扣增值税。假设混合销售中的劳务收入为X(适用增值税税率17%),劳务提供中的可抵扣金额为Y,则提供劳务部分应缴纳的增值税为 $X/(1+17\%)\times17\%-Y\times17\%$。如果纳税人采用企业分设的方法使劳务收入缴纳营业税(营业税税率3%),则该部分应缴纳的营业税为 $X\times3\%$。当 $X/(1+17\%)\times17\%-Y\times17\%=X\times3\%$ 时,即当 $Y/X=67.82\%$ 时,纳税人是否分设独立的劳务服务公司,其税负都是相同的,当劳务提供中可抵扣的物耗比例低于67.82%时,分设独立的劳务服务公司,企业整体的税负就会较小。

[具体案例]

【案例 7-29】某电器公司向某电子有限公司销售电器产品 1 万件,不含税售价 100 元/件,价外运输费用 10 元/件,该批产品可抵扣的进项税额为 10.8 万元(其中自营汽车耗用的油料及维修费可抵扣进项税额 8000 元),请问该电器公司应缴纳的增值税是多少并为其作出税收筹划。

【案例解析】

增值税销项税额 $=10\ 000\times100\times17\%+10\ 000\times10/(1+17\%)\times17\%=184\ 529.92$(元);

应纳增值税税额 $=184\ 529.92-108\ 000=76\ 529.92$(元)。

如果将自营运输车队独立出来设立二级法人运输公司,让该运输公司直接向电子公司开具运输费用的普通发票,使运输费用变成符合免征增值税条件的代垫运输费用,则:

电器公司收取的价外运输费用变成符合免征增值税条件的代垫运输费用后,销项税额中不再包括价外费用,因此,

增值税销项税额 $=10\ 000\times100\times17\%=170\ 000$(元)。

同时,原运输车队可抵扣的 8000 元进项税额不能抵扣,

增值税进项税额 $=108\ 000-8000=100\ 000$(元);

应纳增值税税额 $=170\ 000-100\ 000=70\ 000$(元);

运输公司收取的运输费用应缴纳营业税 $=100\ 000\times3\%=3000$(元);

电器公司与运输公司合计应缴的税款 $=70\ 000+3000=73\ 000$(元)。

通过比较可知,由于运输费用中可抵扣的物耗比例 $=8000/17\%/100\ 000=47.06\%<67.82\%$,因此,将运输车队分设出来比较有利。

[分析评价]

按照上面的推算方法,还可以得到不同税率情况下从事混合销售行为的企业是否应分立经营的平衡点(表 7-5):

表 7-5　企业分立经营平衡点

增值税税率/%	营业税税率/%	物耗比例平衡点/%
17	3	67.825
17	5	56.06
13	3	65.42
13	5	50.03

当混合销售中劳务物耗比例高于上述平衡点时,企业不必分立;如果低于上述平衡点,由原企业另行设立一独立公司,专门提供营业税的应税劳务,则可以节约税收,而且采用此种操作方式,由于向客户提供的是一条龙服务,不会对公司业务量产生不利影响。

（三）所得税的分立筹划

[政策依据与筹划思路]

我国新企业所得税税率名义上虽采用 25% 的比例税率,但为照顾一些符合条件的小型微利企业,对它们减按 20% 的税率征收企业所得税。实施条例规定了小型微利企业的标准:①工业企业,年度应纳税所得额不超过 30 万元,从业人数不超过 100 人,资产总额不超过 3000 万元;②其他企业,年度应纳税所得额不超过 30 万元,从业人数不超过 80 人,资产总额不超过 1000 万元。与过去的优惠政策(内资企业年应纳税所得额 3 万元以下的减按 18% 的税率征税,3 万~10 万元的减按 27% 的税率征税)相比,优惠范围扩大,优惠力度有较大幅度提高。

税收筹划思路:我国的企业所得税实际执行的是二档全额累进税率,这样就使得部分企业得以通过企业分立,适用相对较低的税率级次,从而降低企业整体税负。

另外,我国企业所得税法还有许多优惠性的规定,如农、林、牧、渔业免税;西部大开发战略中基础设施建设免征、减征企业所得税;环境保护、节能节水企业可免征、减征企业所得税;资源综合利用企业可减计收入并获得专用设备税收抵免;安全生产设备可获得税收抵免;技术创新和科技进步企业可免征或减征所得税并获得投入加计扣除;非营利组织的收入免税;高新技术企业享受 15% 的低税率;残疾人就业工资可加计扣除等一系列优惠措施。

税收筹划思路:企业如果存在类似业务,而作为一个整体又不具备享受所得税优惠的条件时,可以考虑将企业内部的相关业务或项目分离出来成立一个单独的企业法人从而享受相关税收优惠。例如,公司内部如有研发部分则可分离出来成为高新技术企业而享受低税率优惠,案例见企业投资行业与地点的税收筹划。还有一部分优惠规定是以企业经营活动为导向的,如安全生产设备可获得税收抵免;

资源综合利用企业可减计收入(需分开核算);残疾人就业工资可加计扣除等一系列优惠措施。只要符合税法规定,就可享受优惠。

[具体案例]

【案例 7-30】假设某企业年应纳税所得额为 40 万元(企业所得税税率 25%),该企业应纳所得税为 400 000×25%=100 000(元)。此时该企业可以将企业分立为 A、B 两个企业,如果忽略规模经济对企业经营效益的影响,A,B 两企业年应纳税所得额之和仍为 40 万元,其中 A 企业 20 万元,B 企业 20 万元,则 A、B 企业适用税率都为 20%,应缴企业所得税 200 000×20%=40 000(元)。A、B 两企业税负合计为 40 000+40 000=80 000(元),比企业分立前节约税收 20 000 元。

（四）企业分立增加费用扣除标准的筹划

[政策依据与筹划思路]

(新《中华人民共和国企业所得税法》及其实施条例规定,企业发生的与生产经营活动有关的业务招待费支出的 60%,但最高不得超过当年销售(营业)收入的 5‰可以在税前扣除;企业发生的符合条件的广告费和业务宣传费支出,除国务院财政、税务主管部门另有规定外,不超过当年销售(营业)收入的 15%可以在税前扣除,超过部分,准予在以后纳税年度结转扣除。)所以企业可以通过分立出独立的销售子公司,增加产品在企业集团内部的销售环节,从而扩大整个企业集团的销售收入,相应地也就增加了可在税前列支的费用数额,以达到节税的目的。

[具体案例]

【案例 7-31】某企业 2008 年度的销售收入为 100 万元,企业当年账面列支广告费 9 万,业务宣传费 7 万,按照税法规定企业当年可税前扣除的广告费和业务宣传费为 15 万元,超支 1 万元。如何进行纳税筹划?

业务招待费、广告费和业务宣传费均是以当年的销售收入为依据而扣除结转的。假设该企业将其销售部门设立成一个独立核算的销售子公司,再将企业产品销售给子公司,由子公司对外销售,这样就在保持整个集团的利润总额不变的前提下增加了一道销售收入,从而提高了广告费和业务宣传费的扣除标准。当然,广告费和业务宣传费要由该企业及其子公司合理分开负担,这样就能在税前全部得到抵扣。

二、企业并购的税收筹划

企业并购包括兼并和收购两方面。兼并通常是指一家企业以现金、证券或其他形式购买取得其他企业的产权,使其他企业丧失法人资格或改变法人实体,并取得对这些企业决策控制权的经济行为。收购是指企业用现金、债券或股票购买另一家企业的部分或全部资产或股权,以获得该企业的控制权。根据收购对象的不同,可分为资产收购和股权收购。可见,兼并和收购是既有区别又有联系的两个概念。由于在实际操作中它们的联系远远超过区别,都体现为企业产权的一种交易行为,所以通常把它们统称为"并购"。并购是企业重要的资本经营方式,企业可以通过并购进行战略重组,达到多样化经营的目标或发挥经营、管理、财务上的协同作用,使企业取得更大的竞争优势。税收是企业并购决策中不可忽视的重要因素。合理的税收筹划不仅可以降低企业的并购成本,实现并购的最大效益,甚至会影响企业并购后的发展。

合并是并购的一种形式。《中华人民共和国公司法》第 184 条规定,公司合并分为吸收合并和新设合并两种方式。一个公司吸收其他公司为吸收合并(merger),被吸收的公司解散;两个以上的公司合并设立一个新公司为新设合并(consolidation),合并后各方解散。企业合并、兼并时,合并或兼并各方的债权、债务由合并、兼并后的企业或者新设的企业承继。企业依法合并、兼并后,有关税务事项按以下规定处理①:

1. 纳税人的处理

(1) 被吸收或兼并的企业和存续企业依照《中华人民共和国企业所得税法》及其实施条例规定,符合企业所得税纳税人条件的,分别以被吸收或兼并的企业和存续企业为纳税人;被吸收或兼并的企业已不符合企业所得税纳税人条件的,应以存续企业为纳税人,被吸收或兼并企业的未了税务事宜,应由存续企业承继。

(2) 企业以新设合并方式合并后,新设企业符合企业所得税纳税人条件的,以新设企业为纳税人。合并前企业的未了税务事宜,应由新设企业承继。

2. 资产计价的税务处理

企业合并,通常情况下,被合并企业应视为按公允价值转让、处置全部资产,计算资产的转让所得,依法缴纳所得税。被合并企业以前年度的亏损,不得结转到合并企业弥补。合并企业接受被合并企业的有关资产,计税时可以按经评估确认的价值确定成本。被合并企业的股东取得合并企业的股权视为清算分配。

特殊情况下,合并企业支付给被合并企业或其股东的收购价款中,除合并企业股权以外的现金、有价证券和其他资产(以下简称非股权支付额),不高于所支付的股权票面价值(或支付的股本的账面价值)20%的,经税务机关审核确认,当事各方可选择按下列规定进行所得税处理:

(1) 被合并企业不确认全部资产的转让所得或损失,不计算缴纳所得税。被

---

① 国家税务总局:《国家税务总局关于印发〈企业改组改制中若干所得税业务问题的暂行规定〉的通知》,国税发[1998]97 号;国家税务总局:《关于企业合并分立业务有关所得税问题的通知》,国税发[2000]119 号。

合并企业合并以前的全部企业所得税纳税事项由合并企业承担,以前年度的亏损,如果未超过法定弥补期限,由合并企业继续按规定用以后年度实现的与被合并企业资产相关的所得弥补。具体按下列公式计算:某一纳税年度可弥补被合并企业亏损的所得额=合并企业某一纳税年度未弥补亏损前的所得额×(被合并企业净资产公允价值÷合并后合并企业全部净资产公允价值)。

(2)被合并企业的股东以其持有的原被合并企业的股权(以下简称旧股)交换合并企业的股权(以下简称新股),不视为出售旧股、购买新股处理。被合并企业的股东换得新股的成本,须以其所持旧股的成本为基础确定。但未交换新股的被合并企业的股东取得的全部非股权支付额,应视为其持有的旧股的转让收入,按规定计算确认财产转让所得或损失,依法缴纳所得税。

(3)合并企业接受被合并企业全部资产的计税成本,须以被合并企业原账面净值为基础确定。

3. 减免税优惠的处理

(1)企业无论采取何种方式合并、兼并,都不是新办企业,不应享受新办企业的税收优惠照顾。

(2)合并、兼并前各企业应享受的定期减免税优惠,且已享受期满的,合并或兼并后的企业不再享受优惠。

(3)合并、兼并前各企业应享受的定期减免税优惠,未享受期满的,且剩余期限一致的,经主管税务机关审核批准,合并或兼并后的企业可继续享受优惠至期满。

(4)合并、兼并前各企业应享受的定期减免税优惠,未享受期满的,且剩余期限不一致的,应分别计算相应的应纳税所得额,分别按税收法规规定继续享受优惠至期满。合并、兼并后不符合减免税优惠的,照章纳税。

4. 亏损弥补的处理

(1)企业以吸收合并或兼并方式改组,被吸收或兼并的企业和存续企业符合纳税人条件的,应分别进行亏损弥补。合并、兼并前尚未弥补的亏损,分别用其以后年度的经营所得弥补,但被吸收或兼并的企业不得用存续企业的所得进行亏损弥补,存续企业也不得用被吸收或兼并企业的所得进行亏损弥补。

(2)企业以新设合并方式以及以吸收合并或兼并方式合并,且被吸收或兼并企业按《中华人民共和国企业所得税法》及其实施条例规定不具备独立纳税人资格的,各企业合并或兼并前尚未弥补的经营亏损,可在税收法规规定的弥补期限的剩余期限内,由合并或兼并后的企业逐年延续弥补。①

---

① 国家税务总局:《关于企业合并分立业务有关所得税问题的通知》,国税发[2000]119号。

（一）并购的一般税收筹划

企业并购一般是基于以下原因：①并购后企业可以进入新的领域、新的行业，享受税收优惠政策；②通过合理方式并购有大量亏损的企业，企业应纳税所得额将得到抵扣，可以实现低成本扩张；③通过关联性企业或上下游企业的纵向合并，可以减少产品的流通环节，规避流转税；④企业并购能提高资产折旧费用或摊销费用，减少企业税负。

[政策依据与筹划思路]

1. 选择并购目标企业的筹划

目标企业的选择是企业并购决策的最重要内容，在选择目标企业时考虑与税收相关的因素，可以在一定程度上降低并购成本，增加并购成功的可能性。税收对并购目标企业选择的影响主要有两方面：

（1）地区间或不同产业间的税收待遇差异，决定了在并购不同地区、不同性质和不同经营状况的目标公司时，可以获得不同的收益。我国现行税法中存在着地区性税收优惠政策（详见本章第一节中"投资地点及行业的税收筹划"相关内容）和产业性税收优惠政策，并购企业可以充分利用现行税法的这些优惠政策，选择能享受优惠政策的目标企业作为并购对象，并购后改变整体企业的注册地或经营性质，这样并购后的纳税主体便也能获得此类税收优惠。或者还可以通过并购把集团利润转移到低税地区，从而可以降低集团的整体税收负担，为企业节省大量的未来可能支出。

（2）营利企业选择有累计经营亏损的企业作为目标公司，以亏损企业的账面亏损，冲抵营利企业的应纳税所得额。按照国家税务总局的有关规定①：①被兼并企业兼并后继续具有独立纳税人资格的，其兼并前尚未弥补的经营亏损，在税法规定的期限内，由其以后年度的所得逐年延续弥补，不得用兼并企业的所得弥补；②被兼并企业在被兼并后不具有独立纳税人资格的，其兼并前尚未弥补的经营亏损，在税法规定的期限内，可由兼并企业用以后年度的所得逐年延续弥补。因此，在企业兼并的税收筹划中，必须取消被兼并企业的独立纳税人资格，才能适用弥补亏损的政策。

或者，当符合以下条件时，即合并企业支付给被合并企业或其股东的收购价款中，除合并企业股权以外的现金、有价证券和其他资产（以下简称非股权支付额），不高于所支付的股权票面价值（或支付的股本的账面价值）20％的，即使被兼并企业兼并后继续具有独立纳税人资格的，其兼并前尚未弥补的经营亏损，在税法规定

---

① 国家税务总局：《关于企业合并分立业务有关所得税问题的通知》，国税发[2000]119号。

的期限内,也可由兼并企业用以后年度的所得逐年延续弥补。具体按下列公式计算:某一纳税年度可弥补被合并企业亏损的所得额＝合并企业某一纳税年度未弥补亏损前的所得额×(被合并企业净资产公允价值÷合并后合并企业全部净资产公允价值)。

2. 选择并购出资方式的筹划

公司并购的出资方式有三种,即现金收购、股票收购和综合证券收购。对于不同的出资方式,税收处理方式也不同。

(1) 现金收购。在现金收购方式下,目标公司的股东如果收到对其拥有股份的现金支付,就失去了对原公司的所有者权益,即其拥有的股权发生了转让。因此,如果采用现金收购方式,需要考虑目标公司股东的税收负担,这无疑会增加收购成本。被并购企业以前年度出现的亏损,不得结转到合并企业弥补。这说明:①并购企业不能利用目标企业的亏损降低应纳税所得额,但是可利用资产评估增值,获得折旧的抵税效应;②对于目标企业的股东来讲,几乎没有节税利益,目标公司的股东应就其在转让股权过程中所获得的收益缴纳所得税,以转让股权所得扣除股权投资成本后的净收益作为计税依据;③用现金购买对于并购企业来说,在短期内筹集大量现金难度大,可以采用分期支付的方式,除了可以减轻短期内需要大量现金的负担外,还可以给目标企业的股东提供一个安排期间收益的弹性空间,从而带来节税利益。

随着资本市场的不断完善,纯粹的现金并购已经越来越少了。

(2) 股票收购。股票收购是指收购公司通过用公司已有股票或增发本公司股票替换目标公司股票,从而达到收购的目的。因此,在这种出资方式下目标公司的股东在并购过程中,不需要立即确认其因交换而获得并购公司股票所形成的资本利得。这说明:①对于目标企业股东而言,不用确认资产的转让所得,不必就此项所得缴纳所得税,即使在以后出售这些股票需要就资本利得缴纳所得税,也可以获得延迟纳税的收益;②对于并购企业来说,以前年度的亏损,如果未超过法定弥补期限,可以利用合并中亏损抵减的规定,由合并企业继续按规定用以后年度实现的与被合并企业资产相关的所得弥补获得绝对节税的利益。

通过股票收购这种方式,在不纳税的情况下,企业顺利实现了资产的流动和转移。纯粹的股票收购也比较少,这需要并购双方同时有较高的合作意愿,现实中往往较难取得一致。

(3) 综合证券收购。指收购公司对目标公司的出价为现金、股票、认股权证、可转换债券等多种形式证券的组合。这种出资方式为税收筹划提供了较大的空间。例如,向目标公司股东发行公司债券,以此来换取他们手中所持有的股份,收购方达到了控制目标公司的目的,目标公司的股东变为收购方的债权人。这种出资方式可以为收购方节省一笔税收支出,因为债务利息可以在税前扣除。

我国税法规定,如果合并企业支付给被合并企业或其股东的收购价款中,除合并企业股权以外的现金、有价证券和其他资产不高于所支付股权票面价值20%的,被合并企业不确认全部资产的转让所得或损失,不计算缴纳所得税。[①] 因此,在这种出资方式下目标公司的股东在并购过程中,不需要立即确认其因交换而获得并购公司股票所形成的资本利得,即使在以后出售这些股票需要就资本利得缴纳所得税,也可以获得延迟纳税的收益。

3. 选择并购所需资金融资方式的筹划

企业的融资渠道分为内部融资和外部融资。内部融资是依靠公司的自有资金(包括未分配的公司基金和税后留利)支付收购价款。这种方式受企业自有资金规模的限制。外部融资是向公司外的经济主体筹措资金。主要有债券筹资和股本筹资。债务筹资包括向银行借款、发行公司债券等。相比之下,债务筹资所支付的利息可以在税前列支,能降低公司融资成本。发行可转换债券既能在前期享受利息减税的优惠,一旦债券转换为股权证明,又可以不再以现金还本付息。但是目前在我国除了上市公司以外,一般企业很难有资格采取这种筹资方式。

4. 选择并购会计处理方法的筹划

各国会计准则一般对企业并购都规定有两种不同的会计处理方法:购买法和权益结合法。

(1) 购买法。所谓企业并购的购买法,是指按照一家企业购买另一家企业的方式进行会计处理,与企业购置普通资产如机器设备存货等交易基本相同。购买法具有以下主要特点[②]:①实施并购的企业,应以实际支付给被并购方的现金或现金等价物作为购买成本;②若被并购企业丧失法人地位,购买企业收到的被并购企业的资产和负债应按公允价值体现在购买企业的账户和并购后的资产负债表中;③购买成本与被购买企业可辨认净资产公允价值的差额作为商誉处理;④从购买日开始,被购买企业的经营成果应并入购买企业的损益表中,并一起计算应纳税所得额;⑤被购买企业以前年度亏损不得结转到合并后企业弥补亏损。

(2) 权益结合法。权益结合法又称股权联合法,它的实质在于将两个企业的合并视为所有者权益的联合,不认为合并企业之间是一种购买关系。权益法的理

[①] 国家税务总局:《关于企业合并分立业务有关所得税问题的通知》,国税发[2000]119号。

[②] 杨敏:《论企业并购中的税收筹划》,西南财经大学硕士学位论文,2003年,第45页。

论基础是股权联合。权益结合法的主要特点有[①]：①采用权益结合法时无须对被合并企业进行公允价值的确定。不论并购方发行新股的市价低于或高于被并购企业净资产的账面价值，一律按被并购企业的账面价值入账；②在权益结合法下，被并购企业在并购日前的赢利作为并购方利润的一部分并入并购企业的报表，而不构成并购方的投资成本；③账面换出股本的金额加上现金或其他资产形式的额外出价与账面换入股本金额之间的差额，应调整股东权益，而不确认为商誉；④并购过程中的费用，如注册登记费、财务顾问费等应作为并购后企业的费用并抵减并购后的净收益；⑤被并购企业以前年度全部的企业所得税涉税事项由并购企业承担；被并购企业的未满5年的未弥补亏损由并购后的企业用以后年度的赢利来弥补；⑥并购后，并购企业与被并购企业都用统一的会计政策。

权益结合法一般适用于发行普通股票换取被兼并公司的普通股。参与合并的各公司资产、负债都以原账面价值入账，将双方资产负债表对应项以其在公布之日的历史账面价值相加即可。并购公司支付的并购价格等于目标公司净资产的账面价值，不存在商誉的确定、摊销和资产升值折旧问题，所以对并购企业未来收益没有影响。

既然两种不同的会计处理办法对合并当年与合并以后年度的经营成果产生不同的影响，那么其对所得税的不同影响也必将存在。

首先，从合并后公司的角度来看，由于采用权益结合法使得公司合并当年及合并以后年度的报告收益增加，相应的应交企业所得税也就越多。而购买法下，由于资产评估增值，这些增值资产的摊销，又会导致企业利润的下降，从而降低企业的税赋。我国允许商誉摊销抵税，那么购买法下税负的减轻将更加明显。

其次，从被并购公司股东的角度看，采用购买法，相当于被并购公司的股东转让了自己股权取得的现金收入，如果取得的收入大于股权的账面价值，对于其超过部分，被并购公司股东应当缴纳税款，这时股东的纳税责任是即期的。而采用权益结合法，被并购公司股东并未收到或只收到少量现金收入，其得到的是并购公司的股票，因而其税赋要递延到被并购公司股东转让股票取得转让溢价时缴纳，这时的税赋为延期税赋。

（二）企业并购的具体税种筹划

1. 企业并购的流转税筹划

［政策依据及筹划思路］

我国税法规定：合并企业接受被合并企业的有关资产，计税时可以按经评估确

---

① 陈澄：《企业并购行为的税收筹划研究》，西南财经大学硕士学位论文，2007年，第86页；贺伊琦：《企业并购的税收筹划研究》，东北财经大学硕士学位论文，2005年，第33页。

认的价值确定成本;但是,①当合并企业支付给被合并企业或其股东的收购价款中,除合并企业股权以外的现金、有价证券和其他资产(以下简称非股权支付额),不高于所支付的股权票面价值(或支付的股本的账面价值)20%的,如果被合并企业不确认全部资产的转让所得或损失,不计算缴纳所得税,那么合并企业接受被合并企业全部资产的计税成本,须以被合并企业原账面净值为基础确定;②如果被合并企业的资产与负债基本相等,即净资产几乎为零,合并企业以承担被合并企业全部债务的方式实现吸收合并,合并企业接受被合并企业全部资产的成本,须以被合并企业原账面净值为基础确定。① 由此,纳税人通过以被兼并企业库存存货的增值税进项税额,抵减合并后企业的销项税额,就可以实现合并后增值税税负的降低。

[具体案例]

【案例7-32】某企业为增值税一般纳税人,2007年商品销售收入1000万元,销项税额为170万元,本期进项税额为100万元,则其实际应缴增值税为70万元。如果该企业在2007年度以"零价收购法"兼并另一资产额与负债额相等的企业,被兼并企业原有库存存货200万元,相应进项税额为34万元。兼并后,由于被兼并企业存货的进项税额抵减了企业本期应交的增值税额,因此,企业本期应缴增值税减少了36万元。

2. 企业并购的所得税筹划

[政策依据与筹划思路]

我国现行涉及企业并购的税法主要有两个:《企业改组改制中若干所得税业务问题的暂行规定》(国税发[1998]97号)和《关于企业合并分立业务有关所得税问题的通知》(国税发[2000]119号)。一般情况下,被合并企业应视为按公允价值转让、处置全部资产,计算资产的转让所得,依法缴纳所得税,被合并企业以前年度的亏损,不得结转到合并企业弥补,合并企业接受被合并企业的有关资产,计税时可以按经评估确认的价值确定成本。当合并企业支付给被合并企业(股东)价款的方式不同时,其所得税的处理就不相同。即:合并企业支付给被合并企业或其股东的收购价款中,除合并企业股权以外的现金、有价证券和其他资产(以下简称非股权支付额),不高于所支付的股权票面价值(或支付的股本的账面价值)20%的,经税务机关审核确认,当事各方可选择按下列规定进行所得税处理:

(1)被合并企业不确认全部资产的转让所得或损失,不计算缴纳所得税。被合并企业合并以前的全部企业所得税纳税事项由合并企业承担,以前年度的亏损,如果未超过法定弥补期限,可由合并企业继续按规定用以后年度实现的与被合并

---

① 国家税务总局:《关于企业合并分立业务有关所得税问题的通知》,国税发[2000]119号。

企业资产相关的所得弥补。

(2) 合并企业接受被合并企业全部资产的计税成本,须以被合并企业原账面净值为基础确定。

对于被兼并企业尚未弥补的经营性亏损,如果被兼并企业兼并后继续具有独立的纳税人资格的,其兼并前尚未弥补的经营亏损,在税收法规规定的期限内,由其以后年度的所得逐年延续弥补,不得用兼并企业的所得弥补;如果被兼并企业在被兼并后不具有独立纳税人资格的,其兼并前尚未弥补的经营亏损,在税收法规规定的期限内,可由兼并企业用以后年度的所得逐年延续弥补。

[具体案例]①

【案例 7-33】某股份有限公司 A,2008 年 9 月兼并某亏损国有企业 B。B 企业合并时账面净资产为 500 万元,去年亏损为 100 万元(以前年度无亏损),评估确认的价值为 550 万元,经双方协商,A 可以用以下方式合并 B 企业。A 公司合并后股票市价为 3.1 元/股。A 公司共有已发行的股票 2000 万股(面值为 1 元/股)。

方案一:A 公司以 180 万股和 10 万元人民币购买 B 企业(A 公司股票市价为 3 元/股);

方案二:A 公司以 150 万股和 100 万元人民币购买 B 企业。

假设合并后被合并企业的股东在合并企业中所占的股份以后年度不发生变化,合并企业每年未弥补亏损前的应纳税所得额为 900 万元,增值后的资产的平均折旧年限为 5 年,行业平均利润率为 10%。所得税税率为 25%,请问 A 公司应选择哪一种合并方式?

【案例解析】

如果选择方案一:

1) 合并时的税收问题

因为非股权支付额(10 万元)小于股权按票面计的 20%(36 万元),所以,B 企业不就转让所得缴纳所得税;B 企业去年的亏损可以由 A 公司弥补,A 公司可在第 1 年和第 2 年弥补 B 企业的亏损额 100 万元。A 公司接受 B 企业资产时,可以以 B 企业原账面净值为基础作为资产的计税成本。

2) A 公司将来应就 B 企业 180 万股股票支付的股利

A 公司第 1 年、第 2 年因涉及亏损弥补,第 1 年可弥补 B 企业的亏损额为 $900 \times [550 \div (3.1 \times 2000)] = 79.84$(万元)$< 100$ 万元,第一年的税后利润为 $900 \times (1 - 25\%) + 79.84 \times 25\% = 694.96$(万元),可供分配的股利为 $694.96 \times (1 - 25\%) = 521.22$(万元)(其中的 10% 为法定盈余公积,5% 为公益金,10% 为任意盈

---

① 该案例改编自《企业合并的税收筹划》,江苏财经信息网,http://www.caikuai.jscj.com/tax/info/3444.php。

余公积),支付给 B 企业股东的股利折现值为 $180 \div 2000 \times 521.22 \times 0.909 = 42.64$(万元)。同理,A 公司第 2 年支付给 B 企业股东的股利折现值为 37.93 万元;A 公司以后年度支付给 B 企业股东的股利按利润率 10% 计算,折现值为 $180 \div 2000 \times (900 \times 75\%) \times (1 - 25\%) \div 10\% \times 0.7513 = 342.31$(万元)。

所以,按照方案一,A 公司合并 B 企业所需的现金流出折现值共为 432.88 万元$(10 + 42.64 + 37.93 + 342.31)$。

如果选择方案二:

1)合并时的税收问题

因为非股权支付额(100 万元)大于股权按票面计的 20%(30 万元),所以,被合并企业 B 应就转让所得缴纳所得税,应缴纳的所得税为 $(150 \times 3 + 100 - 500) \times 25\% = 12.5$(万元)。又因为合并后,B 企业已不再存在,这部分所得税实际上由合并企业 A 承担。B 企业去年的亏损不能再由 A 公司弥补。

因为 A 公司可按增值后的资产的价值作为计税价,增值部分在折旧年限内每年可减少所得税为 $(550 - 500) \div 5 \times 25\% = 2.5$(万元)。

2)A 公司将来应就 B 企业 150 万股股票支付的股利

A 公司第 1 年的税后利润为 $900 \times (1 - 25\%) + 2.5 - 12.5 = 665$(万元),第 2 年至第 5 年的税后利润为 $900 \times (1 - 25\%) + 2.5 = 677.5$(万元),再以后各年的税后利润为 $900 \times (1 - 25\%) = 675$(万元)。按方案一的计算方法计算,A 公司第 1 年支付 B 企业股东股利折现值为 34 万元,第 2 年至第 5 年支付给 B 企业股东股利折现值为 109.82 万元。A 公司以后年度支付 B 企业股东股利折现值为 214.33 万元。

所以,第二种方案下,A 公司合并 B 企业所需现金流出折现值为 470.65 万元$(12.5 + 100 + 34 + 109.82 + 214.33)$。

比较两种方案,第一方案现金流出较小,所以,A 公司应当选用第一方案。

[分析评价]

从实例分析可以看出,税收筹划必须考虑经营活动发生改变所带来的一定时期的税收变化和现金流量的变化。上例中,由于 A 公司合并 B 企业,因此不仅要考虑 A 公司在合并时支付 B 企业股东现金价款,而且要考虑由于 B 企业股东还拥有 A 公司的股权,A 公司每年均要向 B 企业股东支付股利。

由于合并企业支付给被合并企业的价款方式不同,因此导致不同的所得税处理方式,其涉及被合并企业是否就转让所得缴税、亏损是否能够弥补,合并企业支付给被合并企业的股利折现、接受资产增值部分的折旧等问题,比较复杂。因此,并非在任何情况下,采取非股权支付额不高于所支付的股权票面价值 20% 的合并方式都划算。筹划时要考虑可弥补亏损数额的大小、行业利润率的高低等因素,在上面所举的例子中,如果这些因素发生变化,选择第二种方案就有可能是划算的,因此在实际操作中要具体测算。

3. 企业并购的综合筹划

[政策依据及筹划思路]

　　企业在日常的经营中常会存在大量的资产交易和产权交易。资产交易与产权交易所适用的税收政策有着巨大差异：资产交易一般都须缴纳流转税和所得税，而企业的产权交易无须缴纳流转税，仅就其产权转让损益缴纳所得税。两者之间存在巨大的关联和相似性，但是却可能会导致截然不同的税负。通过把资产交易转变为产权交易，就可以实现资产、负债的打包出售，从而规避资产转让环节的流转税，达到了利用并购重组筹划节税的目的。

[具体案例]

　　【案例 7-34】 甲企业由于业务发展的需要，需要整体搬迁出本地到其他城市，其尚有一下属子公司乙将仍在本地，该子公司的资产和负债基本持平。由于原厂址闲置不用，甲公司拟将原厂房和土地出售给丙企业，房屋和土地账面净值为 500 万元，经评估后价值为 2500 万元。该公司目前为经营赢利状态（本案例主要考虑营业税和企业所得税的筹划）。

　　正常情况下，甲公司转让销售不动产需要缴纳营业税及附加为

2500×5.5％＝137.5（万元）；

　　转让房产和土地缴纳企业所得税为

（2500－500－137.5）×25％＝465.625（万元）；

　　合计纳税额＝137.5＋465.625＝603.125（万元）。

　　筹划思路：如果甲企业进行将"资产交易转换为产权交易"的筹划方案，即甲企业首先将闲置的房产和土地作为对其下属子公司乙的投资，根据营业税暂行条例的规定，企业以不动产对外投资入股，参与接受投资方利润分配，共同承担风险的行为，不征营业税。然后由该子公司向银行贷款 2500 万元，甲公司实行担保（最后可将全部债务转嫁给丙企业）。最后，由丙公司合并子公司乙。依据国税法[2000]119 号文件，如果被合并企业的资产与负债基本相等，即净资产几乎为零，合并企业以承担被合并企业全部债务的方式实现吸收合并，不视为被合并企业按公允价值转让、处置全部资产，不计算资产的转让所得。合并企业接受被合并企业全部资产的成本，须以被合并企业原账面净值为基础确定。

　　通过上述筹划，该子公司无须计算资产转让所得，丙公司也可根据该子公司的账面价值计提折旧和进行费用摊销，债权债务也归于消失。甲公司不用缴纳营业税和企业所得税。

[分析评价]

　　企业并购实现资产重组主要通过两种方式：一个是资产交易，一个是产权交

易。资产交易一般只涉及单项资产或一组资产的转让行为,而产权交易涉及企业部分或全部股权。它们所适用的税收政策有着较大的差异:一般资产交易都需要缴纳流转税和所得税,而产权交易不用缴纳流转税,并且为鼓励企业发展壮大,各国对此一般都有税收优惠。通过把资产交易转化为产权交易,从而规避资产转让环节的流转税(所得税),再利用产权交易的税收优惠,就可以达到利用企业并购节税的目的。

【案例 7-35】[①]某股份有限公司 A,2008 年 9 月兼并某亏损国有企业 B。B 企业合并时账面净资产为 500 万元,上年亏损为 100 万元(以前年度无亏损),评估确认的价值为 550 万元,经双方协商,A 公司可以用以下方式合并 B 企业。A 公司合并后股票市价为 3.1 元/股。A 公司共有已发行的股票 2000 万股(面值为 1 元/股)。

方案一:A 公司以 180 万股和 10 万元人民币购买 B 企业(A 公司股票市价为 3 元/股)。

方案二:A 公司以 150 万股和 100 万元人民币购买 B 企业。

选择方案一:

涉及合并时的以下税收问题:因为非股权支付额(10 万元)小于股权按票面计的 20%,所以,A 企业的税后处理如下:

(1)B 企业应按照权益结合法进行税务处理。

(2)B 企业不视为按公允价值转让、处置全部资产,不需要计算资产的转让所得,不用缴纳企业所得税。

(3)B 企业去年的亏损可以由 A 企业弥补,A 公司可在 5 年内弥补 B 企业的亏损额 100 万元。

(4)A 公司接受 B 企业资产时,可以以 B 企业原账面净值为基础作为资产的计税成本。

选择方案二:

涉及合并时的以下税收问题:因为非股权支付额为 100 万元,大于股权按票面计的 20%,所以 A、B 企业的税务处理如下:

(1)B 企业应按照购买法进行税务处理。

(2)因为非股权支付额 100 万元大于股权按票面计的 20%,所以,被合并企业 B 应就转让所得缴纳企业所得税。应缴纳的企业所得税为 $(150 \times 3 + 100 - 500) \times 25\% = 12.5$(万元)。这部分所得税应由 B 企业股东缴纳,但是实际上 B 企业股东可以通过并购价格谈判将税负转移给 A 公司。

---

① 王俊:《我国企业并购的税收筹划研究》,中南大学硕士学位论文,2006 年,第 42 页。案例经作者整理。

（3）B 企业去年的亏损不能由 A 公司再弥补。

（4）A 公司可以税前扣除资产评估增值而多计提的折旧。

[分析评价]

并购会计处理方式的不同实际上涉及并购双方互相联系的利益问题。从以上的分析可以看出，企业并购是一种复杂而又富有技术性的市场行为，并购活动的复杂性决定了并购中税收筹划的复杂性。因此，在进行企业并购会计处理方法的税收筹划时，不仅要使各项税收筹划策略相互协调，还要结合企业并购的具体实际，与其他方面的目标相统一，使其服从于企业并购的总体目标。

【案例 7-36】①A 公司是一家由上海机电股份有限公司（上市股票代码：600835）控股的集实业投资和经营管理为一体的投资管理型公司，公司成立于2000 年 5 月，注册资本 1.9 亿元。目前旗下拥有 7 家控股和参股子公司，专业从事各类人造板及相关制品的生产经营。

A 公司立足于生产中高密度纤维板，并逐渐向下游产品拓展。现有产品包括中高密度纤维板系列产品、贴面板系列产品、防腐木系列产品。目前公司年销售收入近 4 亿元人民币，年利润 5000 万元，处于行业前十位。公司已经制定了三年发展目标，至 2008 年，公司规模将达到年产中高密度纤维板 100 万立方米、强化复合地板 1500 万平方米，销售额 15 亿元人民币，市场份额 10%，进入行业前五位。A 公司 2005 年的财务状况，如表 7-6 所示。

表 7-6　A 企业 2005 年资产负债表

资产		负债及所有者权益	
货币资金	61 402 718.35	短期借款	154 673 192.00
短期投资	100 000.00	应付账款	57 378 941.62
应收票据	12 371 975.76	预收账款	56 339 246.45
应收账款	32 362 409.30	应付工资	674 859.90
其他应收款	21 967 815.26	应付福利费	967 796.00
预付账款	13 694 860.97	应交税金	− 6 696 943.85
存货	83 906 315.65	其他应交款	445 057.26
待摊费用	2 658 206.78	其他应付款	14 793 757.1
流动资产合计	228 464 302.07	一年内到期的长期负债	10 000 000.00
长期投资	9 303 371.06	长期借款	25 000 000.00
固定资产原值	349 925 887.15	长期应付款	581 800.00

① 案例改编自刘佳：《企业并购中的税收筹划研究》，上海交通大学硕士学位论文，2007 年，第 42～52 页。

续表

资产		负债及所有者权益	
减:累计折旧	50 954 405.95	负债合计	314 157 706.48
固定资产净值	298 971 481.2	实收资本	190 000 000.00
在建工程	719 863.73	资本公积	2 498 929.40
固定资产合计	299 691 344.93	盈余公积	16 396 206.64
无形资产	27 010 067.55	未分配利润	42 326 143.09
资产合计	565 378 985.61	负债及所有者权益合计	565 378 985.61

　　A公司近几年发展迅速,2003~2005年销售节节上升,平均每年以30%的速度递增,同时利润也相应大幅增长,从2003年的3300万到2004年的3500万到2005年的4400万元,以平均每年15%的速度递增。

　　B公司是一间从事家具生产的民营企业,公司位于江西吉安,注册资本2500万元,是集设计、生产、销售为一体的家具生产企业。公司成立至今十分注重生产质量,努力树立公司品牌,经过多年的不懈努力,在市场上树立了良好的形象,特别是公司的拳头产品:家具门板和橱柜木门在市场上口碑良好,并出口亚洲、西欧和中东等国家。但近两年公司经营状况并不良好,2004年公司决定扩大生产规模,添置了大量的生产设备,其中包括参照德国辛北尔康普公司技术,代表目前国内最高水平的生产线18套。在购置了生产设备之后,公司的销售却没有多大的起色,导致公司生产成本过高,并需要偿还大量的外债,加上公司一贯通过降价的策略来扩大市场份额,直接导致了连年亏损,现已处在资不抵债的状况下。B公司2005年的财务状况,如表7-7所示。

表7-7　B企业2005年资产负债表

资产		负债及所有者权益	
货币资金	79 753.49	短期借款	8 731 124.02
应收账款	828 082.42	应付账款	20 471 245.72
其他应收款	13 349 326.41	预收账款	133 286.87
存货	1 409 463.96	应付工资	499 244.48
流动资产合计	15 666 626.28	应付福利费	805 564.71
长期投资	—	其他应付款	7 570 355.62
固定资产原值	46 484 597.09	一年内到期的长期负债	3 265 552.28
减:累计折旧	9 599 506.00	长期借款	13 311 661.75

续表

资产		负债及所有者权益	
固定资产净值	36 885 091.09	负债合计	54 788 035.45
固定资产减值准备	143 605.14	实收资本	25 000 000.00
固定资产净额	36 741 485.95	资本公积	23 351 256.37
无形资产	178 510.07	盈余公积	4 014 992.43
长期待摊费用	42 377.75	未分配利润	−54 525 284.20
资产合计	52 629 000.05	负债及所有者权益合计	52 629 000.05

2004～2005 年 B 公司亏损达到 143 万元,同时负债总额为 5479 万元,大于资产总额 5262.9 万元。B 公司在短短的两年之内亏损巨额,资不抵债的原因主要有:对市场错误估计,盲目扩张,导致公司背负巨额债务;市场竞争加剧,公司不断通过降价扩大市场份额,导致成本管理出现问题,销售状况良好但赢利情况仍然堪忧。

【并购动因】

最吸引 A 公司的是 B 公司占地 7000 平方米的厂房以及先进的机器设备。B 公司设备选用国内龙头企业生产线,该设备参照德国辛北尔康普公司技术,代表目前国内最高水平;主线配备奥地利安德里斯公司的热磨机,实现关键工段质量提升,设备整体操作控制方便,出产品质超群,可以满足中高档产品生产要求。这部分固定资产是 B 公司最具价值的核心资产。因此 A 公司有意通过谈判与 B 公司达成该宗并购交易。

由于中国属于少林国家,而人造板的应用可使 1 立方米的木材代替 3 立方米的木材,因此国家产业政策予以大力扶持。A 公司及其下属 7 家生产企业由于市场需求非常旺盛,其经营规模短期内迅速扩张,市场占有率迅速提高,且赢利能力较强。值得关注的是,由于人造板制造行业受国家扶植,享受许多税收优惠政策,如进口设备免税的优惠政策,使公司具有很强的赢利能力,平均净利率高达 12%。5 年多的积累使得 A 公司取得了一定的资本累积,公司资金充裕,负债率低,运营稳定为下一阶段的扩张做好了充分的准备。

公司制定了远大的三年发展目标,计划到 2008 年,公司规模比现阶段翻两番,销售额达到 15 亿元人民币,进入行业前 5 位。为了实现这个目标,A 公司在立足于生产中高密度纤维板的同时,逐渐向下游产品拓展,包括建筑、装饰、家具、地板、包装等,拓宽业务的形式则选择快速有效的并购方式进行。而 B 公司由于盲目扩张导致的成本管理问题以及几年的价格战,使其现阶段的经营产生了严重困难,因而是 A 公司进行业务拓展,开展并购活动的理想选择。B 公司良好的品牌形象和质量对 A 公司十分具有诱惑力,并购之后 A 公司还可以利用 B 公司初具规模的销售网络。B 公司位于江西吉安,与 A 公司最大的生产基地——江西子公司毗邻而居,方便了并购之后整合以及降低了将来投入生产之后的物流成本。

【备选方案】

经资产评估确认,B 公司的流动资产为 1307 万元,房屋建筑物原值 473 万元,评估值为 596 万元,生产设备原值 3063 万元,评估值为 3472 万元,资产总额经评估合计为 5479 万(表 7-8),负债总额为 5479 万元。

表 7-8　B 公司资产评估结果　　　　　　　　　单位:元

	账面价值	评估价值	增减值	增减率/%
货币资金	79 753.49	79 753.49	—	
应收账款	828 082.42	783 204.26	−44 878.16	−5.41
其他应收款	13 349 326.41	10 832 246.36	−2 517 080.05	−18.86
存货	1 409 463.96	1 372 386.21	−37 077.75	−2.63
流动资产合计	15 666 626.28	13 067 590.32	−2 599 035.96	−16.59
固定资产	36 741 485.95	41 486 701.23	4 745 215.28	12.91
其中:房屋建筑物	4 729 240.17	5 956 965.13	1 227 724.96	25.97
生产设备	30 633 275.65	34 724 274.10	4 090 998.45	13.35
无形资产	178 510.07	189 297.28	10 787.21	6.04
长期待摊费用	42 377.75	42 377.75	—	
资产合计	52 629 000.05	54 785 966.58	2 156 966.53	4.10

A 公司与 B 公司经谈判协商后,形成了四个可行的并购重组方案:

方案一:A 公司以现金 4068 万元收购 B 公司的房屋建筑物和生产设备,B 公司承诺不再使用原有品牌和从事家具生产,B 公司随后宣告破产;

方案二:A 公司以 7.54% 相当于价值 4068 万元的股权收购 B 公司的房屋建筑物和生产设备,同样 B 公司承诺不再使用原有品牌和从事家具生产,B 公司随后宣告破产;

方案三:A 公司以承担全部债务的方式并购 B 公司;

方案四:B 公司以房屋建筑物和生产设备评估值合计 4068 万元并对应 4068 万元的负债分立出一家有限公司 C,然后 A 公司以象征式 1 元收购 B 公司持有的 C 公司的股权。B 公司重组完毕随后破产清算。

【筹划思路】

本案例中并购方案的选择,应从并购方的角度出发,通过比较分析各个方案的并购成本，选择成本最小的方案，实现并购的最大利益。并购成本主要包括以下三个方面：

（1）并购当时并购方支付的现金、股权等资产；

（2）将来可能导致的现金流出，如债务支出；

（3）税收成本，包括并购时被并购方须缴纳的即期税款。因为考虑到并购当时并购双方的利益息息相关，被并购方的税收成本可以直接转嫁到并购方，所以也将其纳入考虑范围。在本例中，A公司需承担由B公司缴纳的各种税款。另外税收成本还包括并购之后并购方承担的税收成本或可以享受到的税收利益，如亏损弥补、利息税前抵扣、折旧的税收挡板效应等。

将以上成本量化分析，通过计算分析，判断各个方案的优劣，同时定性地考虑影响并购成本的其他因素，综合选择最优方案。

方案一：

方案一属于用现金购买资产的行为。

首先，从税收成本角度分析。方案一应缴纳相关的营业税、契税（由受让方A公司承担）、增值税、城建税及教育费附加和所得税。按照相关的税法规定，转让方B公司转让房屋及建筑物应按销售不动产的规定缴纳5%的营业税和契税（假设适用税率为4%）。由于生产设备转让价超过原值，因此增值税税率为4%减半即2%缴纳，城建税及教育费附加按10%的税率缴纳，而当时所得税税率则为33%。B公司在转让过程中所承担的税负为260.9万，具体计算，如表7-9所示。

表7-9　B(A)公司需承担的税负　　　　　　单位：万元

税种	税额
营业税	$596 \times 5\% = 29.8$
契税（A缴纳）	$596 \times 4\% = 23.84$
增值税	$3472 \div (1+4\%) \times 4\% \times 50\% = 66.77$
城建税及教育费附加	$(29.8+66.77) \times 10\% = 9.66$
所得税	$(596+3\,472-473-3\,063-29.8-66.77-9.66) \times 33\% = 140.5$
合计	260.9

其次，方案一需要A公司动用大量的货币资金，因此我们应慎重考虑A公司的资金筹措问题。并购资金的筹措途径通常有内部留存、增资扩股、金融机构信贷、企业发行债券、杠杆收购等。因为A公司是非上市公司，所以对于A公司可以选择的方式有：

（1）使用内部留存，A公司目前财务状况良好，现有货币资金6140万元，流动资产22 846万元，但是4068万元的大笔支出仍可能影响到A公司的正常经营；

（2）采用负债融资，利息成本巨大，但同时支付的借款利息可以税前抵扣，由此可取得一定的节税利益。假设，A 公司取得 5 年期对外借款融资 4000 万元，利率 6%，该笔借款的可取得的节税利益（按 10% 贴现[①]）：4000×6%×P/A(10%,5)×33%＝240×3.790 8×33%＝300.23。

同时考虑到 A 公司 2005 年的负债总额为 2558 万元，资产总额为 56 538 万元，资产负债率为 4.52%(2558÷56 538)，行业平均资产负债率在 25% 左右，A 公司离一般公认的指标值 25% 还有段距离。假如向外借款 4000 万元，公司的资产负债率为 10.83%，公司的财务风险仍在安全范围内，且为完成 A 公司的业务拓展，这次并购绝不是目前取得控制权支付的仅仅 4018 万元资金，还需要投入大量资产进行整合。加上 A 公司有着不错的经济效益，银行竞相向其贷款，资金来源不用发愁，而且还能争取到较优惠的贷款利率，因此考虑负债融资的方式比较适宜。

最后需要考虑的一点是，方案一用现金并购资产可利用资产评估增值，获得资产增值部分折旧的税收挡板效应，相对于方案三和方案四，可取得更多节税利益，具体计算，如表 7-10 所示。

表 7-10　折旧的税收挡板效应　　　　　　单位：万元

房屋建筑物	
增值	123
每年多提折旧	123÷30＝4.1
节税利益	4.1×33%×P/A(10%,30)＝12.75
生产设备	
增值	409
每年多提折旧	409÷10＝40.9
节税利益	40.9×33%×P/A(10%,10)＝82.93
合计	95.68

注：以直线法提取折旧，不考虑残值，房屋的折旧年限为 30 年；机器设备为 10 年。

综合以上三方面的分析，采用方案一的方式，并购成本为 3326.38 万元，具体计算，如表 7-11 所示。

---

① 本案例统一按 10% 的折现率计算。贴现率是建立在企业赢利率的基础上的，不同的贴现率会改变备选方案的结果。

表 7-11　方案一的并购成本　　　　　　　单位:万元

成本项目	现值
并购时自有资金支出	68
五年后的还款及利息成本	3 393.39①
税收成本	260.9
利息节税	300.23
折旧挡板节税	95.68
合计	3 326.38

A公司并购之后还需要大量的业务、人力整合投入,但A公司不需要承担B公司的巨额负债和潜在的或有负债。

方案二:

方案二属于用非货币性资产(房屋建筑物和生产设备)对外进行股权投资的行为。

对B企业来说,按照现行营业税法规定,如将房屋、建筑物作为注册资本投资入股,参与利润分配,承担投资风险,按国家税收政策规定,可以不征营业税、城建税及教育费附加。② 但是以生产设备作投资,按增值税规定属于视同销售货物行为,按照销售使用过的固定资产纳税。由于生产设备转让价格(评估价格)超过原值,应缴纳增值税和城建税及教育费附加:$3472 \div (1+4\%) \times 4\% \times 50\% \times (1+10\%) = 73.45$(万元)。此外,A企业承受房屋建筑物和生产设备需纳契税:$596 \times 4\% = 23.84$(万元)。B公司计算缴纳所得税为:$(596+3472③-473-3063-73.45) \times 33\% = 151.32$(万元)。税收成本共计248.61万元。

A企业以接受的房屋建筑物和生产设备评估价值入账。

综合以上分析,采用方案二的方式,并购成本为4412.29万元。具体计算,如表7-12所示。

表 7-12　方案二的并购成本　　　　　　　单位:万元

并购时支付的股权	4 068
税收成本	248.61
折旧挡板节税	95.68
合计	4 412.29

---

① $4000 \times 0.6209 + 4000 \times 6\% \times P/A(10\%,5) = 3 393.39$。

② 国家税务总局:《营业税税目注释(试行稿)》,国税发[1993]149号。

③ 含税销售价格,所以要减去增值税。

方案二并购之后,B 公司股东成为 A 公司的股东之一。同样,方案二的优点是 A 公司避免了即期大额现金的流出,并且不需要承担 B 公司的巨额负债和潜在的或有负债。

方案三:

方案三属于零成本吸收合并行为。

按照税法的有关规定,企业的股权交易行为不缴纳营业税和增值税。B 公司资产总额为 5479 万元,负债总额亦为 5479 万元。根据国税发[2000]119 号文《国家税务总局关于企业合并分立业务有关所得税问题的通知》的规定,如被合并企业的资产与负债基本相等,即净资产几乎为零,合并企业以承担被合并企业全部债务的方式实现吸收合并,不视为被合并企业按公允价值转让、处置全部资产,不计算资产的转让所得。合并企业接受被合并企业全部资产的成本,须以被合并企业原账面净值为基础确定,被合并企业的股东视为无偿放弃所持有的旧股。

该方案在设计上充分运用了企业合并这种交易方式可带来较低税负的税收筹划策略,即企业合并在满足一定条件下,被合并企业将免征所得税,所以该方案实际税负为零,且若被合并企业存在未超过法定弥补期限的亏损额,则合并企业可享有在未来期间内弥补该未弥补亏损额的所得税优惠。本案例中,B 公司连续两年亏损共 143 万元,假设 A 公司税前利润保持正常水平,第一年便可全部获得抵免,其节税利益的现值为 42.9 万元(143×33%÷(1+10%))。

同时,A 公司为 B 公司偿还债务 5479 万元。各种债务的偿还期限不同,其现金流出的具体计算,如表 7-13 所示。

表 7-13　B 企业债务现金流出表　　　　　　单位:万元

一年内到期长期借款①	$327 \times P/A(10\%,1) = 297.28$
长期借款②	$1\,331 \times P/A(10\%,5) = 826.42$
其余债务③	$(5\,479 - 327 - 1\,331) \times P/A(10\%,0.5) = 3\,639.05$
合计	4\,762.75

其中有相对数量的计息债务,假设年利率都是 6%,则利息节税的具体计算,如表 7-14 所示。

综上所述,采用方案三的并购成本为 4597.6 万元具体计算,如表 7-15 所示。

① 假设其全部在 1 年后到期。

② 假设其平均偿还期为 5 年。

③ 假设其平均偿还期为半年。

表 7-14　B 企业计息债务利息节税表　　　　　　单位:万元

短期借款	$873 \times 6\% \times P/A(10\%,0.5) \times 33\% = 16.46$
一年内到期长期借款	$327 \times 6\% \times P/A(10\%,1) \times 33\% = 5.89$
长期借款	$1\ 331 \times 6\% \times P/A(10\%,5) \times 33\% = 99.9$
合计	122.25

表 7-15　方案三的并购成本　　　　　　单位:万元

项目	现值
替 B 企业偿还债务	4 762.75
利息节税	122.25
亏损弥补节税	42.9
合计	4 597.6

该方案的优点是,在并购时实际税负为零,并可享有用以后年度实现的所得弥补被合并企业在法定弥补期内未弥补的亏损额的优惠,但对于合并方 A 公司而言,则需要承担 B 公司大量不必要的流动资产和债务,甚至有承担 B 公司或有债务的风险。

方案四:

方案四属于先进行公司分立再进行股权交易行为。

按照税法的有关规定,只要分立企业 C 支付给被分立企业 B 或其股东的交换价款中,除分立企业的股权以外的非股权支付额,不高于支付的股权票面价值(或支付的股本的账面价值)20%的,经税务机关审核确认,被分立企业 B 可不确认分离资产的转让所得或损失,不计算所得税;被分立企业的未超过法定弥补期限的亏损额可按分离资产占全部资产的比例进行分配,由接受分离资产的分立企业继续弥补;分立企业接受被分立企业的全部资产和负债的成本,须以被分立企业的账面净值为基础结转确定,不得按经评估确认的价值进行调整。我们假设 C 公司全部以股权支付交换价款,因此 B 公司可免税。

再看公司法的相关规定。企业分立时应当对资产和债务明确进行分割,分立后的企业分得的有效资产与其分担的债务基本相当,或分立后的企业资产足以保证其履行所分担的债务的,一般宜按分立协议的约定确定债务承担主体。该分立协议必须获得债权人同意。债权人向分立后的企业主张债权,企业分立时对原企业的债务有约定,并经债权人认可的,按照当事人的约定处理;企业分立时对原企业债务承担没有约定或者约定不明,或者虽然有约定但债权人不予认可的,分立后的企业应当承担连带责任。[①] 在本例中,B企业资产和负债基本相当,按照4068万元对应的房屋建筑物和生产设备与负债分立出去的C企业分得的有效资产与其分担的债务基本相当,能够保证其履行所分担的债务,符合我国公司法的相关规定。在经当事人协商同意的前提下,A公司收购B公司持有的C公司股权,B公司依法缴纳股权转让所得税。由于B公司投资C公司的成本为零,而转让价则为象征性的1元,因此B公司几乎不需要缴纳企业所得税。该方案运用了股权交易行为所涉及税种最少的策略,灵活地将资产转让的方式改为股权转让的方式,从而实现免征实物资产转让应征的营业税、增值税和土地增值税。

该方案在适当考虑了税收筹划外,在其他考虑因素方面取得了一定的平衡:一是A公司避免了前期支付大量现金;二是C公司不需要承担B公司不必要的资产,避免了或有负债的产生,并只需承担B公司的74.25%(4068÷5479)的债务,偿债成本的计算同方案三,考虑支付利息的节税效应,为简化计算,按方案三偿债成本及利息节税的74.25%计算,为3445.44万元((4762.75−122.25)×74.25%)。

综合考虑,方案四的并购成本为3445.44万元。该方案灵活运用了产权交易和资产交易的转化行为,达到了节税的目的。

[分析评价]

企业并购是一项复杂而又富有技术性的市场行为,本案例中改变并购的标的、支付方式、融资途径等,都会直接影响到最终的并购成本。通过各个方案的逐一比较,我们可以很清楚地发现,方案一和方案四并购成本较少。方案的成本取决于许多我们所作的相关假设。要找出最佳并购方案,须具体情况具体分析,如企业资金的借贷成本。但是同时我们也应关注一些隐性的成本,有时这些因素对并购能否成功的影响甚至更大。以下几种隐性成本经常会影响到并购活动:

(1)交易成本。交易成本包括支付给专业人士的费用、信息披露成本、财务成本等。

(2)或有负债或者隐性负债。或有负债或者隐性负债很多时候可能阻止交易的顺利进行,只有做好充分的调查,才可能尽量避免承担不必要的风险。

(3)管理或控制方面的问题。例如,并购通过换股或股权换资产的方式进行,并购方的股权可能被稀释,这项成本也应被列入考虑范围之内。

(4)并购后整合所需的投入。疏于并购整合工作,不仅使预期的"协同效应"难以发挥,更会使原先经营正常的企业陷入财务危机和信用危机。

因此,我们在为企业并购作税收筹划的时候,应该综合考虑所有成本、所有因素,权衡利弊才能找到最适宜的并购方案。

---

① 最高人民法院2003年1号文 第12条。

三、清算的税收筹划

企业清算是指企业宣告终止以后,除合并与分立事由外,了结终止企业法律关系,消灭企业法人资格的法律行为。我国税法规定:纳税人清算时,以清算期间为一个纳税年度,其清算终了后的清算所得,应缴纳企业所得税。[①] 其中清算所得是指纳税人清算时的全部资产或者财产扣除清算费用、损失、负债、企业未分配利润、公益金和公积金后的余额,超过实缴资本的部分。[②]

具体计算公式如下:

(1) 纳税人全部清算财产变现损益＝存货变现损益＋非存货变现损益＋清算财产损益;

(2) 纳税人的净资产或剩余财产＝纳税人全部清算财产变现损益－应付未付职工工资、劳动保险费等－清算费用－拖欠的各项税金－尚未偿还的各项债务－收取债券损失＋偿还还债的收入;

(3) 纳税人的清算所得＝企业的净资产或剩余财产－企业累计未分配利润－税后利润提取的各项基金结余－企业的资本公积金－企业的盈余公积金＋企业法定财产重估增值＋企业接受捐赠的财产价值－企业的注册资本金。

这样,通过改变企业清算日期,减少企业清算期间的应税所得数额,就可以实现税收筹划的目的。

[具体案例]

【案例 7-37】天朗公司董事会于 2008 年 5 月 15 日向股东会提交了公司解散申请书,股东会 5 月 18 日通过决议,决定公司于 5 月 30 日宣布解散,并于 6 月 1 日开始正常清算。天朗公司在成立清算组前进行了内部清算,预计 2008 年 1～5 月份公司赢利 80 万元,需要缴纳企业所得税 20 万元,开始清算后的清算所得为亏损 50 万元(公司适用税率为 25%),不需就清算所得缴纳所得税。请问企业可否通过税收筹划来减少公司所应缴纳的企业所得税呢?

【筹划思路】

如果公司在尚未公告和进行税务申报的前提下,股东会再次通过决议将公司解散日期推迟至 7 月 20 日,并于 7 月 21 日开始清算。于是,天朗公司在 6 月 1 日至 7 月 20 日所发生的清算费用 82 万元变为经营期的费用。通过这样的筹划,天朗公司的清算所得由原来的 80 万元变为亏损 2 万元,公司不必缴纳其经营期的企业所得税。同时,公司清算期的亏损 50 万元变为有清算所得 32 万元,则:

公司清算所得弥补亏损 2 万元后,应纳税所得额＝32－2＝30(万元);

---

① 《企业所得税暂行条例》第 13 条;《企业所得税法实施条例》第 51 条。

② 《企业所得税暂行条例实施细则》第 44 条。

公司应就清算所得缴纳企业所得税 30×25％=7.5(万元)。

对比公司未筹划时应缴纳的 20 万元税收,公司可节税 12.5 万元。

[本章小结、概念术语及思考练习题]

【本章小结】

完整的税收筹划是一项系统工程,它贯穿于企业经济活动的各环节,包括企业的设立、融资、生产经营及企业的合并、分立、重组等。

1. 企业设立的税收筹划:对于一个新设立的企业,应从投资地点、企业组织形式和投资方向等方面进行综合筹划;

2. 企业融资活动中的税收筹划:企业应从资金成本及权益资本收益率出发,选择最佳税收筹划绩效的资本结构,并注意企业发行债券时可利用不同的折溢价摊销方法,获取延迟纳税的货币时间价值;

3. 在企业生产经营活动中进行的税收筹划包括:

• 采购活动中的税收筹划:在确定采购规模及结构后,通过价格折让临界点判断企业应从一般纳税人还是从小规模纳税人处采购货物;

• 营销活动中的税收筹划:对于不同的销售方式及销售地点,纳税人承担的税负不同。为此,企业应通过对不同情况下税负的分析,作出合理选择;

• 租赁活动中的税收筹划:一般情况下,经营租赁比融资租赁具有更大的避税空间,因此,企业应避免租赁合同被认定为融资租赁,并充分利用租赁中的转让定价降低企业的总体税负;

4. 企业财务活动中的税收筹划具体包括:

• 企业销售收入的筹划策略:企业应选择合适的销售结算方式、收入确认时点及收入计算方法,达到延期纳税的目的;

• 成本费用的税收筹划:在企业赢利、亏损、享受税收优惠、适用比例税率、适用累进税率等不同情况下,可通过选择不同的成本费用摊销方法降低企业税负;

• 财务成果分配中的税收筹划:通过盈亏抵补及税后利润的推迟分配,降低企业及投资者的税收负担;

• 外币业务的税收筹划:在不同情况下,通过选取适当的记账汇率,使得核算出的净汇兑损失最大化或净汇兑收益最小化,从而尽量使企业当期的应纳税所得额最小化是进行外币业务税收筹划的关键;

• 股权转让的税收筹划:纳税人可在股权转让之前先进行股利分配,从而合法地降低转让价格,起到节税效果;

• 套利的税收筹划:纳税人可以通过贷款购买免税国库券、资产的售出租回等方式利用税法对不同课税事项规定分不同税收待遇,谋取税收利益。

5. 企业重组活动中的税收筹划。本章仅就企业资产重组的主要形式:分立、合并与清算的税收筹划进行了分析：

· 企业的分立筹划：一是在流转税中将某些特定产品的生产部门分立，可能会获得流转税免税或税负降低的好处；二是当企业所得税采用累进税率时，通过分立可以使原来适用高税率的企业，分化成两个或两个以上适用低税率的企业，从而降低企业的总体税负；此外还可通过分立经营平衡点判断混合销售企业可否分立以减轻税负。

· 企业并购的税收筹划：首先，目标企业的选择是企业并购决策的最重要内容，在选择目标企业时考虑与税收相关的因素，可以在一定程度上降低并购成本；其次，对于不同的出资方式、所需资金融资方式，税收处理方式也不同，企业应权衡选择；再次，在选择并购会计处理方法时，从税收的角度看，购买法可以起到减轻税负的作用。

· 企业清算的税收筹划：通过改变企业清算日期，减少企业清算期间的应税所得数额，可以实现税收筹划的目的。

【概念与术语】

母子公司	总分公司	直接投资	间接投资
资金成本	财务杠杆	息税前收益	权衡理论
债券溢折价摊销	价格折让临界点	视同买断	经营租赁
融资租赁	全部毛利法	毛利百分比法	差价摊计法
盈亏抵补	汇兑损益	记账汇率	预提所得税
税收套利	售出租回	企业重组	企业分立
企业分立	经营平衡点	企业并购	企业清算

【思考题】

1. 企业在投资地点选择的税收筹划中应注意哪些问题？

2. 企业如何利用子公司与分公司进行税收筹划？

3. 公司企业与合伙企业在税收待遇上有什么不同？哪些因素会影响它们的税收负担差异？

4. 比较不同筹资方式下的税收效果差异。

5. 资本结构的税收筹划可从哪些方面进行？

6. 税收筹划中如何发挥财务杠杆的作用？

7. 纳税人选择增值税一般纳税人作为购货来源是否可以节税，为什么？

8. 企业选择哪种收入计算方法可以节税？

9. 选择成本费用分摊方法进行税收筹划应遵循的原则是什么？

10. 外币业务税收筹划的要点是什么？

11. 什么是售出租回？这样做可以获得什么样的税收好处？

12. 如何进行企业并购的税收筹划？

【练习题】

1. 某陶瓷厂,2008年8月向外地一陶瓷批发站销售产品117万元(含税价),货款结算采用销售后付款的形式。10月份汇来货款30万元。该企业应如何纳税? 企业能否进行筹划以减轻税负呢?

2. 某制衣有限公司系香港地区A公司在国内设立的子公司,投入资本为500万元。方案一:以信贷形式提供资金800万元,年利率为10%;方案二:将800万元作为投资投入该制衣公司。假设该制衣公司年收入额为220万元,生产成本共100万元,企业所得税率25%,利息预提税率为10%,那么哪种方案对该制衣公司更有利?

3.B企业为一股份有限公司,预测下一年度其销售量和息税前收益概率分布,如表7-16所示:

表 7-16

概率	0.3	0.4	0.3
销售量/台	30 000	40 000	50 000
销售额/万元	24	32	40
固定成本/万元	6	6	6
变动成本/万元	12	16	20
息税前收益(EBIT)/万元	6	10	14

假定B企业有三种不同的资本结构方案,如表7-17所示:

表 7-17

	方案一	方案二	方案三
债务/总资本	0%	20%	40%
债务	0	6	12
普通股	30(5万股)	24(4万股)	18(3万股)

该企业的资本总额30万元,债务年利率10%,所得税率25%,试分析不同资本结构下所得税的缴纳情况。

主要参考文献

方卫平. 2001. 税收筹划. 上海:上海财经大学出版社.

国家税务总局税收科学研究所译. 1993. 偷税与避税. 北京:中国财政经济出版社.

何鸣昊等. 2002. 企业税收筹划. 北京:企业管理出版社.

计金标. 2004. 税收筹划. 北京:中国人民大学出版社.

苏晓鲁. 1994. 偷漏税及其防范. 北京:中国劳动出版社.

唐腾翔,唐向. 1994. 税收筹划. 北京:中国财政经济出版社.

周华洋. 2002. 纳税筹划技巧与避税案例. 北京:中华工商联合出版社.

朱洪仁. 2001. 国际税收筹划. 上海:上海财经大学出版社.

《税收筹划与优惠政策丛书》编委会. 2004. 中国税收优惠政策总览. 北京:中国税务出版社.

Barber H. 1993. Tax Heavens. McGraw-Hill Inc.

IBFD. 2001. International Tax Glossary. Amsterdam:IBFD Publications.

Meigs W B, Meigs R F. 1984. Accounting. McGraw-Hill.

Scholes,Wolfson. 2002. Taxes and Business Strategy. Prentice Hall.